编写指导单位：

中华人民共和国人力资源和社会保障部人力资源流动管理司

编写组织单位：

北京大学人力资源开发与管理研究中心

中国人力资源服务业

蓝 皮 书

2021

萧鸣政 等 著

BLUE PAPER FOR
HUMAN RESOURCES SERVICE INDUSTRY
IN CHINA

人民出版社

《中国人力资源服务业蓝皮书 2021》
组 织 委 员 会

顾问委员会

赵履宽　　徐颂陶　　潘金云

专家委员会

王通讯	何　宪	余兴安	吴　江	李朴民	赵曙明	田小宝
刘燕斌	莫　荣	刘学民	高小平	鲍　静	张　德	董克用
曾湘泉	郑功成	杨河清	廖泉文	石金涛	关培兰	车宏生
郑日昌	时　勘	王二平	叶忠海	沈荣华	王　磊	梁均平
孙建立	王克良	毕雪融	王建华	陈　军	樊进生	毛大力
萧鸣政	顾家栋	袁伦蕖	段兴民	赵永乐	张宇泉	杨伟国

编辑委员会

萧鸣政	王周谊	李　震	黄　璜	李　净	孙　宏	张湘姝
史洪阳	欧阳帆	应　验	张可安	黎晓丹	张睿超	
朱玉慧兰	楼政杰					

目　　录

前　言 ……………………………………………………………（1）

第一部分　年度报告篇

第一章　人力资源服务业相关政策法规 ………………………（3）

一、促进简政放权、优化管理的相关政策法规 ………………（5）

二、促进就业与人力资源开发的相关政策法规 ……………（11）

三、促进社会保障的相关政策法规 …………………………（21）

四、促进人员开发优化、改善民生方面的相关政策法规 ………（28）

第二章　人力资源服务业发展与创新 …………………………（34）

一、人力资源服务业发展状况与趋势 ………………………（36）

二、人力资源服务技术创新与发展 …………………………（42）

三、人力资源服务业发展亮点 ………………………………（45）

第三章　人力资源服务业的先进经验与案例 …………………（56）

一、广东省人社厅人力资源服务业发展经验与分析 ………（57）

二、南粤集团人力资源服务业发展经验与分析 ……………（66）

第二部分　专题报告篇

第一章　人力资源服务业各省区市重视度与发展度分析 ……（83）

一、各地公众对人力资源服务业的关注度 …………………（85）

二、各地政府对人力资源服务业的重视度 …………………（94）

三、各地媒体和社会组织对人力资源服务业的关注度 ………（107）

第二章　双循环下人力资源服务业发展环境指数与各省区市水平排名 …………………………………………（115）

　　一、研究背景与环境指数 …………………………………（117）

　　二、各省区市人力资源服务业发展环境指数分析与排名 ……（128）

　　三、发展水平差异分析与改进建议 ………………………（132）

第三章　各省区市人力资源服务业发展竞争力评价与排名 ……（140）

　　一、人力资源服务业发展竞争力评价体系 ………………（142）

　　二、各省区市人力资源服务业发展竞争力评价与排名结果 …（147）

　　三、各省区市人力资源服务业发展情况排名变化与原因分析……（152）

　　四、评价总结与政策建议 …………………………………（159）

第四章　人力资源服务行业十大事件 ……………………（168）

　　一、行业大事件评选概述 …………………………………（171）

　　二、十大事件述评 …………………………………………（182）

第五章　粤港澳大湾区人力资源服务业发展状况分析 ………（212）

　　一、大湾区各地市人力资源服务业发展概述 ……………（214）

　　二、大湾区各地市人力资源服务业发展的相关政策概况 ……（225）

　　三、大湾区各地人力资源服务业发展环境指数与排名 ………（231）

第六章　"一带一路"沿线国家拓展人力资源服务业的机遇与挑战 …（241）

　　一、"一带一路"沿线国家产业发展与人力资源概况 …………（243）

　　二、中国与"一带一路"沿线国家人力资源服务业合作空间的分析 ………………………………………………（247）

　　三、"一带一路"框架下中国人力资源服务业发展机遇与挑战 …（250）

第七章 中国人力资源服务业的国际发展战略 …………………… (255)

一、"一带一路"背景下的人才与人力资源服务需求分析 …… (257)

二、后疫情时代国际人力资源服务业发展的挑战与机遇 …… (259)

三、面向国际的中国人力资源服务业发展战略与建议 ……… (261)

第三部分 成果篇

人力资源服务业相关学术成果整合汇总………………………… (267)

参考文献 ………………………………………………………… (275)

附录一 珠三角城市人力资源服务产业园及分园的基本信息
一览表 ………………………………………………… (277)

附录二 粤港澳大湾区人力资源服务业发展扶持政策汇总与
分类 …………………………………………………… (280)

附录三 "一带一路"沿线国家产业与人力资源分布情况
一览表 ………………………………………………… (294)

附录四 "一带一路"沿线国家对外贸易情况一览表 ………… (304)

CONTENTS

Preface ·· (7)

Part I   Annual Reports

Chapter 1   Major Regulations and Policies Concerning Human Resources Service Industry ······························ (4)

    1. 1   The Relevant Policies and Regulations to Streamline and Optimize Administration and Delegate Powers ················· (5)

    1. 2   The Relevant Policies and Regulations to Promote Employment and Human Resource Development ······························ (11)

    1. 3   The Relevant Policies and Regulations to Promote Social Security ·· (21)

    1. 4   The Relevant Policies and Regulations to Improve the Personnel Optimization and People's Well-being ··························· (28)

Chapter 2   Development and Innovation of Human Resource Service Industry ··· (35)

    2. 1   Current Situation and Trend of Human Resources Service Industry ·· (36)

    2. 2   Technical Innovation and Development Trend of Human Resources Service Industry ··· (42)

    2. 3   Highlights of Human Resources Service Industry in 2021 ··· (45)

Chapter 3 Advanced Experience and Cases of Human Resources Service Industry ·················· (56)

    3. 1 Experience and Analysis of Human Resources and Social Security Department of Guangdong Province ···················· (57)

    3. 2 Experience and Analysis of the Namyue Group ·············· (66)

Part II Special Reports

Chapter 1 Recognition Level and Development Evaluation of Human Resources Service Industry in Different Provinces and Cities ·················· (84)

    1. 1 Public Attention inDifferent Provinces, Districts and Cities ······ (85)

    1. 2 Government Recognition Level inDifferent Provinces, Districts and Cities ·················· (94)

    1. 3 The Medium and Social Attention inDifferent Provinces, Districts and Cities ·················· (107)

Chapter 2 Human Resources Service Industry's Environmental Index under Dual Cycle Development Pattern and Provincial Ranking ·················· (115)

    2. 1 Research Background and Environmental Index ·············· (117)

    2. 2 Analysis and Ranking of Human Resources Service Industry Development Environment Index in Different Provinces, Districts and Cities ·················· (128)

    2. 3 Analysis of Development Level Differences and Suggestions for Improvement ·················· (132)

Chapter 3 Evaluation and Ranking of the Development Competitiveness of Human Resources Service Industry in Different Provinces, Districts and Cities ··· (141)

3. 1 The Development Level Evaluation System of Human Resources Service Industry ··· (142)

3. 2 Evaluation and Ranking Results of Development Competitiveness of Human Resources Service Industry in Different Provinces, Districts and Cities ··· (147)

3. 3 Analysis on the Ranking Changes and Causes of the Human Resources Service Industry Development in Different Provinces, Districts and Cities ··· (152)

3. 4 Summary of Evaluation Findings and Policy Recommendations ··· (159)

Chapter 4 Top Ten Events of Human Resource Service Industry ··· (169)

4. 1 Overview of the Poll for the Top Ten Events of Human Resources Service Industry ··· (171)

4. 2 Review and Comment on the Top Ten Events ················ (182)

Chapter 5 Analysis on the Development of Human Resource Service Industry in Guangdong-Hong Kong-Macao Greater Bay Area ··· (212)

5. 1 Overview ofHuman Resource Service Industry Development in the Greater Bay Area ··· (214)

5. 2 Overview ofPolicies Related to the Development of Human Resource Service Industry in the Greater Bay Area ········· (225)

5. 3 Human Resource Service Industry Development Environment Index and Ranking in the Greater Bay Area ················ (231)

Chapter 6 Opportunities and Challenges for China to Expand Human Resource Service Industry in Countries along "the Belt and Road" ················· (242)

6. 1 Overview ofIndustrial Development and Human Resources in Countries along "the Belt and Road" ······················ (243)

6. 2 Overview ofHuman Resource Service Industry Collaboration between China and Countries along "the Belt and Road" ······ (247)

6. 3 Opportunities and Challenges of China's Human Resources Service Industry under the Framework of"the Belt and Road" ································· (250)

Chapter 7 The International Development Strategy of China's Human Resource Service Industry ··················· (255)

7. 1 Talent Demand and Human Resources Analysis under the Background of "Belt and Road" ····························· (257)

7. 2 Challenges and Opportunities for the International Human Resources Service Industry in the Post-epidemic Era ·········· (259)

7. 3 International-oriented Development Strategy and Suggestion of China's Human Resources Service Industry ··················· (261)

Part III Results Report

The Integration and Summary of Academic Achievements Related to Human Resources Service Industry ··············· (267)

Reference ··· (275)

Appendix 1 List of Basic Information of Industrial Parks and Their Branches in the Pearl River Delta ············· (277)

Appendix 2   Summary and Classification of Human Resources
              Service Industry Development Policies in the
              Guangdong-Hong Kong-Macao Greater
              Bay Area ·· (280)

Appendix 3   List of the Distribution of Industries and Human
              Resources in Countries along "the Belt and Road" ··· (294)

Appendix 4   List of Foreign Trade of Countries along "the Belt and
              Road" ··· (304)

前　言

　　人力资源服务业是生产性服务业和现代服务业的重要组成部分,对推动人力资源有效配置、提升劳动者素质、促进就业创业和助力经济高质量发展具有十分重要的作用。党的十八大以来,我国人力资源服务业蓬勃发展,行业发展规模和水平不断提升,服务领域和服务内容多元化,人力资源市场功能作用日益增强。截至 2020 年末,我国共有各类人力资源服务机构 4.58 万家,全年为 4983 万家次用人单位提供专业服务,为 2.90 亿人次劳动者提供了就业、择业和流动服务。按照业态观的计算,我国人力资源服务业营收已经占全球的 60%。具体看,我国形成了包括招聘服务、人事代理、职业培训、劳务派遣、人力资源外包、人才测评、人力资源管理咨询、高级人才寻访等业态完整的人力资源服务产业链。特别是建设了一批有规模、有辐射力和影响力的国家级人力资源服务产业园和有特色、有活力、有效益的地方产业园,改变了人力资源服务业发展模式,打造了行业创新发展的新高地。2021 年 7 月 28 日,第一届全国人力资源服务业发展大会在重庆拉开帷幕,这是人力资源服务业发展的一个新的里程碑。人力资源服务业高质量发展,对于实现更加充分更高质量就业、保持人力资源禀赋优势、推动经济社会高质量发展至关重要。人力资源服务业的新发展将成为新时代助力经济社会实现高质量发展的新引擎。

　　2021 年 7 月是中国共产党成立 100 周年,我们实现了第一个百年奋斗目标,在中华大地上全面建成了小康社会。到 2050 年全面建成社会主义现代化强国的第二个百年奋斗目标的号角已经吹响,在实现第二个百年奋斗目标的过程中需要高质量的人才资源,高质量人才资源需要高质量的人力资源服务。为了更好发挥人力资源服务业科学研究促进人力资源服务业高质量发展的作用,全面展现人力资源服务业对实施人才强国战略的助推效能,在国家人力资源和社会保障部人力资源流动管理司大力支持与指导下,北京大学继续推出《中国人力资源服务业蓝皮书2021》。我们秉承推动人力资源服务业更好更快发展的宗旨,对2020年8月1日至2021年7月31日年度中国人力资源服务业的发展状况进行了深入调查、系统梳理,并结合专业前沿理论对年度内行业实践的状况进行了主要政策法规概述、发展状况与成就描述、先进经验等的介绍;对于全国各地人力资源服务业发展的政治环境、社会环境、经济环境与实际发展水平进行了量化评价与分析;进行年度十大事件评选;尤其是对于粤港澳大湾区人力资源服务业、"一带一路"沿线国家拓展人力资源服务业、中国人力资源服务业的国际发展战略做了初步探索与总结,力图更加宏观全面地展现当前中国及"一带一路"沿线国家人力资源服务业发展现状、前景、机遇和挑战。

与往年相比,《中国人力资源服务业蓝皮书2021》对于结构进行了创新性的调整,并对内容又进行了全面的更新、丰富和创新,这主要表现在以下几个方面。

第一,对于所有章节与内容进行了全面的更新与丰富。

第二,持续关注我国人力资源服务业政策法规发展的新内容、业态发展的新亮点和新机遇。

第三,持续对于中国各地人力资源服务业发展环境、发展水平与竞争力进行量化评价的研究;继续从公众、政府、非政府组织三大群体的视角出发,通过大数据方法和文本分析方法对主流社交媒介、纸质媒介、网站、各省政府工作报告以及相关政策法规、规划文件进行数量统计和内容分析,揭示我国各省区市对于人力资源服务业重视程度及发展情况。

第四,继续进行2020—2021年度人力资源服务业十大事件的评选。

第五,首次对粤港澳大湾区人力资源服务业、"一带一路"沿线国家拓展人力资源服务业、中国人力资源服务业的国际发展战略进行了初步探索与总结。

蓝皮书共分为三个部分,具体结构如下:

第一部分为年度报告篇,共分为三章。第一章主要展示和分析了2020年8月至2021年7月中国人力资源服务业有重大影响的法律法规政策及其新变化。本章创新比例为100%,创新部分除了揭示2020年8月至2021

年7月我国人力资源服务业有重大影响的法律法规政策及其新变化,还对重要政策对人力资源服务业的影响进行解读。本章的亮点主要在于对政策背景的阐释及对政策的解读,使读者能够深刻理解并及时把握人力资源服务业的发展变化的新趋势和新动向。

第二章的更新程度在90%以上,本章较为客观与全面地反映了2021年度我国人力资源服务业发展的状况与趋势,包括技术手段、脱贫与乡村振兴、后疫情发展等部分。本章的主要创新点是对全国第一届人力资源服务业大会的价值分析、对"十四五"行业发展的展望、"一带一路"以及"走出去"的相关思考,希望对政策分析和学术研究提供一定参考。

第三章内容更新率为100%。广东省连续多年人力资源服务业发展水平位列全国第一,为了分享其相关经验与实践,我们基于政府政策与一线企业实践的视角,选取了两个案例:一是广东省人力资源和社会保障厅;另一个是广东南粤集团有限公司,一个比较典型的跨境从事人力资源服务业的国有企业。本章对于它们的先进经验和突出贡献进行了介绍,以期为人力资源服务机构及相关政府部门提供参考。

第二部分为专题报告篇,包括七章。第一章是人力资源服务业各省区市重视度与发展度分析,更新度为90%。首先分析了各地公众对人力资源服务业的关注度。沿用了往年的评价工具(微信公众号、微博数量等),全面更新了数据及评价内容。其次是各地政府对人力资源服务业的重视度。通过对各地政府工作报告、人力资源服务相关政府规划和相关政策的文本数量、体系化程度、文本核心内容分析,展示政府对人力资源服务业的重视度和规划度。同时,分别对"先进省份"(广东、上海)的做法进行了梳理,也对西部地区"欠发达省份"(四川、重庆、甘肃)的创新做法进行了整理。最后是各地非政府组织对人力资源服务业的关注度。通过对媒体、行业协会对于人力资源服务业的关注度来呈现作为政府和公众之外的社会组织对人力资源服务业发展支持度,对于数据进行了全面的更新。

第二章主要论述了双循环下人力资源服务业发展环境指数与各省区市水平排名。相较于2020年中国人力资源服务业蓝皮书的研究而言,本年度的研究更具创新性和现实意义。首先,"新"在国内国际双循环新发展格局的背景。在探讨双循环背景与人力资源服务业发展关系之后,在新格局的发展要求下进行人力资源服务业发展环境的评价研究。其次，"新"在指标体系的构建。本年度建立起了服务"人"、基于"源""资""技""外"的指标体系，更显导向性和创新性。最后，"新"在进一步优化的建议。从紧跟新要求、防范新风险、落实新政策、推进新技术、探索新领域等方面指出改进方向。本年度本章更新内容在 90% 以上，包括理论背景的阐述、指标体系的构建、年度数据的更新等。

第三章是各省区市人力资源服务业发展竞争力评价与排名。主要论述了全国各省区市人力资源服务业发展竞争力评价指标体系及评价结果分析，并在总结分析的基础上，提出了促进人力资源服务业发展的政策建议。与 2020 年蓝皮书相比，本章更新比例约有 90%。创新部分集中体现在理论部分积极对接当前国家战略和相关政策，在篇章结构上更加完整；评价指标设计进行了调整和创新，对指标内部结构进行了优化并且用 2020 年的新数据进行了评价，从国家企业信用信息公示系统、天眼查等网站获取了一些新数据，拓宽了评价数据的来源；对评价结果进行了创新性呈现，分别以发展水平、发展潜力和竞争力三张表格来反映各地人力资源服务业的发展情况；在结果分析和后续的总结建议中，以理性的视角剖析人力资源服务业发展的地域差异，提升针对性和客观性。

第四章是年度十大事件评选。《中国人力资源服务业蓝皮书 2021》记载的大事件，较好地覆盖了人力资源服务业发展的各个维度，与 2020 年蓝皮书相比，本章既有延续，又有创新。"延续"体现在评选方法、流程、标准、述评框架以及事件分类上，继续以先进性、开拓性、推动性、典型性和影响性为评选标准与述评框架，遵循事件搜集与征集、公开评选和专家评审的程序评选出十大事件；此外，继续将事件分为政策、著作、行业、会议四个类别。"创新"体现在事件及其述评内容上，本年度事件完全更新，内容更新 100%。

第五章是新增章节，内容更新 100%。在蓝皮书中第一次全面揭示与展示了粤港澳大湾区 11 个地市人力资源服务业发展的现状、政策内容与发展环境差异。

第六章主要介绍了中国在"一带一路"沿线国家拓展人力资源服务业的机遇与挑战，是新增章节，内容更新 100%。本章较为完整地收集了"一带一路"沿线国家人口和经济数据,介绍和预测沿线国的人力资源服务业发展概况和前景,分析了"一带一路"框架下中国人力资源服务业拓展沿线国家市场可能面临的四类机遇与两类挑战。

第七章首次以"一带一路"的视角切入,系统回顾人类命运共同体理念和"一带一路"倡议,分析人力资源服务业的人才新需求。在疫情防控常态化的新阶段,提出中国人力资源服务业的国际发展战略,是完全新增章节,内容更新100%。

第三部分为2020年8月至2021年7月中国大陆出版发表的有关中国人力资源服务业方面的研究成果名录,其中还专门收集了有关人力资源服务业研究方面的博士硕士论文。

蓝皮书得到国家人力资源社会保障部人力资源流动管理司的相关指导,由北京大学人力资源开发与管理研究中心负责组织编写,萧鸣政教授担任全书内容与各章节标题设计,指导各章节的编写,以及全书文字审改与部分章节内容的撰写;孙宏副教授协助萧鸣政教授完成了大量的综合协调与统稿工作。

孙宏、应验、朱玉慧兰等同志参与了第一部分的编写工作,其中孙宏具体负责其中第一章内容的编写,应验负责其中第二章内容的编写,萧鸣政负责其中第三章内容的编写。张湘姝、朱玉慧兰、楼政杰、欧阳帆、黎晓丹、张可安、张睿超等同志参与了第二部分的编写工作,其中张湘姝负责其中第一章内容的编写,朱玉慧兰负责其中第二章内容的初步编写,楼政杰负责其中第三章内容的初步编写,欧阳帆负责其中第四章内容的编写,黎晓丹负责其中第五章内容的初步编写,张可安负责其中第六章内容的编写,张睿超负责其中第七章内容的编写。蒲海燕在主编指导下参与了第三部分成果篇的分析工作。孙宏副教授参与了目录与全书各章节内容的合稿工作,史洪阳参加前言的翻译工作。

特别感谢国家人力资源和社会保障部人力资源流动管理司张文淼司长等领导一直以来对北京大学在中国人力资源服务业方面研究的关注与大力支持,尤其对于本书以及未来研究提出的一系列指导性意见。

我们将不忘初心,牢记使命,继续秉承蓝(白)皮书客观反映、系统提示、积极推动、方向探索的宗旨,希望《中国人力资源服务业蓝皮书2021》能够对中国人力资源服务业的发展起到一定的促进和推动作用,助力人才强国战略的实施与中国社会经济的高质量发展。

北京大学人力资源开发与管理研究中心主任

萧鸣政

2021 年 9 月

Preface

The human resources service industry (hereinafter referred to as HRSI) is an important part of the producer service industry and the modern service industry.It plays a very important role in promoting the effective allocation of human resources, improving the quality of workers, promoting employment and entrepreneurship, and helping high-quality economic development. Since the 18th National Congress of the Communist Party of China, the HRSI has developed vigorously, the scale and level of industry development have been continuously improved, service fields and service contents have been diversified, and the function of human resources market has been increasing. By the end of 2020, there were 45,800 human resource service organizations of various types in our country, providing professional services to 49.83 million employers and providing employment, job selection and mobility services to 290 million laborers throughout the year.According to the calculation of the concept of business format, China's HRSI revenue has accounted for 60% of the world's total.Specifically, our country has formed a HRSI chain including recruitment services, personnel agency, vocational training, labor dispatch, human resource outsourcing, talent evaluation, human resources management consulting, and senior talent search and so on. In particular, a number of large-scale, radiating and influential national-level HRSI parks and distinctive, dynamic, and profitable local industrial parks have been built, which has changed the development model of the HRSI and created industry innovation new heights of development.On July 28,2021, the first National Conference on the Development of Human Resources Services began in Chongqing.This is the new milestone in the development of HRSI.The high-quality development of the HRSI is essential for achieving fuller and higher-quality employment, maintaining China's advantages of human resources endowments, and promoting high-quality economic and social development. The new development of the HRSI will become a new engine to help the economy and society achieve high-quality development in the new era.

July this year marks the 100th anniversary of the founding of the Communist Party of China. We achieved the first Centenary Goal and built a moderately prosperous society in all respects. The clarion which calls for the second Centenary Goal of building China into a great modern socialist country in all respects in 2050 has been sounded. In the process of achieving the second Centenary Goal, high-quality human resources are needed. High-quality human resources require high-quality human resources services. In order to increase the role of HRSI scientific research in promoting the high-quality development of HRSI, and fully demonstrate the role of HRSI in promoting the implementation in implementing the strategy of talent-strong country, under the strong support and guidance of Human Resources Department of the Ministry of Human Resources and Social Security, Peking University continued to launch the *Blue Paper 2021 for Human Resources Service Industry in China* (hereinafter referred to as *Blue Paper 2021*). We need to uphold the purpose of promoting the better and faster development of the HRSI. We conducted an in-depth investigation and systematic review of the development of China's HRSI from August 2020 to July 2021. We Combine the professional frontier theories, the status of the industry practice during the year was reviewed, including an overview of major policies and regulations, a description of development status and achievements, an introduction of advanced experience: and the quantification evaluation and analysis of the political environment, social environment, economic environment and actual development level of the development of human resource service industries across the country. *Blue Paper 2021* conducts the HRSI Top Ten Events selection, especially the preliminary exploration and summary of the HRSI in the Guangdong-Hong Kong-Macao Greater Bay Area, the expansion of the HRSI in the countries along the "Belt and Road", and the international development strategy of China's

HRSI.Blue Paper 2021 strives to more comprehensively show the current development status, prospects, opportunities and challenges of the HRSI in China and countries along the "Belt and Road".

Compared with the previous years, *Blue Paper 2021* makes some innovative adjustments, and a lot of content updates, supplements were added, which is mainly expressed in the following aspects.

First, all chapters and contents are updated and enriched comprehensively.

Second, *Blue Paper 2021* continues to pay attention to the new content of the development of policies and regulations of China's HRSI, new highlights and new opportunities in the development of business formats.

Third, *Blue Paper 2021* innovates and supplies the quantitative evaluation index system for the development environment and development level of the human resources service industry in various parts of China, and conduct evaluations based on relevant data. *Blue Paper 2021* employs the methods of big data analysis and content analysis, analyzes the mainstream social media, paper media, websites, provincial government work reports and relevant policies, regulations and planning documents, from three different perspectives of the public, government and non-governmental organizations, to describe the degree of attention and development situation of human resources services in China's provinces and cities.

Fourth, *Blue Paper 2021* continues to pay close attention to the human resource service industry Top Ten Events selection.

Fifth, for the first time, *Blue Paper 2021* made a preliminary exploration and summary of HRSI in the Guangdong-Hong Kong-Macao Greater Bay Area, the HRSI in countries along the "Belt and Road", and the international development strategies of China's HRSI.

Blue Paper 2021 is divided into three units, the specific structure is as follows:

The first part is the annual report, which is divided into three chapters. The first chapter mainly shows and analyzesthe laws, regulations and policies that have significant impact on China's HRSI from August 2020 to July 2021 and their new changes.The innovation ratio of this chapter is 100%.In addition to revealing the laws, regulations, policies and new changes that have a significant impact on China's HRSI from August 2020 to July 2021, the innovation part also interprets the impact of important policies.The main highlight of this chapter lies in the interpretation of the policy background and the interpretation of the policy, so that readers can deeply understand and timely grasp the new trends of the development and change of HRSI.

The updating degree of the second chapter is about 90%.The main highlight is that it objectively and comprehensively reflects the current situation, problems and trends of the development of China's HRSI in 2021.The relationship between the annual key events such as "technical ways", "poverty alleviation and rural vitalization", "post-pandemic era" are sorted out. The main innovation of this chapter is summary of National Conference on the Development of Human Resources Services, overview of HRSI in 14th Five- Year Plan, and research material of "Belt and Road", which can provide a certain reference for policy analysis and academic research.

The update rate of Chapter 3 reaches 100 %.The development level of human resources service industry in Guangdong Province has ranked first in the country for many years.In order to share its relevant experience and practice, we selected two cases based on the perspective of government policies and first-line corporate practices.The first is human resources and social security department of Guangdong Province.The other is Guangdong Namyue Group Co., Ltd., a typical state-owned enterprise that conducts cross-border human resources service.This chapter introduces their advanced experience and outstanding contributions, in order to provide references for human resources service agencies and related ministries and government departments.

The second part is a special topic, including seven chapters. The first chapter is about the public's attention to HRSI in various places, the updating degree is about 90%.The first section is the public's attention to HRSI in various places.The evaluation tools of previous years (WeChat official account, number of Weibo tweets, etc.) have been used, and the data and evaluation content have been comprehensively updated. The second section is local government's attention degree to the HRSI. Through the analysis of the number of documents, the degree of systematization, and the core content of the text of the local government work report, HRSI-related government planning and policies, this section reveals local governments'attention and plan of HRSI in various places. At the same time, the advanced practices of the"advanced provinces" (Guangdong, Shanghai) were sorted out, and the innovative practices of the"backward provinces"in the western region (Sichuan, Chongqing, Gansu) were also sorted out. The third section is the attention of local NGOs to the HRSI. Through the attention of the media and industry associations to the HRSI, it shows the support degree for the development of the HRSI in social organizations other than the government and the public.

The second chapter of the second part mainly discusses evaluation and ranking of the development environment of HRSI in different provinces, districts and cities under the new development paradigm of"Dual Circulation". Compared with the research in the *Blue Paper 2020*, this year's research is more innovative and realistic. First of all, it is the background of the development paradigm of "Dual Circulation". After discussing the relationship between the development paradigm of "Dual Circulation" and the development of the HRSI, the development environment of the HRSI is evaluated and researched under the requirements of the new development paradigm. Second innovation of this chapter is the construction of a new index system. This year, an index system that serves "people"and is based on "source", "capital", "technology"and "foreign" has been established, which is more oriented and innovative. Finally, this chapter is the new recommendations for further optimization. This chapter points out the direction for improvement in terms of keeping up with new requirements, preventing new risks, implementing new policies, advancing new technologies, and exploring new areas. The updating degree is about 90% this year, including the explanation of the theoretical background, the construction of the index system, and the update of annual data, etc.

The third chapter of the second part mainly discusses the evaluation index system and evaluation result analysis of the development level of the HRSI in various provinces, districts and cities, and puts forward policy recommendations to promote the development of the HRSI based on the summary analysis. Compared with *Blue Paper 2020*, the update rate of this chapter has reached 90%. The innovation part is concentrated in the theoretical part that actively connects with the current national strategy and related policies, and is more complete in the chapter structure: the evaluation index design has been adjusted and innovated, the internal structure of the index has been optimized, and the new data for 2020 has been used for evaluation. It expanded the source of evaluation data, and obtained some data from the national enterprise credit information publicity system, TianYanCha website and other websites. This chapter presents the evaluation results in an innovative manner, reflects the HRSI development of each region in three tables: development level, development potential, and competitiveness. In the result analysis and follow-up summary and suggestions, we analyze the regional differences in the development of HRSI from a rational perspective.

The fourth chapter of the second part is the Top Ten Events selection of the year. The major events recorded in the *Blue Paper 2021* better cover all dimensions of the development of the HRSI. Compared with the human resource service industry, this chapter has both continuation and innovation: "Continuation" is reflected in the selection of methods, processes, standards, review framework and event classification. *Blue Paper 2021* continues to use advanced, pioneering, driving, typical and influential as the selection criteria and review framework, and follow the procedures of event collection and solicitation, public selection and expert review to select the Top Ten Events. In addition, the events will continue to be divided into four categories: policy, writing, industry, and conference. The content of this chapter is 100% updated.

The fifth chapter of the second part is a completely new chapter, and the content is 100% updated. For the first time in the *Blue Paper for Human Resources Service Industry in China*, it fully reveals and demonstrates the development status, policy content and development environment differences of the HRSI in 11 cities in the Guangdong-Hong Kong-Macao Greater Bay Area.

The sixth chapter of the second part mainly introduces the opportunities and challenges for China to expand the HRSI in the countries along "Belt and Road". It is a completely new chapter and the content is 100% updated. This chapter relatively completes the collection of population and economic data of countries along the "Belt and Road", introduces and infers the development profile and prospects of the HRSI in those countries, and analyzes four types of opportunities and two types of challenges when China's human resource service expands the market in the countries along the "Belt and Road".

The seventh chapter of the second part, for the first time, systematically reviews the concept of "Building Community of Shared Future" and the "Belt and Road" initiative from the perspective of the "Belt and Road", and analyzes the new demand for talents in China's HRSI. In the new stage of regular epidemic prevention and control, we propose international development strategy for China's HRSI.

The third part is the directory of research results on China's HRSI published in Mainland China from August 2020 to July 2021. It also collects doctoral and master's thesis on HRSI research.

Blue Paper 2021 is under the guidance of the Human Resources Flow Department of the Ministry of Human Resources and Social Security, and is organized and written by the Center for Human Resource Development and Management Research of Peking University. Professor Xiao Mingzheng is responsible for the design of the contents and the titles of each chapter of the whole book, and guides the writing of each chapter. He is responsible for the text revision and review of the whole text. Associate Professor Sun Hong served as the assistant editor and completed a large number of coordinate work and compile work.

Sun Hong, Ying Yan, Zhu Yuhuilan and other comrades participated in the compilation of the first part. Sun Hong was specifically responsible for the compilation of the first chapter, Ying Yan was responsible for the compilation of the second chapter of the first part, and Professor Xiao Mingzheng was responsible for the compilation of the third chapter of the first part. Zhang Xiangshu, Zhu Yu-huilan, Lou Zhengjie, Ouyang Fan, Li Xiaodan, Zhang Ke'an, Zhang Ruichao and other comrades participated in the compilation of the second part. Zhang Xiangshu was responsible for the compilation of the first chapter of the second part, Zhu Yuhuilan was responsible for the compilation of the second chapter, Lou Zhengjie was responsible for the compilation of the third chapter, Ouyang Fan was responsible for the compilation of the fourth chapter, Li Xiaodan was responsible for the compilation of the fifth chapter, Zhang Ke'an was responsible for the compilation of the sixth chapter, and Zhang Ruichao was responsible for the compilation of the seventh chapter. Under the guidance of the chief editor, Pu Haiyan participated in the analysis of the third part of the results. Associate Professor Sun Hong participated in the compilation of the contents of the catalogue and all chapters of the book, and Shi Hongyang was responsible for the translation of the preface.

Special thanks to Zhang Wenmiao, Director of the Human Resource Flow Management Department of Ministry of Human Resources and Social Security, and other leaders for their continuous attention and great support and guidance to Peking University's research on human resource service industry in China, especially for a series of guiding advice for this book and future research.

We will Remain true to our original aspiration and keep our mission firmly in mind, and continue to uphold the goal of objective reflection, systematic reminder, active promotion and direction exploration. We hope that *Blue Paper 2021 for Human Resources Service Industry in China* can give some reference and impetus to the development of China's human resource service industry, and can help to carry out the strategy on developing a quality workforce and a high-quality development of China's society and economy.

Director of Center for Human Resource Development and

Management Research of Peking University

Xiao Mingzheng

September 2021

第一部分
年度报告篇

第一章 人力资源服务业相关政策法规

【内容提要】

本章共分为四部分。第一部分为促进简政放权、优化管理的法律法规及相关政策,重点解读《建设高标准市场体系行动方案》《中国共产党组织工作条例》等政策,从宏观层面上阐释了我国建设高标准市场体系对人力资源服务业的新要求,以及党对人才工作的领导中对人力资源服务业的指导性、纲领性意见。第二部分为促进就业与人力资源开发的相关政策法规,重点解读《职业教育提质培优行动计划(2020—2023年)》《关于深化高等学校教师职称制度改革的指导意见》《技能人才薪酬分配指引》等政策,为我国职业技能人才的培养模式、待遇、发展空间以及高等学校教师的评价发展指明了方向。第三部分为促进社会保障的相关政策法规,重点解读《关于加强和改进基本医疗保险参保工作的指导意见》《关于实施康养职业技能培训计划的通知》《关于维护新就业形态劳动者劳动保障权益的指导意见》等政策,关注人才发展的医保、社会保障等政策,尤其是关注新就业形态劳动者的权益保护,为新就业形态劳动者的发展提供了坚强保障。第四部分为促进人员开发优化、改善民生方面的相关政策法规,重点解读《关于实现巩固拓展脱贫攻坚成果同乡村振兴有效衔接的意见》《关于加快推进乡村人才振兴的意见》等政策,强化了对巩固脱贫攻坚中的人才政策以及实现乡村振兴中的人才作用等。

Chapter 1 Major Regulations and Policies Concerning Human Resources Service Industry

【Abstract】

This chapter is divided into four parts. The first part is the laws and regulations of streamlining administration and delegating power, as well as optimizing management, focusing on the interpretation of *Action Plan for Building a high-standard market System*, *Regulations on the Organizational Work of the Communist Party of China* and other policies. It explains the new requirements of China's building a high-standard market system on the human resource service industry from the macro level, and the guiding and programmatic opinions of the human resource service industry under the leadership of the party's talent work. The second part is the policies and regulations of employment and human resource development, focusing on the interpretation of *the Action Plan for Promotion and Training of Vocational Education* (2020–2023), *the Guidance on Deepening the Reform of Professional Title System for Teachers in Institutions of Higher Learning*, *the Guidance on Salary Distribution of Skilled Talents* and other policies. It enlightens the direction of training mode, treatment, development space and evaluation of teachers in colleges and universities. The third part is the policies and regulations of social security, which emphasis on *Guidelines on Strengthening and Improving the Work of Participating in the Basic Medical Insurance*, *Notice on the Implementation of Health Care Vocational Skills Training Program*, and *Guidelines on Safeguarding the Rights and Interests of Workers in New Forms of Employment* and other polices. It follows medical insurance, social security and other policies focusing on talent development, especially the protection of the rights and interests of workers in new employment forms, providing a strong guarantee for the development of workers in new employment forms. The Fourth part is the policies and regulations of staff development and optimization, as well as the people's livelihood, which emphasis on *Opinions on Effectively Linking the Achievements of Consolidating and Expanding Poverty Alleviation with Rural Vitalization*, *Opinions on Accelerating the Revitalization of Rural Talents* and other policies. It has strengthened the talent policy for consolidating poverty alleviation and realizing the role of talent in rural revitalization.

本章主要摘录和分析了 2020 年 8 月至 2021 年 7 月我国人力资源服务业有重大影响的法律法规政策及其新变化。通过对这些法律法规政策进行深入解读,使读者能够及时掌握人力资源服务业所处的政策环境新变化和新动向。

2021 年蓝皮书继续"政策背景"部分的创新,深入探索每项政策实施的原因和发展路径。本章除了对政策进行解读外,在分类方法上采取了层级分类,有国家层面的如国务院颁布的政策法规,有人力资源和社会保障部制定的行业政策规定。本章还重点解读了政策的创新之处及对人力资源服务业带来的影响,力求使读者能够快速掌握相关政策法规对人力资源服务业的影响传导路径。

一、促进简政放权、优化管理的相关政策法规

(一) 中共中央办公厅、国务院办公厅《建设高标准市场体系行动方案》

建设高标准市场体系是加快完善社会主义市场经济体制的重要内容,对加快构建以国内大循环为主体、国内国际双循环相互促进的新发展格局具有重要意义。为深入贯彻党中央、国务院决策部署,构建更加成熟、更加定型的高水平社会主义市场经济体制,进一步激发各类市场主体活力,2021年 1 月 31 日,中共中央办公厅、国务院办公厅印发《建设高标准市场体系行动方案》(以下简称《行动方案》①)。

政策背景:

党的十八大以来,我国市场体系建设取得长足进展,市场的规模体量不

---

① 中央人民政府网,见 http://www.gov.cn/zhengce/2021-01/31/content_5583936.htm。

断壮大、市场结构持续优化、市场发展环境不断改善,国内市场的对外吸引力明显增强。但同时也要看到,建设高标准市场体系仍存在不少问题。

一是市场体系基础制度不健全。在市场体系建设的准入、竞争、退出、监管等关键环节,市场主体所需的基础性制度保障不到位,产权制度有待不断完善、市场准入需要更加公开透明、市场竞争需要进一步公平有序。二是要素市场发展滞后。要素市场化配置程度总体不高,要素流动存在体制机制障碍,如城乡统一的建设用地市场尚未形成,土地再利用和退出机制不畅;企业家、职业经理人等中高级劳动力市场不完善;资本市场存在上市公司退出机制不畅、转板机制不健全问题;技术和专利市场发育不足等。三是市场环境还不够完善。行业壁垒、区域封锁、标准不一致等阻碍公平竞争市场格局形成的障碍仍存在并逐渐隐蔽化。垄断现象和不正当竞争行为时有发生,公平竞争审查制度缺乏刚性约束,竞争政策基础地位尚未全面确立。市场基础设施存在较大的区域差距,新型基础设施建设投入缺口较大、覆盖率偏低。四是市场监管还不适应经济社会发展需要。监管体系的部门和区域协同不够,创新不足,在监管中引入大数据、信用、社会共治等的步伐偏慢,市场信用体系仍不健全。

因此,中共中央办公厅、国务院办公厅印发《建设高标准市场体系行动方案》,要求通过 5 年左右的努力,基本建成统一开放、竞争有序、制度完备、治理完善的高标准市场体系,为推动经济高质量发展、加快构建新发展格局、推进国家治理体系和治理能力现代化打下坚实基础。这是中央从发展改革全局作出的重大战略部署,也是我国"十四五"时期深化推进关键领域改革、指导高标准市场体系建设的纲领性文件。

政策解读:

首先,《行动方案》坚持目标导向,充分体现建设包括人力资源服务市场在内高标准市场体系要求。《行动方案》首次提出"通过 5 年左右的努力,基本建成统一开放、竞争有序、制度完备、治理完善的高标准市场体系"方针。在党的十八届三中全会提出的"建设统一开放、竞争有序的市场体系"基础上提炼增加了"制度完备、治理完善"八个字,提纲挈领地体现了"高标准市场体系"对"现代市场体系"的延续和升级,更体现了高标准市场体系着力"推动有效市场和有为政府更好结合"的核心理念。"统一开放、竞争有序"侧重于"使市场在资源配置中起决定性作用",要解决的是要素市场发展滞后、市场竞争环境不够完善、市场内外开放广度和深度需要继续拓展等问题;而"制度完备、治理完善"则侧重于"更好发挥政府作用",解决的是市场体系基础制度尚不健全、市场监管还不适应经济社会发展需要等问题。因此,建设高标准市场体系要持续加强制度建设,强化市场立规建制能力,积极对接和影响国际市场规则,全面提升市场规则的吸引力和竞争力。

其次,《行动方案》坚持问题导向,把握关键环节和重点问题。就人力资源服务业而言,《行动方案》针对人力资源服务流程不优、市场监管不到位的问题,提出要提升人力资源服务质量。加快发展人力资源服务业,简化优化人力资源服务许可流程,加强人力资源市场事中事后监管。强调要依托具备较强服务能力和水平的专业化人才服务机构、行业协会学会等社会组织,组建社会化评审机构,对专业性强、社会通用范围广、标准化程度高的职称系列,开展社会化职称评审,以推动劳动力要素有序流动,推进要素资源高效配置。

最后,《行动方案》坚持系统联动,整体推进高标准市场体系。《行动方案》从市场体系建设的内在逻辑出发,分别从夯实市场体系基础制度、推进要素资源高效配置、改善提升市场环境和质量、实施高水平市场开放、完善现代化市场监管机制五个方面对建设高标准市场体系行动进行部署。以上五个方面内在统一、有机联系,形成系统完备的有机整体,基础制度是根本、要素市场是重点难点、环境质量是直观体现、市场开放是内在要求、市场监管是重要保障。这也为人力资源服务业的积极健康发展指明了方向。

（二）国务院《关于深化"证照分离"改革进一步激发市场主体发展活力的通知》

开展"证照分离"改革,是落实党中央、国务院重大决策部署,深化"放管服"改革、优化营商环境的重要举措,对于正确处理政府和市场关系、加快完善社会主义市场经济体制具有重大意义。为深化"证照分离"改革,进一步激发市场主体发展活力,2021 年 6 月 3 日,国务院发布《关于深化"证照分离"改革进一步激发市场主体发展活力的通知》①(以下简称《通知》),在全国范围内推行"证照分离"改革全覆盖,并在自由贸易试验区加大改革试点力度。

政策背景:

"证照分离"改革,既是行政审批制度改革的重要组成部分,也是深化商事制度改革的延续和深化,是贯彻落实新发展理念、进一步优化营商环境、激发市场主体活力、建设高标准市场体系的重要举措,对于创新行政管理方式、提高行政管理效能、推进政府治理体系和治理能力现代化具有重要意义。特别是在统筹疫情防控和经济社会发展形势下,深化"证照分离"改革,对于做好"六稳"工作,落实"六保"任务,促进更多市场主体发展壮大,稳住经济基本盘具有积极作用。

政策解读:

这一次有关包括人力资源服务机构在内的"证照分离"的改革部署,主要从三个方面进行了深化和拓展。

第一,在全国范围内实施涉企经营许可事项全覆盖清单管理。对涉企经营许可事项实施清单管理,是党的十九届五中全会确定的重要任务,2019年,国务院已经部署在自贸区"证照分离"改革试点中率先实现了涉企经营许可事项的全覆盖清单管理,这一次将全覆盖清单管理的做法推向全国,具体事项实施分级管理。其中中央层面设定的许可事项有 523 项;地方层面设定的事项,明确由各省级政府统一编制并公布。这样确保依法设定的所有涉企经营许可事项全部纳入清单管理,清单之外"非禁即入",企业可以自主开展经营活动。这样的做法有利于进一步明晰政府与企业的权责关系,企业可以拥有更多经营自主权,对优化营商环境、激发市场主体活力具有重要意义。

第二,以更大的力度实施照后减证和简化审批。此次深化改革力度极大,全国直接取消的审批事项达到了 68 项,审批改为备案 15 项,实行告知承诺 37 项,对优化审批服务的事项也逐一确定了下放权限、精简材料、压减

---

① 中央人民政府网,见 http://www.gov.cn/zhengce/content/2021 - 06/03/content_5615031.htm。

时限等一些实实在在的改革举措。就人力资源服务业而言,人力资源服务许可改为实行告知承诺,一次性告知申请人许可条件和所需材料。对申请人自愿承诺符合许可条件并按要求提交材料的,当场作出许可决定。这些举措将有助于进一步减轻企业负担,增加企业动力与活力,为企业办证提供指引。同时,及时将企业登记信息推送到行业主管部门,及时纳入监管。这次改革还部署全面推动企业证和照的电子化,依托全国一体化政务服务平台,加强电子证照的归集、共享和应用。今后凡是通过电子证照可以获取的信息,一律不再要求企业重复提供。

第三,把创新和加强监管放在更加突出的位置。这次改革部署严格落实"放管结合、并重"的要求,文件中对每一项涉企经营许可事项都明确了加强事中事后监管的具体措施,并且要求各地区和有关主管部门根据改革方式,健全监管规则,结合行业特点完善监管方法,并且要明确具体事项的监管责任主体,确保放得开、接得住、管得好。同时还要求登记机关与行业主管部门协同配合,加强信息互通共享,及时掌握新设企业的情况,动态调整监管范围,防止出现监管真空。人力资源服务业要实现良性健康发展,也要进一步强化信用意识,避免因为失信而失去进一步交易和发展的机会。

(三) 中共中央《中国共产党组织工作条例》

为深入贯彻习近平新时代中国特色社会主义思想,贯彻落实新时代党的建设总要求和新时代党的组织路线,推进党的组织工作科学化制度化规范化,提高党的组织工作质量,根据《中国共产党章程》和有关法律制定中共中央《中国共产党组织工作条例》①(以下简称《条例》),于 2021 年 5 月 22 日发布实施。

政策背景:

党的十八大以来,习近平总书记统揽中华民族伟大复兴战略全局和世界百年未有之大变局,科学把握我们党所处的历史新方位和面临的新形势新任务,紧紧围绕"长期执政条件下建设什么样的党、怎样建设党"这一根

---

① 中央人民政府网,http://www.gov.cn/zhengce/2021-06/02/content_5615053.htm。

本问题,对党的建设和组织工作提出一系列新理念新思想新战略,亲自谋划、亲自部署、亲自推动一系列重大方针政策、重大举措、重大工作,引领新时代组织工作取得历史性成就、发生历史性变革,为制定出台《条例》奠定了坚实的思想理论和实践基础。党的十九大报告提出,"加快形成覆盖党的领导和党的建设各方面的党内法规制度体系"。2018 年《中央党内法规制定工作第二个五年规划(2018—2022 年)》明确将制定《条例》列为重点项目。落实党中央决策部署,中央组织部在深入调研的基础上,广泛征求意见,反复修改完善,起草形成《条例》稿。2021 年 4 月 30 日,习近平总书记主持召开中央政治局会议,审议批准《条例》。5 月 22 日,中共中央发布实施《条例》。

政策解读:

《条例》共七章四十六条。

其中第四章是干部工作。围绕怎样是好干部、怎样成长为好干部、怎样把好干部用起来等重大问题,进一步明确了新时代干部工作的总体要求,强调坚持党管干部原则,坚持德才兼备、以德为先,坚持五湖四海、任人唯贤,坚持好干部标准,坚持正确用人导向,着力建设忠诚干净担当的高素质专业化干部队伍。在干部工作"五大体系"建设方面,明确了素质培养、知事识人、选拔任用、从严管理、正向激励的主要目标和重点举措。在年轻干部工作方面,强调着眼党和国家事业长远发展需要,坚持拓宽来源、优化结构、改进方式、提高质量,大力培养选拔优秀年轻干部。此外,对加强公务员管理工作、离退休干部工作和统筹机构编制管理也分别提出要求。

第五章是人才工作。围绕推进实施人才强国战略、创新驱动发展战略,立足实现高水平的科技自立自强,强调坚持党管人才原则,对人才队伍建设涉及的领导体制、制度机制、服务环境等重大问题作出明确规定。在人才工作领导体制方面,明确形成党委统一领导,组织部门牵头抓总,有关部门各司其职、密切配合,用人单位发挥主体作用、社会力量广泛参与的党管人才工作格局。在人才队伍建设方面,强调要紧紧围绕经济社会发展需求,组织实施重大人才工程,统筹推进各领域人才队伍建设。在人才资源开发方面,强调要充分发挥市场的决定性作用和更好发挥政府作用,鼓励引导人才向艰苦边远地区和基层一线流动。在深化人才发展体制机制改革方面,要求坚决破除唯论文、唯职称、唯学历、唯奖项,健全完善人才引进、培养、使用、评价、流动、激励机制。在加强政治引领方面,强调坚持党委联系服务专家制度,完善领导干部直接联系服务人才工作机制。在人才环境方面,要求完善人才服务保障体系,营造尊重劳动、尊重知识、尊重人才、尊重创造的良好氛围,鼓励创新、宽容失败,开创人人皆可成才、人人尽展其才的生动局面。

《条例》对着力发展现代人才服务业,推动各类人才服务的高端化、产业化,有着极其重要的指导性、纲领性作用。

首先,《条例》突出市场导向,提出要遵循社会主义市场经济规律和人才成长规律。这就要求在人力资源服务业的发展中,要充分发挥市场作用。政府要支持和规范人才服务业的开发,形成集市场服务、金融服务、公共服务和社会服务于一体的高端人才服务的产业化体系。

其次,《条例》突出改革创新,提出要协调推进人才发展体制机制改革和政策创新。在人力资源服务业的发展中,要围绕"放权""搞活",聚焦人才集聚、培养、流动、评价、激励等关键环节,进一步破除深层次人才发展体制机制障碍,有力支持企事业、高校及科研院所创办各种类型的人才科技园区和孵化器等,建立多元化的人才集聚创新创业载体。

最后,《条例》突出国际发展,提出要树立全球视野和战略眼光,实行更加积极、更加开放、更加有效的人才政策。对人力资源服务业来看,要引进和支持国际著名猎头公司、人才中介服务机构来华设立合资或分支机构,加快我国本土人才中介服务机构的产业化发展进程,努力提升人才中介服务机构的能力和水平。

二、促进就业与人力资源开发的相关政策法规

(一) 教育部等九部门联合发布《职业教育提质培优行动计划(2020—2023 年)》

为贯彻落实《国家职业教育改革实施方案》,办好公平有质量、类型特色突出的职业教育,提质培优、增值赋能、以质图强,加快推进职业教育现代化,更好地支撑我国经济社会持续健康发展,2020 年 9 月 16 日,教育部等

九部门联合发布《职业教育提质培优行动计划(2020—2023 年)》①(以下简称《行动计划》)。

政策背景:

党中央、国务院高度重视职业教育发展,出台《国家职业教育改革实施方案》,明确了办好新时代职业教育的施工图,职业教育大改革大发展的格局基本形成,进入爬坡过坎、提质培优的历史关键期。《行动计划》聚焦重点、疏通堵点、破解难点,将《国家职业教育改革实施方案》部署的改革任务转化为举措和行动,推动中央、地方和学校同向同行,形成因地制宜、比学赶超的工作格局,整体推进职业教育提质培优。通过《行动计划》的建设,职业教育与经济社会发展需求对接更加紧密、同人民群众期待更加契合、同我国综合国力和国际地位更加匹配,中国特色现代职业教育体系更加完备、制度更加健全、标准更加完善、条件更加充足、评价更加科学。

政策解读:

《行动计划》是指导推进全国职业教育高质量发展的纲领性文件,是职业教育领域贯彻落实习近平总书记关于教育的重要论述的重要行动,是对《国家职业教育改革实施方案》的贯彻落实,对人力资源服务业开拓在职业教育领域中的业务活动,具有重大指导意义。《行动计划》体现出体系完善、重点突破、压实责任三大特征。

首先,《行动计划》强调完善体系,明确职业教育的类型特征。《行动计划》提出要推进职业教育协调发展,使职业教育体系更加完善;提出完善服务全民终身学习的制度体系,落实职业院校实施学历教育与培训并举的法定职责;确立产教融合在职业教育中的战略地位,凸显职业教育作为类型教育的本质。

其次,《行动计划》突出重点,聚焦德技并修的育人特征。在推进落实立德树人根本任务上,《行动计划》提出要推动习近平新时代中国特色社会主义思想进教材进课堂进头脑;在实施职业院校教师队伍改革方面,《行动计划》提出要提升教师个体的"双师"素质;在开展职教国际交流合作育人

---

① 中华人民共和国教育部,见 http://www.moe.gov.cn/srcsite/A07/zcs_zhgg/202009/t20200929_492299.html。

方面,提出加快培养国际产能合作急需的人才,并着力提升职业教育国际影响力。

最后,《行动计划》压实责任,彰显共建共享的治理特征。《行动计划》围绕标准、质量和人才三大环节制定标准体系,以提升治理能力;《行动计划》以职业教育创新发展高地为抓手,完善省市共建机制;《行动计划》完善经费倾斜和协同推进等机制,压实各方责任。

(二) 人力资源社会保障部、教育部《关于深化高等学校教师职称制度改革的指导意见》

为深入贯彻落实中共中央、国务院印发的《关于全面深化新时代教师队伍建设改革的意见》和《深化新时代教育评价改革总体方案》,按照《中共中央办公厅 国务院办公厅关于深化职称制度改革的意见》要求,进一步完善教师评价机制,激励广大高校教师教书育人,落实立德树人根本任务,推进高等教育内涵式发展,加快教育现代化,2020 年 12 月 31 日,人力资源社会保障部、教育部联合出台《关于深化高等学校教师职称制度改革的指导意见》[①](以下简称《指导意见》)。

政策背景:

高等学校教师是我国专业技术人才队伍的重要组成部分,是新时代推动国家教育事业发展和高层次人才培养的重要力量。党的十八大以来,以习近平同志为核心的党中央高度重视教师工作,并多次就教师工作发表重要讲话、作出重要批示,强调教师是立教之本、兴教之源,建设政治素质过硬、业务能力精湛、育人水平高超的高素质教师队伍是大学建设的基础性工作,要健全立德树人落实机制,扭转不科学的教育评价导向。《关于全面深化新时代教师队伍建设改革的意见》《深化新时代教育评价改革总体方案》《关于深化职称制度改革的意见》等文件对深化高校教师职称制度改革、分类推进职称制度改革、建设高素质专业化创新型教师队伍作出了部署。

从实践来看,1986 年中央职称改革工作领导小组转发国家教育委员会

---

① 中央人民政府网,见 http://www.gov.cn/zhengce/zhengceku/2021 – 01/27/content_5583094.htm。

《高等学校教师职务试行条例》等文件,建立了高校教师职称制度,对调动广大高校教师的积极性、创造性发挥了重要作用。但随着我国高等教育的快速发展,完善高校教师职称制度的需求日益迫切,各地各高校探索教师职称制度改革取得了积极成效,同时仍存在评价标准和评价机制不够完善等问题,需要进一步巩固成果、改革完善。

政策解读:

《指导意见》坚持问题导向、目标导向,围绕高校教师职称评审重点难点问题,有针对性地提出改革举措,以品德、能力和业绩为导向,构建评价科学、规范有序、竞争择优的高校教师职称制度。

一是完善评价标准。为进一步明确评价导向,《指导意见》强调严把思想政治和师德师风考核,将师德表现作为教师职称评审的首要条件;突出教育教学能力和业绩,注重对履责绩效、创新成果、人才培养实际贡献的评价;强化教师思想政治工作要求,把课程思政建设情况和育人效果作为评价的重要内容;推行代表性成果评价,克服唯论文、唯"帽子"、唯学历、唯奖项、唯项目等倾向。

二是创新评价方式。《指导意见》吸收近年来高校教师职称工作成果经验,提出结合学校特点和办学类型,针对不同类型、不同层次教师,实行分类分层评价。鼓励采取个人述职、面试答辩、同行评议、实践操作、业绩展示等多种灵活评价方式,完善同行专家评议机制,健全完善外部专家评审制度,探索引入第三方机构进行独立评价。给内、外部评审专家预留充足时间进行评鉴,引导评审专家负责任地提供客观公正的专业评议意见。严格规范专家评审行为,提高职称评价的科学性、专业性、针对性。

三是建立重点人才绿色通道。为引导教师主动服务国家重大战略需求,激发人才活力,《指导意见》提出,对取得重大基础研究和前沿技术突破、解决重大工程技术难题、在经济社会事业发展中作出重大贡献的教师以及招聘引进的高层次人才和急需紧缺人才等,在严把质量和程序的前提下,可制定较为灵活的评价标准,申报高级职称时论文可不作限制性要求,畅通人才发展通道。

四是深化"放管服"改革。《指导意见》贯彻"放管服"改革精神,重申高校教师职称评审权直接下放至高校,自主制定教师职称评审办法、操作方案等评审文件,自主组织评审、按岗聘用,主体责任由高校承担。同时,加强对高校教师职称评审工作的监管,开展业务指导,优化服务。

(三) 人力资源社会保障部《技能人才薪酬分配指引》

为更好服务中国制造、中国创造,深入实施人才强国、创新驱动发展战略,推动企业建立健全符合技能人才特点的工资分配制度,2021 年 1 月 26 日,人力资源社会保障部办公厅出台《技能人才薪酬分配指引》[①](以下简称《指引》),供指导企业时参考。

政策背景:

党中央、国务院历来高度重视技能人才队伍建设,特别是党的十八大以来,先后出台中央文件就促进技能人才队伍建设、提高技能人才待遇提出明确要求。

2018 年 3 月,中办、国办印发《关于提高技术工人待遇的意见》,就大力提高高技能领军人才待遇、建立符合技能人才特点的工资分配制度、提高技能人才工资收入等提出了具体要求。2019 年 9 月,习近平总书记对我国技能选手在第 45 届世界技能大赛上取得佳绩作出重要指示,强调要健全技能人才培养、使用、评价、激励制度,大力发展技工教育,大规模开展职业技能培训,加快培养大批高素质劳动者和技术技能人才。要在全社会弘扬精益求精的工匠精神,激励广大青年走技能成才、技能报国之路。2020 年 12 月 10 日,在首届全国职业技能大赛开幕之际,习近平总书记专门致信祝贺,对做好技能人才工作作出重要指示,强调技术工人队伍是支撑中国制造、中国创造的重要力量,各级党委和政府要高度重视技能人才工作。

为贯彻落实习近平总书记关于技能人才工作重要指示精神,引导企业建立健全符合技能人才特点的工资分配制度,增强技能人才获得感、自豪感、荣誉感,促进爱岗敬业,激发创造潜能,增强生产服务一线岗位对劳动者吸引力,激励广大青年走技能成才、技能报国之路,人力资源社会保障部出台了《技能人才薪酬分配指引》。

---

① 中央人民政府网,见 http://www.mohrss.gov.cn//xxgk2020/fdzdgknr/zcfg/gfxwj/ldgx/202102/t20210204_409131.html。

政策解读：

技能人才队伍是支撑中国制造和中国创造的重要力量，也是当前和今后扩大中等收入群体、实施扩大内需战略的重点施策群体。编制《指引》，是新时期进一步完善政府工资分配宏观调控职能、引导企业建立健全符合技能人才特点的工资分配制度、有效激励技能人才成长成才的重要措施。

首先，《指引》是新发展阶段政府服务指导企业工资分配的新探索。

目前我国已基本形成了以最低工资制度、工资指导线、工资市场价位与人工成本信息为主要内容的企业工资分配宏观调控体系。随着市场机制在资源配置中逐渐发挥决定性作用，客观上要求进一步转变政府职能，在企业分配领域更多扮演市场主体培育者和辅导者角色，在"调"和"控"政策手段基础上，逐步拓展基本公共服务内容，以税收调节、信息服务、倡导劝诫、典型示范等新的非强制性方法手段，间接影响企业内部分配决策，贯彻落实党和国家收入分配改革要求，实现有效市场与有为政府更好的结合。《指引》定位于宏观指导和技术辅导，其所推介的薪酬制度模式、方法并不具强制力，而是突出指导性、参考性，既不干预企业内部分配自主权，又从思路和方法上指导企业有效贯彻落实按劳分配与按要素贡献分配相结合的原则，合理提高技术工人待遇。

其次，《指引》导向鲜明、内容丰富。

《指引》充分体现多劳者多得、技高者多得的价值分配导向。第一章总则提出，技能人才工资分配应当坚持按劳分配与按要素贡献分配相结合原则，体现多劳者多得、技高者多得的技能价值分配导向，合理评价技能要素贡献。以此为主线，在后面各个章节中分别介绍畅通技能人才职业发展通道，设计一岗多薪体系，开展岗位价值度评估，设置技师/技能津贴、通岗津贴、师带徒津贴等具体途径。

《指引》推荐的制度模式符合技能人才的成才规律和心理诉求。技能人才成长成才有其独特规律，即不能脱离生产服务实践，必须扎根于一线岗位积累经验、提升技能，增强解决实际问题的能力。随着劳动者素质整体提升，技能人才在成长过程中，对于实现自身价值的心理诉求也会随之变化。《指引》引导企业建立多层级的技能人才职业发展通道，并将职业技能水平与岗位工资、专项津贴标准有效对接，就是鼓励一线劳动者立足本职工作岗位,潜心钻研技术技能,专精本业,实现个人成长、收入增加和企业劳动生产率提高紧密连接。

最后,《指引》具有较强的针对性、操作性。

《指引》提出的方法建议符合企业实际和技能人才劳动特点,操作性强。其中有些建议和提示(如如何设计岗位工资标准、处理技术工人与其他人员的分配关系、设置师带徒津贴和通岗津贴等),是总结国内先进企业改革实践经验提炼出的、带有普遍性的规律,比较符合我国企业文化和管理实际。有些技术工具、方法建议(如选择岗位价值度评估要素、确定计件单价的方法、设置夜班津贴和作业津贴等),贴合技能人才劳动强度大、工作环境差、工作时间有特殊性要求等劳动特点,非常有针对性。

(四)人力资源社会保障部等《关于全面推行中国特色企业新型学徒制加强技能人才培养的指导意见》

为贯彻落实党的十九届五中全会精神,加强新时代技能人才培养,2021年6月8日,人力资源社会保障部、财政部、国务院国资委、中华全国总工会、全国工商联印发《关于全面推行中国特色企业新型学徒制加强技能人才培养的指导意见》[①]的通知(以下简称《意见》)。

政策背景:

中国特色企业新型学徒制是职业培训工作主动适应经济高质量发展和供给侧结构性改革的重大举措,是我国技能人才培养模式的重大创新。其重在突出企业的主导作用,是促进产教融合、缓解工学矛盾的有效手段,助力破解我国技能人才队伍存在的"总量不足""结构不合理""配置效率不高"等突出问题,为新时期高质量发展提供高水平技能型人力资本。通过《意见》实施,力争使企业技能岗位新入职员工都有机会接受高质量岗前职业技能培训;力争使企业技能岗位转岗员工都有机会接受转岗转业就业储备性技能培训,达到"转岗即能顶岗"。以企业新型学徒制培训为引领,促进企业技能人才培养,不断提升企业技术创新能力和企业竞争力。

---

① 人力资源和社会保障部网站,见 http://www.mohrss.gov.cn/xxgk2020/fdzdgknr/zcfg/gfxwj/rcrs/202106/t20210622_416893.html? keywords=。

政策解读：

在实施中国特色企业新型学徒制过程中，应主要把握三方面重点。

一是强化培训，聚焦能力。职业技能是技能人才最重要的能力素质，新型学徒制遵循"能力本位"原则，确保培训目标与企业的需求紧密结合。能力本位的本质特征是以经济社会发展为导向，面向企业生产一线，培养目标是各行业熟练劳动者和社会需要的技能人才。能力本位把增强劳动者职业技能和就业能力作为首要任务，能够使新型学徒制培养模式更好地适应经济发展和劳动就业需要。

二是紧盯需求，以用为本。新型学徒制坚持需求导向，坚持"以用为本"的人才开发规律，紧扣经济产业发展需求调整培训制度，充分发挥企业主体作用，合理配置资源，着力提升技能型人力资本开发效能。培训工作由企业担负主体职责，建立健全产教融合、校企合作机制，开展大规模岗位练兵技能比武活动，支持企业自主开展技能等级认定等。

三是加强激励，综合施策。通过完善经费补贴政策、健全企业保障机制、建立奖励激励机制等一系列改革创新举措，建立健全产教融合、校企合作机制，开展大规模岗位练兵技能比武活动，形成政府激励推动、企业加大投入、培训机构积极参与、劳动者踊跃参加的职业技能培训新格局。

（五）人力资源社会保障部《"技能中国行动"实施方案》

技能是强国之基、立业之本。技能人才是支撑中国制造、中国创造的重要力量。为贯彻落实习近平总书记对技能人才工作的重要指示精神，2021年6月30日，人力资源社会保障部印发《"技能中国行动"实施方案》①（以下简称《实施方案》）。

政策背景：

党中央、国务院高度重视技能人才工作，党的十八大以来，以习近平同志为核心的党中央深入实施人才强国战略，对做好技能人才工作作出一系列重大决策部署。

---

① 中央人民政府网，见 http://www.gov.cn/zhengce/zhengceku/2021－07/06/content_5622619.htm。

"十三五"期间,在各级党委政府领导下,各级人力资源社会保障部门会同有关部门加大工作力度,技能人才规模明显扩大、培养培训加快推进、职业技能竞赛蓬勃开展、技能人才评价激励政策更加完善,激发了更多人接受技能教育、从事技能工作的积极性,引导带动更多劳动者期待提升技能、实现高质量就业。但是,从实际情况看,技术工人短缺问题仍比较突出,尤其是高技能人才的求人倍率长期保持在2以上。加快技能人才培养,提升劳动者素质和技能,对于解决好新成长劳动者的就业问题、缓解结构性就业矛盾具有重要意义。

近年来,人力资源社会保障部大力推动技能人才工作,健全完善政策制度体系,组织实施职业技能提升行动、技工院校改革创新计划、高技能人才表彰、企业新型学徒制、全国技能大赛、世界技能大赛成果转化等多项具体工作。同时,经济社会发展的转型升级,高质量发展的内在要求,使各地党委政府更加重视技能人才工作。这些都为实施"技能中国行动"提供了实践基础。因此,《实施方案》明确规定,在"十四五"时期,大力实施"技能中国行动",以培养高技能人才、能工巧匠、大国工匠为先导,带动技能人才队伍梯次发展,形成一支规模宏大、结构合理、技能精湛、素质优良,基本满足我国经济社会高质量发展需要的技能人才队伍。

政策解读:

第一,"技能中国"政策制度体系的构建体现了高瞻远瞩的战略谋划。健全技能人才发展政策体系、健全终身职业技能培训制度、完善技能人才评价体系、构建职业技能竞赛体系是构建"技能中国"政策制度体系的四大支柱。其中全面系统谋划的技能人才发展政策体系是整个"技能中国"政策制度体系的核心支柱,在技能人才工作中具有纲领性、指引性的重要作用。而终身职业技能培训制度、技能人才评价体系、职业技能竞赛体系则是着眼长远、与时俱进、对标世界,服务高质量发展、缓解结构性矛盾的关键支柱,也是形成更加完备的技能人才工作政策制度体系不可或缺的顶层设计。

第二,"技能提升"行动蕴含了"强基础、优结构"的总体布局。持续实施职业技能提升行动、大力发展技工教育、支持技能人才创业创新、推动国家乡村振兴重点帮扶地区技工教育和职业培训均衡发展是实施"技能提升"行动的四大主要工作任务。这四大工作任务重点旨在推进技能人才供给侧结构性改革,让更多的劳动者具有紧贴经济社会发展需要的技能,确保技能人才培养培训与技能密集型产业、急需紧缺领域能够紧密对接,为社会发展提供更多的技能人才、乡村工匠和大国工匠。

第三,"技能强企"行动凝聚了"扩规模、提质量"的创新智慧。推行中国特色企业新型学徒制、建立健全产教融合及校企合作机制、开展大规模岗位练兵技能比武活动、支持企业自主开展技能等级认定是实施"技能强企"行动的四大任务部署。这四大任务部署要实现四个建设目标:一是助推企业技能人才培养,发展壮大产业工人队伍;二是促使企校深度融合,共同推动区域经济社会高质量发展;三是支持行业企业将技能人才队伍建设上升为企业发展战略;四是鼓励企业建立与薪酬、岗位晋升相互衔接的职业技能等级制度。

第四,"技能激励"行动落实了"建机制、增活力"的有效举措。加大高技能人才表彰奖励,提升技能人才待遇水平,落实技能人才社会地位,健全技能人才职业发展贯通机制,弘扬劳模精神、劳动精神、工匠精神是实施"技能激励"行动五大工作举措。这五大工作举措能够更好地体现技能价值激励导向。在"十四五"期间,关乎技能人才在待遇水平、社会地位、发展空间等方面的相关政策若能够得到有效落实,高技能人才与专业技术人才职业发展贯通机制若能得以健全,势必能够引导广大劳动者特别是青年一代关注技能、学习技能、投身技能的热情和活力。

第五,"技能合作"行动展现了开放包容的国际视野和胸怀。做好世界技能大赛参赛和办赛工作、加强技能领域国际交流合作、加强职业资格证书国际互认是实施"技能合作"行动的三大工作任务。三大工作任务能够充分展示中国技能发展成就,推进职业技能开发的国际交流互鉴,促进技能人才国际流动,也充分展示了"技能中国行动"开放包容的国际视野和胸怀。这三大工作任务是确保在"十四五"期间,打造蕴含人类命运共同体理念、具有中国特色的技能人才队伍,实现根本上推动技能人才队伍高质量发展的特色行动。

三、促进社会保障的相关政策法规

（一）国家医保局、财政部、国家税务总局《关于加强和改进基本医疗保险参保工作的指导意见》

为深入推进全民参保计划，进一步提高基本医保参保质量，保障参保群众权益，优化参保缴费服务，建好国家医疗保障信息平台基础信息管理子系统，2020 年 8 月 24 日，国家医疗保障局、财政部、国家税务总局联合印发《关于加强和改进基本医疗保险参保工作的指导意见》①（以下简称《指导意见》）。

政策背景：

参保工作是基本医疗保险的基础性工作。我国基本医疗保险制度建立以来，特别是全民参保计划实施以来，参保覆盖率一直保持在 95% 以上的较高水平，为保障公民依法享有基本医保权益发挥了重要作用。

经济社会发展进入新阶段后，参保工作面临新的形势，主要体现在：一是人口流动和就业形态多样化对参保工作提出更高要求。新型城镇化深入推进，人口在城乡之间、区域之间频繁流动，新就业形态不断增加，参保工作必须适应经济就业发展新变化，为重点人群、新就业形态从业人员提供更加优质的服务，更好促进人口合理有序流动。二是医疗保障高质量发展要求不断完善参保工作，必须更加注重提高参保质量，进一步规范基础信息采集、提高信息质量、统一校验规则，减少不必要的重复参保，为医疗保障高质量发展奠定基础。三是医保信息化建设为加强和改进参保工作创造了条件。随着全国统一的医疗保障信息平台建设深入推进以及医保电子凭证的广泛推广，全国医疗保障系统将逐步实现全国参保信息实时查询功能，为更加精准制定政策、提供精细化服务提供技术支撑。为此，国家医保局会同财政部、税务总局研究制定了《指导意见》，以进一步提升参保缴费服务，稳妥有序清理重复参保，建好国家医疗保障信息平台基础信息管理子系统，推动

---

① 中央人民政府网，见 http://www.gov.cn/zhengce/zhengceku/2020 - 09/14/content_5543256. htm。

参保工作更加便民高效、方便快捷。

政策解读：

《指导意见》最大的亮点是首次提出重复参保的界定及处理原则，明确对医保重复参保有序清理、精准施策。

由于我国医保分属于数种不同制度，有人在不同制度之间同时参保，且我国医保统筹层次较低，在不同统筹区参保，就容易形成重复参保。根据人社部下属的中国劳动和社会保障科学研究院一项调查显示，目前有大约7.8%的人存在重复参保的问题。重复参保的危害显而易见。重复补贴加重了各级财政的负担，造成社会公共资源的浪费，影响了公众享受基本医疗权益的公平性，损害了基本医疗保险的公信力。因此，《指导意见》明确禁止重复参保，并提出重复参保的界定及处理原则。

《指导意见》规定，与用人单位签订劳动合同并与用人单位建立稳定劳动关系的人员，按照规定参加职工医保。以农民工、城乡居民、残疾人、灵活就业人员、生活困难人员为重点，加强参保服务，落实各项参保政策。完善新就业形态从业人员参保缴费方式。《指导意见》还强调，已经参加居民医保的短期季节性务工人员或灵活就业人员，在居民医保待遇享受期内参加职工医保，医疗保障部门应保证参保人享受新参加的医保待遇，暂停原居民医保待遇；参保人短期务工结束后，医疗保障部门及时恢复原居民医保待遇，确保待遇有效衔接。这就从政策上保障了医保的延续性和覆盖面。

（二）人力资源社会保障部等《关于实施康养职业技能培训计划的通知》

为贯彻落实党中央、国务院有关要求，推进职业技能提升行动，促进康养服务技能人才培养和劳动者就业创业，2020 年 10 月 9 日，人力资源社会保障部、民政部、财政部、商务部、全国妇联决定组织实施"康养职业技能培训计划"①（以下简称"计划"）。

---

① 中央人民政府网，见 http://www.gov.cn/zhengce/zhengceku/2020 - 10/24/content_5553862.htm。

政策背景：

健康照护、养老护理、家政服务、婴幼儿照护等康养服务从业人员的职业素质和工作质量，直接关系到人民群众日常生活和切身利益。随着经济社会发展，人民群众对健康生活方式的需求越来越多，加之新型城镇化、人口老龄化、实施"三孩"生育政策等多重因素影响，出现了康养服务从业人员供不应求的现象。

从业态发展现状来看，全国养老护理员缺口很大；家政服务员特别是中高端服务供给不足，春节、农忙时节尤为紧缺；生育政策放开以来，每年至少需要职业育婴员、保育员近1000万人次。2020年2月，健康照护师作为新职业正式列入我国职业分类大典目录。健康照护师可在家庭、养老机构、社区等场所，承担老年人、孕产妇、婴幼儿、病患者和残障人士健康照护与生活照料双重职能。与此同时，我国失能半失能老人已达4000多万，对养老照护、康复护理的需求也很大。

党中央、国务院高度重视康养从业人员队伍建设工作。2018年12月，习近平总书记在中央经济工作会议上强调要完善养老护理体系。2019年5月29日，李克强总理主持召开国务院常务会议，部署进一步促进社区养老和家政服务业加快发展的措施，强调指出，要支持大范围开展养老服务人员培训，加快建设素质优良的专业队伍。出台加强康养服务从业人员技能提升、职业发展保障激励等方面的政策措施，多渠道加快培养康养服务技能人才，加大康养从业人员供给，更好满足广大人民群众美好生活需求，显得尤为重要和迫切。

因此，围绕做好"六稳"工作，服务落实"六保"任务，聚焦当前人民群众反映强烈的康养服务从业人员数量不足、职业技能水平不高等实际问题，坚持培训先行、人人持证，大规模、高质量开展康养服务人员职业技能培训，健全培养、使用、评价和激励工作体系，加快培养数量充足、素质优良、技能高超、服务优质的康养服务技能人才，人力资源和社会保障部等多个部门组织实施"计划"。

政策解读：

第一，"计划"坚持问题导向，重在解决康养服务市场中的痛点和难点问题。目前康养服务存在的主要问题：一是从业意愿低、人员流动性大。近年来虽然市场供不应求,但照料护理服务业仍存在人难招、人难管、人难留的局面。从业人员没有职业归属感、流动过于频繁。二是从业人员老龄化趋势明显。现有照料护理从业人员大都出生在 20 世纪六七十年代,八九十年代出生人员少,行业老龄化趋势严重,急需补充新人、年轻人。三是专业化人才缺口明显。随着居民生活水平的提高和消费结构的转型升级,消费者对于照料护理行业的要求明显提高,除了洗衣、做饭、保洁、育儿等基本服务外,部分家庭还需要从业人员提供专业育儿、早教、膳食搭配、室内美化等更为专业的服务,有的家庭还希望从业人员能充当"管家""助手"等角色。而当前从业人员文化程度、综合素养和技能水平偏低,难以满足专业化的需求。四是服务质量和水平亟待提升。总体来看,康养服务人员整体服务质量和水平不高,存在服务不规范、信誉缺乏等问题。有些照料护理服务人员缺乏良好的职业心态、职业道德和沟通能力,与雇主互不满意。部分企业招聘家政服务员较为随意,不经培训直接上岗,大多数家政企业没有建立家政服务人员的培训机制,导致从业人员技能低、服务差、服务纠纷不断。因此,"计划"在健全康养服务人员培训体系、促进康养服务人员职业发展方面出台了一系列具体的措施,以推进康养职业技能高质量发展。

第二,"计划"坚持提升能力,加大培养康养从业人员的素质和水平。"计划"在健全康养服务人员培训体系方面出台了一整套"组合拳"措施,包括:建立康养服务人员培训制度,全面推行康养服务人员岗前培训、岗位技能提升培训、转岗转业培训和创业培训;全面提升康养服务人员职业技能水平,强化康养服务人员的实际操作技能训练、综合职业素质培养,并将法律知识、职业道德、从业规范、质量意识、健康卫生等要求和心理学、营养学等方面的内容贯穿培训全过程;健全康养服务培训标准体系,按照国家职业技能标准和最新行业企业考核评价规范开展培训;大力培育康养服务企业和培训机构,支持健康照护、养老、家政、托育服务等企业发展,推动建设产教融合型企业。

第三,"计划"强调职业发展,提高康养从业人员职业荣誉感和吸引力。"计划"包括开展康养服务人员职业技能评价,加强康养服务人员激励保障,广泛组织职业技能竞赛等,从政策面健全完善康养人员职业发展规划,也为人力资源服务企业提供了新的发展内容与机会。

（三）国务院办公厅《关于加快发展保障性租赁住房的意见》

近年来,各地区、各有关部门认真贯彻落实党中央、国务院决策部署,扎实推进住房保障工作,有效改善了城镇户籍困难群众住房条件,但新市民、青年人等群体住房困难问题仍然比较突出,需加快完善以公租房、保障性租赁住房和共有产权住房为主体的住房保障体系。2021 年 7 月 2 日,国务院办公厅发布《关于加快发展保障性租赁住房的意见》①(以下简称《意见》),以加快发展保障性租赁住房,促进解决好大城市住房突出问题。

政策背景:

党中央、国务院高度重视住房保障工作。2020 年中央经济工作会议提出解决好大城市住房突出问题。要高度重视保障性租赁住房建设;土地供应要向租赁住房建设倾斜,单列租赁住房用地计划,探索利用集体建设用地和企事业单位自有闲置土地建设租赁住房;要降低租赁住房税费负担,对租金水平进行合理调控。2021 年政府工作报告中强调,切实增加保障性租赁住房和共有产权住房供给,尽最大努力帮助新市民、青年人等缓解住房困难。经过多年的发展,特别是党的十八大以来,我国住房保障能力持续增强,累计建设各类保障性住房和棚改安置住房 8000 多万套,帮助 2 亿多困难群众改善了住房条件,人民群众的获得感、幸福感、安全感不断增强。同时,随着城镇化进程的加速和流动人口规模的扩大,进城务工人员、新就业大学生等新市民、青年人的住房困难问题仍然比较突出,需加快完善以公租房、保障性租赁住房和共有产权住房为主体的住房保障体系。

政策解读:

《意见》首次从国家层面明确住房保障体系的顶层设计,今后国家的住房保障体系以公租房、保障性租赁住房和共有产权住房为主体。

首先,《意见》坚持问题导向,主要是解决符合条件的新市民、青年人等群体的住房困难,制度设计上突出了针对性、科学性、规范化和市场化。针对新市民、青年人等群体特点,明确保障标准,以建筑面积不超过 70 平方米的小户型为主,租金低于同地段同品质市场租赁住房租金,准入和退

---

① 中央人民政府网,见 http://www.gov.cn/zhengce/content/2021 - 07/02/content _ 5622027. htm。

出的具体条件、小户型的具体面积由城市人民政府按照保基本的原则合理确定。

其次,《意见》坚持供需匹配。城市人民政府根据需求,科学确定保障性租赁住房建设目标和政策措施,制定年度建设计划。明确地方责任,城市人民政府负主体责任,要加强对保障性租赁住房建设、出租和运营管理的全过程监督管理。省级政府对本地区发展保障性租赁住房工作负总责。赋予城市人民政府更多自主权,可以利用集体经营性建设用地、企事业单位自有闲置土地、产业园区配套用地和存量闲置房屋建设,采取新建、改建、改造、租赁补贴等多种方式,切实增加供给。

最后,《意见》强调发挥市场机制加大房源有效供给。《意见》明确,保障性租赁住房由政府给予政策支持,充分发挥市场机制作用,引导多主体投资、多渠道供给,主要利用存量土地和房屋建设,适当利用新供应国有建设用地建设。进一步加强金融支持,支持银行业金融机构以市场化方式向保障性租赁住房自持主体提供长期贷款,在实施房地产信贷管理时予以差别化对待。执行民用水电气价格的优惠政策。此外,中央还对符合规定的保障性租赁住房建设任务给予补助。通过这些优惠政策,让市场主体能够愿意去发展保障性租赁住房。从企业角度看,发展保障性租赁住房,也是房地产企业根据市场需求实现转型发展的一条新路。

(四) 人力资源社会保障部等部门《关于维护新就业形态劳动者劳动保障权益的指导意见》

为深入贯彻落实党中央、国务院决策部署,支持和规范发展新就业形态,切实维护新就业形态劳动者劳动保障权益,促进平台经济规范健康持续发展,2021 年 7 月 16 日,人力资源社会保障部、国家发展改革委、交通运输部、应急部、市场监管总局、国家医保局、最高人民法院、全国总工会提出《关于维护新就业形态劳动者劳动保障权益的指导意见》[①](以下简称《指导意见》)。

---

① 中央人民政府网,见 http://www.gov.cn/zhengce/zhengceku/2021 - 07/23/content_5626761.htm。

政策背景：

近年来，随着我国平台经济的快速发展，新就业形态已成为劳动者就业增收的重要渠道。网约配送员、网约车驾驶员、网约货车司机、互联网营销师等新就业形态劳动者数量大幅增加。由于平台的用工形式和新就业形态劳动者的就业方式相对灵活，大量新就业形态劳动者难以与企业直接确认劳动关系，难以简单纳入我国现行劳动法律调整，其权益保障面临新情况新问题。维护好新就业形态劳动者劳动保障权益，事关更充分更高质量就业、事关公平正义、事关社会和谐稳定。党中央、国务院对此高度重视。习近平总书记多次作出重要指示批示，强调要及时补齐制度短板，维护好快递员、网约工、货车司机等就业群体的合法权益，明确平台企业劳动保护责任。李克强总理也要求千方百计为群众灵活就业创造更好条件，认真研究保障灵活就业人员基本权益的政策措施。按照党中央、国务院的决策部署，人社部与国家发改委、交通运输部、市场监管总局、全国总工会等 8 部门聚焦新就业形态劳动者劳动权益保障突出问题，深入各类平台企业进行调研，广泛听取企业、劳动者、地方、部门、专家学者等方面的意见，系统梳理国内外相关做法，经过反复研究，深入论证，制定了《指导意见》。

政策解读：

解决好新就业形态劳动者在工资收入、社会保障、劳动保护等方面的困难和问题，是促进经济长期健康发展的必然要求。《指导意见》的出台，重在保障新就业形态劳动者的基本权益，也对人力资源服务业的发展提出了新要求和挑战。

首先，平台企业对劳动者权益保障承担相应责任。我国大部分社会保障制度，如最低工资、企业承担的社会保障、休息休假、工伤事故赔偿等，都是以建立劳动关系为基础。《指导意见》明确提出规范用工，明确劳动者权益保障责任。根据企业用工形式和新就业形态劳动者就业方式的不同，明确企业应当对符合确立劳动关系情形、不完全符合确立劳动关系情形但企业对劳动者进行劳动管理的新就业形态劳动者权益保障承担相应责任。对平台企业采取劳务派遣、外包等合作用工方式的，平台企业与合作企业依法承担各自的用工责任。对于个人依托平台自主开展经营活动、从事自由职业等，按照民事法律调整双方的权利义务。

其次,优化新就业形态劳动者权益保障服务。将新就业形态劳动者纳入劳动保障基本公共服务范围,放开灵活就业人员在就业地参加基本养老、基本医疗保险的户籍限制,才能让他们"心中有底"。《指导意见》调整了有劳动关系才有社保的政策思路,强调企业要引导和支持不完全符合确立劳动关系情形的新就业形态劳动者根据自身情况参加相应的社会保险。各地也需探索适合新就业形态的社会保险经办服务模式,在参保缴费、权益查询、待遇领取和结算等方面提供更加便捷的服务,做好社会保险关系转移接续工作,提高社会保险经办服务水平,更好保障参保人员公平享受各项社会保险待遇。尤其是要以出行、外卖、即时配送、同城货运等行业的平台企业为重点,组织开展平台灵活就业人员职业伤害保障试点。

最后,科学确定劳动者工作量和劳动强度。作为大数据使用者的平台企业,在技术控制模式下,以时间为单位和节点的严密而细致的记录和监控,塑造"准时""快速"的劳动时间感,劳动者最终"被困在系统里"。《指导意见》指出,企业制定修订平台进入退出、订单分配、计件单价、抽成比例、报酬构成及支付、工作时间、奖惩等直接涉及劳动者权益的制度规则和平台算法,应充分听取工会或劳动者代表的意见建议,将结果公示并告知劳动者,不得制定损害劳动者安全健康的考核指标。同时督促企业按规定合理确定休息办法,在法定节假日支付高于正常工作时间劳动报酬的合理报酬。

四、促进人员开发优化、改善民生方面的相关政策法规

(一)中共中央、国务院《关于实现巩固拓展脱贫攻坚成果同乡村振兴有效衔接的意见》

为实现巩固拓展脱贫攻坚成果同乡村振兴有效衔接,2020 年 12 月 16 日,中共中央、国务院提出《关于实现巩固拓展脱贫攻坚成果同乡村振兴有效衔接的意见》[①](以下简称《意见》)。

政策背景:

经过全党全国各族人民共同努力,我国脱贫攻坚战取得了全面胜利。

---

① 中央人民政府网,见 http://www.gov.cn/zhengce/2021-03/22/content_5594969.htm。

党的十九届五中全会提出,实现巩固拓展脱贫攻坚成果同乡村振兴有效衔接。打赢脱贫攻坚战、全面建成小康社会后,要在巩固拓展脱贫攻坚成果的基础上,做好乡村振兴这篇大文章,接续推进脱贫地区发展和群众生活改善。

政策解读:

《意见》的出台意义重大,对人力资源服务业的发展有较强的指导意义。贫摘帽不是终点,而是新生活、新奋斗的起点。我们要充分认识实现巩固拓展脱贫攻坚成果同乡村振兴有效衔接的重要性、紧迫性,举全党全国之力,统筹安排、强力推进,让包括脱贫群众在内的广大人民过上更加美好的生活,朝着逐步实现全体人民共同富裕的目标继续前进,彰显党的根本宗旨和我国社会主义制度优势。

一是明确了要促进脱贫人口稳定就业。《意见》中讲到,要搭建用工信息平台,培育区域劳务品牌,加大脱贫人口有组织劳务输出力度。支持脱贫地区在农村人居环境、小型水利、乡村道路、农田整治、水土保持、产业园区、林业草原基础设施等涉农项目建设和管护时广泛采取以工代赈方式。延续支持扶贫车间的优惠政策。过渡期内逐步调整优化生态护林员政策。统筹用好乡村公益岗位,健全按需设岗、以岗聘任、在岗领补、有序退岗的管理机制,过渡期内逐步调整优化公益岗位政策。这些政策对脱贫地区就业的持续健康发展给予了明确的指导性意见。

二是明确要做好人才智力支持政策衔接。《意见》强调要延续脱贫攻坚期间各项人才智力支持政策,建立健全引导各类人才服务乡村振兴长效机制。要继续鼓励和引导各方面人才向国家乡村振兴重点帮扶县基层流动。

三是进一步强化了对这一工作的评价考核。《意见》规定,脱贫攻坚任务完成后,脱贫地区开展乡村振兴考核时要把巩固拓展脱贫攻坚成果纳入市县党政领导班子和领导干部推进乡村振兴战略实绩考核范围。与高质量发展综合绩效评价做好衔接,科学设置考核指标,切实减轻基层负担。强化考核结果运用,将考核结果作为干部选拔任用、评先奖优、问责追责的重要参考,以进一步增强巩固拓展脱贫攻坚成果同乡村振兴有效衔接的工作动力。

（二）中共中央办公厅、国务院办公厅《关于加快推进乡村人才振兴的意见》

为深入贯彻落实习近平总书记关于推动乡村人才振兴的重要指示精神，落实党中央、国务院有关决策部署，促进各类人才投身乡村建设，2021年2月，中共中央办公厅、国务院办公厅印发《关于加快推进乡村人才振兴的意见》①（以下简称《意见》）。

政策背景：

乡村振兴，人才是关键。长期以来，乡村中青年、优质人才持续外流，人才总量不足、结构失衡、素质偏低、老龄化严重等问题较为突出，乡村人才总体发展水平与乡村振兴的要求之间还存在较大差距。进入新发展阶段，全面推进乡村振兴，加快农业农村现代化，乡村人才供求矛盾将更加凸显。制定印发《意见》，加快推进乡村人才振兴，培养造就一支懂农业、爱农村、爱农民的"三农"工作队伍，既是中央部署的工作要求，也是基层事件的迫切需要，有助于推动强化乡村人才振兴政策的系统集成，推动形成乡村人才振兴的工作合力和强化全面推进乡村振兴的人才支撑。

政策解读：

乡村振兴，人才是关键。国家出台《意见》，提出要培养造就一支懂农业、爱农村、爱农民的"三农"工作队伍，为全面推进乡村振兴、加快农业农村现代化提供有力人才支撑。

乡村人才振兴，需要加强"引"才力度。《意见》坚持广开进贤之路、广纳天下英才，积极主动对接乡村振兴的各类人才需求，用好刚性引才与柔性引智"两条路径"，加大农业科技领军人才等的引进培养力度，引导其通过技术攻关、科研成果转化等助力乡村振兴。注重吸引有号召力的带头人、有行动力的追梦人返乡创新创业创造，将其培养为推动乡村振兴的"生力军"。同时强化创新引进机制，突出项目带动，让科技人才、大学生村官以及各类专门实用人才向乡村基层一线流动。

乡村人才振兴，需要加强"育"才力度。《意见》坚持全面培养、分类施策。围绕全面推进乡村振兴需要，全方位培育各类人才，重视加快培养农业

生产经营人才、农村二三产业人才、乡村公共服务人才、乡村治理人才、农业农村科技人才,推动政府、培训机构、企业等发挥各自优势,共同参与乡村人才培养,以乡村人才队伍的壮大为乡村振兴蓄势加油,形成"培养一批能人、带动一方发展、富裕一方百姓"的"蝴蝶效应"。

《意见》坚持深化乡村人才培养、引进、管理、使用、流动、激励等制度改革,完善人才服务乡村激励机制,着力构建积极开放有效的政策环境,支持创新创业创造的工作环境,营造尊才爱才敬才用才的社会环境,让农村的机会吸引人、留住人,以人才的吸引集聚强化乡村振兴支撑力、增添原动力。

(三) 国务院《全民科学素质行动规划纲要(2021—2035 年)》

为贯彻落实党中央、国务院关于科普和科学素质建设的重要部署,依据《中华人民共和国科学技术进步法》《中华人民共和国科学技术普及法》,落实国家有关科技战略规划,2021 年 6 月 3 日,国务院印发《全民科学素质行动规划纲要(2021—2035 年)》①(以下简称《纲要》)。

政策背景:

自《全民科学素质行动计划纲要(2006—2010—2020 年)》印发实施,特别是党的十八大以来,在以习近平同志为核心的党中央坚强领导下,在国务院统筹部署下,各地区各部门不懈努力,全民科学素质行动取得显著成效,各项目标任务如期实现。公民科学素质水平大幅提升,2020 年具备科学素质的比例达到 10.56%;科学教育与培训体系持续完善,科学教育纳入基础教育各阶段;大众传媒科技传播能力大幅提高,科普信息化水平显著提升;科普基础设施迅速发展,现代科技馆体系初步建成;科普人才队伍不断壮大;科学素质国际交流实现新突破;建立以科学技术普及法为核心的政策法规体系;构建国家、省、市、县四级组织实施体系,探索出"党的领导、政府推动、全民参与、社会协同、开放合作"的建设模式,为创新发展营造了良好社会氛围,为确保如期打赢脱贫攻坚战、确保如期全面建成小康社会作出了积极贡献。

---

① 中央人民政府网,见 http://www.gov.cn/zhengce/content/2021 - 06/25/content_5620813.htm。

我国科学素质建设取得了显著成绩,但也存在一些问题和不足。主要表现在:科学素质总体水平偏低,城乡、区域发展不平衡;科学精神弘扬不够,科学理性的社会氛围不够浓厚;科普有效供给不足、基层基础薄弱;落实"科学普及与科技创新同等重要"的制度安排尚未形成,组织领导、条件保障等有待加强。《纲要》为我国当前及今后一段时期推进全民科学素质建设明确了行动指南。

政策解读:

第一,政策对象更加精准。

《纲要》注重务实落地,创新提出青少年好奇心、农民科技文化素质、老年人信息素养等方面的务实抓手,部署针对青少年、农民、产业工人、老年人、领导干部和公务员 5 类人群的科学素质提升行动,推动科普由"大水漫灌"转向"精准滴灌"。

以"一小一老"为例,此次将"保护学生好奇心,激发求知欲和想象力"写进了《纲要》文件,更加重视在孩子心中根植科学梦想、培养科学兴趣。《纲要》要求,提升基础教育阶段科学教育水平,引导变革教学方式,倡导启发式、探究式、开放式教学;完善综合素质评价制度,引导有创新潜质的学生个性化发展;将科学精神纳入教师培养过程,提升教师科学素质。

当前我国 60 岁及以上老年人口已达 2.64 亿,老龄化程度加深和信息化转型加速,让老年群体科学素质短板愈发凸显。为帮助"银发族"跨越"数字鸿沟",《纲要》首次提出老年人科学素质提升行动,实施智慧助老行动,普及智能技术知识和技能,提升老年人信息获取、识别和使用能力,有效预防和应对网络谣言、电信诈骗。

第二,政策供给更加充足。

围绕深化科普供给侧改革、提高科普服务供给效能,《纲要》部署了 5 项重点工程,通过系列举措加强政策机制建设,有效动员社会各方力量,构建政府、社会、市场等协同推进的社会化发展大格局。

具体来看就是,要建立完善科技资源科普化机制,加强科技创新主体开展科普的政策保障;推动传统媒体与新媒体深度融合,推进智慧科普建设,发展科幻产业;加强科技馆等科普基础设施建设和服务能力;针对薄弱现状,强化基层科普能力提升;科普也要加强国际交流合作,不能关起门来搞。

在优化供给上,激发多元主体科普积极性,构筑科普共同体;加强科技馆体系建设,提高服务水平和覆盖面;推动科普信息化、规范化发展。

在提升科技教育能力上,以更多校外科普资源弥补课堂科技教育不足;开展中小学教师科技培训,提升其科学素质和科学教学能力;发挥学会智力优势,为学校科学教育赋能。

此外,从大力发展专职科普人才、推动科技教师和科技辅导员队伍建设及加强科技志愿者队伍建设等方面,加强科普人才队伍建设。

【本章小结】

综观本章政策可以看出,以市场化推动人力资源服务业转型升级,实现人力资源服务业的高质量发展,是人力资源服务业发展的未来取向。首先,政策中体现明显的市场导向。如《建设高标准市场体系行动方案》中明确规定,要充分发挥市场作用,简化优化人力资源服务许可流程,加强人力资源市场事中事后监管。将简政放权与加强监管相结合,既是我国有效市场和有为政府更好结合的重要体现,也是新时代推进人力资源服务业高质量发展的必然要求。其次,政策中强调人力资源服务业的规范化发展。无论是《关于全面推行中国特色企业新型学徒制加强技能人才培养的指导意见》还是《技能人才薪酬分配指引》,都对技能人才的培养开发、薪酬给予了明确的指导,人力资源服务业要以此为依据,确保职业技能人才的良性健康发展。最后,政策推动人力资源服务业内容的改革创新。这一年的政策高度关注了新就业形态以及乡村振兴人才,既充实和完善了人力资源服务业的内容,又体现了对于国家发展战略的重要人才支撑作用,值得人力资源服务业的从业者高度关注。

第二章 人力资源服务业发展与创新

【内容提要】

2020—2021 年度，我国人力资源服务业立足于新时代，展现了新动力，开启发展新征程。从整体发展状况与趋势看，这一年度中国人力资源服务业在政策体系、机构人员、业态模式、开放水平等方面都有了进一步发展与提高。具体表现为稳就业与保就业政策体系不断完善、服务机构与从业人员增长快速恢复、服务业态与地区发展状况起伏向好、灵活用工与灵活就业等模式逐渐多元、政策开放与企业走出去进程继续加快。伴随后疫情时代技术创新与用工形态的变化，人力资源服务业的创新水平也显著提高。这一年度，我国的人力资源服务业在技术、科技与模式上都出现了新特点和新发展，包括技术创新与技术升级、科技融合与科技赋能、模式变革与模式创新等方面。此外，纵观这一年度中国人力资源服务业的整体发展，在内外部环境的作用下，呈现了诸多亮点。一是人力资源服务业发挥在稳就业、保就业、促就业方面的优势，助力全面建成小康社会的实现。二是后疫情时代人力资源服务业加速行业转型与高质量发展的进程。三是"十四五"时期，人力资源服务业的发展将会开启新征程。四是这一年度第一届全国人力资源服务业发展大会顺利举办，全面展示改革开放以来中国人力资源服务业发展历程、最新成果、行业价值和创新产品，成为这一年度行业发展的标杆性事件。五是这一年度，中国人力资源服务业发展对内地区间发展逐渐平衡，对外在"一带一路"背景企业积极走出去。

Chapter 2 Development and Innovation of Human Resource Service Industry

【Abstract】

From 2020 to 2021, China's human resources service industry has shown new power andstarted new development in the new era. From the overall development status and trend, this year, China's human resources service industry has further developed and improved in terms of policy system, organization personnel, business model and opening level. Specifically, (1) the policy system of stabilizing employment and ensuring employment has been continuously improved, (2) the growth of service institutions and employees has been rapidly restored, (3) the service formats and regional development have fluctuated and improved, (4) the modes of flexible employment and flexible employment have been gradually diversified, and (5) the process of policy opening and enterprise going global has continued to accelerate. With the changes of technological innovation and employment patterns in the "post epidemic" era, the innovation level of human resources service industry has also improved significantly. This year, China's human resources service industry has seen new characteristics and new development in technology, science and technology and mode, including (1) technological innovation and upgrading in, (2) scientific and technological integration and empowerment, (3) mode reform and innovation, etc. In addition, looking at the overall development of China's human resources service industry this year, it also presented many highlights under the action of internal and external environment. (1) the human resources service industry gives full play to its advantages in stabilizing employment, ensuring employment and promoting employment, and contributes to the realization of building a well-off society in an all-round way. (2) in the "post epidemic" era, the human resources service industry has accelerated the process of industry transformation and high-quality development. (3) during the 14th Five Year

Plan period, the development of human resources service industry will start a new journey. (4) the first national human resources service industry development conference was successfully held, which has become a benchmark event for the development of the industry this year. (5) the gape between poor and rich are narrowing while the opening level is raising.

　　当今世界正经历百年未有之大变局,国家发展既有难得的战略机遇,也面临严峻的风险挑战。在这样的背景下,2020—2021 年度①中国人力资源服务业发展处于复杂的内外部环境之中,挑战与机遇并存。一方面,全球新冠肺炎疫情持续发酵,保护主义、单边主义盛行,逆全球化趋势明显,造成国际人员流动和服务贸易受阻,全球达成共识的难度明显加大。② 人力资源服务业所依赖的人流、物流、资金流、技术类链条出现"脱钩"的风险。另一方面,在 2020 年实现全面建成小康社会的目标之后,"十四五"期间我国进入"全面建设社会主义现代化国家、向第二个百年奋斗目标进军"的新发展阶段,树立了"创新、协调、绿色、开放、共享"的新发展理念,构建了"以国内大循环为主体、国内国际双循环相互促进"的新发展格局。新发展阶段、新发展理念、新发展格局为中国人力资源服务业更好、更快、更高质量的发展指引了方向。总的看,2020—2021 年度中国人力资源服务业发展企稳回升,伴随中国经济的转好,行业创新与发展进程也不断加快。2020—2021年度开启了中国人力资源服务业后疫情时代和"十四五"时期的发展新阶段。

一、人力资源服务业发展状况与趋势

(一) 稳就业与保就业政策体系不断完善

　　就业是最大的民生。人力资源服务业作为促进劳动者就业和职业发展、服务用人单位管理开发人力资源的专门行业,能够极大提升劳动者与岗

---

　　①　本书所指的 2020—2021 年度的时间区间为 2020 年 8 月 1 日至 2021 年 7 月 31 日。

　　②　参见李朴民:《站在新历史起点上的中国人力资源开发理论与实践的创新发展》,《中国产经》2020 年第 23 期。

位匹配的效率,有效解决劳动者与用人单位之间信息不对称问题,极大缓解企业"招工难"和劳动者"就业难"问题,是有效促进就业尤其是实现市场化社会化就业的重要力量。① 新冠肺炎疫情发生以来,党中央立足"六稳六保",积极协调、统筹疫情防控和经济发展,重点围绕"稳就业""保就业"这个大局。在国家层面,国务院及各有关部委密集出台了稳定与保障就业的相关政策文件。2020—2021 年度,为更好服务"稳就业""保就业"工作,人力资源服务业的政策体系得到了进一步完善,成为这一年度行业发展的最显著特征之一。总的看,2020—2021 年度国家关于"稳就业""保就业"的相关政策体现出两个突出特点:一是引导人力资源服务机构充分发挥其职能作用,强化专业优势,通过拓展"互联网+"实现服务创新,促进企业复工复产,推动产业链健康发展,优化和谐劳动关系。比如,2021 年 3 月 1 日起施行的《网络招聘服务管理规定》(人社部令第 44 号),对网络招聘服务活动准入、服务规范、监督管理、法律责任等作出规定,有效规范了网络招聘服务,促进了网络招聘服务业态健康有序发展。二是营造有利于人力资源服务业发展的政策和体制环境,进一步鼓励支持人力资源服务机构实现更好更快发展。② 比如,2021 年 6 月,人力资源社会保障部办公厅、国家乡村振兴局综合司、全国妇联办公厅联合印发了《关于开展家政服务劳务对接助力乡村振兴行动的通知》(人社厅发〔2021〕46 号),提出要健全完善对接工作机制,搭建家政服务供需平台,加大有组织劳务输出力度,引导和鼓励农村劳动力到家政服务领域就业,促进农村劳动力就业增收,从而助力全面推进乡村振兴。这些政策对后疫情时代人力资源服务业的发展起到了积极作用。此外,这一年度国家继续深化人力资源市场"放管服"改革,依法实施人力资源服务许可和备案,在国家自由贸易试验区内试行人力资源服务告知承诺制,简化优化审批流程,进一步激发市场活力。持续开展人力资源市场秩序专项整治,加强事中事后监管,切实维护劳动者和用人单位合法权

---

① 参见《稳就业促就业 人力资源服务业在行动——人社部人力资源流动管理司负责人答记者问》,2020 年 7 月 31 日,见 http://www.mohrss.gov.cn/SYrlzyhshbzb/dongtaixinwen/buneiyaowen/202007/t20200731_381501.html。

② 参见王书柏:《后疫情时代我国人力资源服务业发展趋势研究》,《内蒙古社会科学》2021 年第 2 期。

益。加强诚信体系建设,遴选确定 148 家全国人力资源诚信服务示范机构,诚信服务蔚然成风。①

（二）服务机构与从业人员增长快速恢复

随着我国社会经济发展逐渐走出疫情影响,复工复产进程加快,企业对人力资源服务的需求开始回升。我国人力资源服务业在经过短暂调整后逐步恢复,从业人员数量、服务机构数目、营业总收入等不断提高,发展势头持续向好。根据《2020 年度人力资源和社会保障事业发展统计公报》显示,截至 2020 年末,全国共有人力资源服务机构 4.58 万家,人力资源服务业从业人员 84.33 万人。② 2020 年,全国各类人力资源服务机构共服务各类人员 106383 万人次,同比增长 6.32%。2020 年,全国各类人力资源服务机构共为 2.9 亿人次提供就业、择业和流动服务,同比增长 13.73%。③ 全国共有 4.2 万个固定招聘场所、1.8 万个招聘网站,行业营业收入突破 2 万亿元,基本形成了公共服务与经营性服务并重、有形市场和无形市场并行的发展格局④。值得一提的是,作为行业发展的重要平台,2020—2021 年度中国人力资源服务产业园也得到进一步发展。2021 年 2 月,人力资源和社会保障部批复在石家庄、沈阳和济南新设立三家人力资源服务产业园。至此,全国国家级人力资源服务产业园数量已达 22 家。截至 2020 年底,各国家级产业园已有入园企业超 3500 家,营业收入 2700 亿元,分别比上年增长 29.63%、38.46%⑤,服务各类人员 2700 万人次,为超过 80 万家次用人单位提供了人

---

① 参见任社宣:《我国人力资源服务业发展新态势》,《中国人力资源社会保障》2021 年第 8 期。

② 《2020 年度人力资源和社会保障事业发展统计公报》,2021 年 6 月 3 日,见 http://www.mohrss.gov.cn/SYrlzyhshbzb/zwgk/szrs/tjgb/。

③ 参见任社宣:《我国人力资源服务业发展新态势》,《中国人力资源社会保障》2021 年第 8 期。

④ 参见孙忠法:《一场全国性行业盛会背后的深意:向人力资源服务要发展新动能》,《中国组织人事报》2021 年 8 月 17 日第 1 版。

⑤ 参见任社宣:《我国人力资源服务业发展新态势》,《中国人力资源社会保障》2021 年第 8 期。

力资源服务①。产业园围绕国家和地方发展战略合理规划布局,高起点高标准建设、发挥辐射带动作用,实现经济、社会、人才、效益的丰收。产业园区建设由经济发达的东部地区开始,逐步扩展到全国东、中、西、东北四大经济区域,在京津冀城市群、长三角城市群、粤港澳大湾区等城市圈发展过程中起到了迅速传递人才和劳动力供需信号并调配人力资源供需的作用。②疫情发生以来,各地产业园发挥带动引领作用,迅速投入疫情防控和复工复产工作,充分发挥专业优势和特有作用,开展联合招聘服务激发促就业的倍增效应,开展重点行业企业就业服务纾困解难,开展重点群体就业服务实施精准对接,开展促进灵活就业服务支持多渠道就业,为促进稳就业保就业、维护经济发展和社会稳定大局、决战脱贫攻坚、决胜全面建成小康社会,提供坚实有力的人力资源服务支撑。③

(三) 服务业态与地区发展状况起伏向好

2020—2021 年度,受国内外疫情的后续影响,人力资源服务业的业务发展仍受到一定限制,但各业态发展总体呈现企稳回升的趋势。此外,东中西部由于社会经济发展基础的差异,人力资源服务业发展水平的差距短时间也难以弥合,但地区间互补和交流趋势仍向好发展。2020 年,全国各类人力资源服务机构共为 4983 万家次用人单位提供了服务,同比增长18.32%。其中,国有企事业单位 194 万家次,占 3.90%;民营企业 3717 万家次,占 74.59%;外资企业 183 万家次,占 3.67%;其他用人单位 889 万家次,占 17.84%。2020 年,全国各类人力资源服务机构共举办现场招聘会23.32 万场,同比减少 22.93%。2020 年,全国各类人力资源服务机构通过网络发布岗位招聘信息 16.5 亿条,同比增长 307.10%;发布求职信息 8.4亿条,同比增长 2.04%。各类人力资源服务机构为 106 万家用人单位提供

---

① 参见《全国新设 3 家国家级人力资源服务产业园》,2021 年 2 月 19 日,见 http://www.mohrss.gov.cn/SYrlzyhshbzb/dongtaixinwen/buneiyaowen/rsxw/202102/t20210219_409749.html。

② 参见田永坡等:《中国人力资源服务产业园发展质量评估研究》,《中国人力资源开发》2020 年第 10 期。

③ 参见莫荣主编:《中国人力资源服务产业园发展报告(2021)》,社会科学文献出版社2021 年版,第 11 页。

人力资源外包服务,同比增长 17.06%。2020 年,全国各类人力资源服务机构为 182 万家用人单位提供人力资源管理咨询服务,同比减少 48.06%。管理流动人员人事档案 9180 万份,同比增长 3.90%;依托档案提供工资调整、档案查阅、开具相关证明等服务 3638 万人次,同比减少 27.45%。举办培训班 43 万次,同比增长 10.99%;培训人员 2324 万人,同比增长 48.16%。高级人才寻访(猎头)服务成功推荐选聘各类高级人才 125 万人,同比减少 38.87%。如果从东部、中部、西部和东北人力资源服务业的服务机构数量、从业人员、年营业收入等数据看,四个地区的差异表现为:(1)从服务机构地区分布看,东部地区人力资源服务机构 22083 家,占总量的 48.23%;中部地区 8209 家,占 17.93%;西部地区 12638 家,占 27.60%;东北地区 2854 家,占 6.23%。(2)从从业人员分布看,东部地区 481163 人,占总量的 57.06%;中部地区 129268 人,占 15.33%;西部地区 183799 人,占 21.80%;东北地区 49062 人,占 5.82%。(3)从年营业收入分布看,东部地区 14763 亿元,占 72.64%;中部地区 2460 亿元,占 12.11%;西部地区 2444 亿元,占 12.03%;东北地区 657 亿元,占 3.23%。①

(四)灵活用工与灵活就业等模式逐渐多元

2020—2021 年度,伴随着疫情带来的发展环境、技术手段、行业需求的变化,人力资源服务产业的业务体系不断多元。此外,随着新技术的应用、新业态的产生,互联网巨头跨界切入招聘市场,科技型、平台型人力资源服务机构不断涌现,传统的人力资源服务机构不断并购整合。常态化的防控措施导致一部分规模小、知名度低的服务机构彻底退出市场,一部分服务效率低、服务方式落后的机构逐渐被市场淘汰,而那些市场化程度高、创新能力强、规模较大的人力资源服务机构将得以生存,并扩大市场份额。② 在疫情防控常态化的背景下,灵活用工、线上服务等就业形态能更好地解决人力成本高涨和业务规模扩张间的矛盾,成为吸纳就业、增加群众收入的重要渠道。2020 年 7 月 31 日,国务院办公厅出台《关于支持多渠道灵活就业的意

---

① 参见任社宣:《我国人力资源服务业发展新态势》,《中国人力资源社会保障》2021 年第 8 期。

② 参见梁雨钝:《2020 年人力资源发展趋势分析》,《中国人事科学》2020 年第 4 期。

见》(国办发〔2020〕27 号)强调,个体经营、非全日制以及新就业形态等灵活多样的就业方式,是劳动者就业增收的重要途径,对拓宽就业新渠道、培育发展新动能具有重要作用。2021 年 5 月 24 日,李克强总理考察中国宁波人才市场时指出,我国灵活就业人员已达 2 亿多人,对经济社会发展特别是服务业发挥了重要作用。① 总的看,灵活用工对劳动者增加就业薪酬途径、保持自身向上发展具有不可忽视的作用力。与此同时,灵活用工也正是企业利用人力资源服务业流程优化、高效便利的平台优势,一方面保证劳动者充分就业,另一方面保持企业核心竞争力,满足企业与劳动者的双向选择。② 在人力资源服务业业态不断丰富发展的过程中,政府也在不断深化"放管服"改革、转变职能,多措并举致力于人力资源服务业平台化发展布局,积极打造人力资源服务产业园平台、人力资源服务公共服务平台,引导人力资源服务业加快实现融合创新、集聚发展以及效能提升。③

(五) 政策开放与企业走出去进程继续加快

后疫情时代,中国人力资源服务业的政策进一步放开,企业在"一带一路"进程中不断"走出去"。这种政策端的开放与企业实践端的走出去也成为这一年度突出的特点。从政策端看,为贯彻落实 2021 年 1 月 1 日实施的外商投资法精神,人社部对《人才市场管理规定》《中外合资人才中介机构管理暂行规定》和《中外合资中外合作职业介绍机构设立管理暂行规定》三件部门规章进行专项修订,取消了申请设立外资人才中介机构、职业介绍机构必须中外方合资者都须具有三年以上从业经验的规定;取消了外方投资者出资比例不得低于 25%,中方合资者出资比例不得低于 51% 的规定;取消了不得设立外商独资的人力资源服务机构的规定。新修订的三件规章进一步降低了外商投资人力资源服务机构审批门槛,简化了审批程序。将设立外资人才中介机构、职业介绍机构的审批权限由省级调整至县级以上人

① 参见《李克强考察宁波人才市场,问得最多的是灵活就业》,中国政府网,见 http://www.gov.cn/govweb/premier/2021-05/25/content_5611296.htm。

② 参见裴芷洁:《灵活用工,人力资源服务业如何应对》,《人力资源》2021 年第 12 期。

③ 参见郭庆、王涛:《共促人力资源服务业平台化转型发展》,《宏观经济管理》2021 年第 1 期。

力资源社会保障行政部门;取消了外资设立人才中介机构、职业介绍机构须经商务主管部门批准的规定;取消了外资人才中介机构、职业介绍机构设立分支机构、增加或者减少注册资本、股份转让、股东变更等变更事项须经原审批机关批准的决定。新修订的三件规章将为外商投资人力资源服务业营造更加稳定、公平、透明、可预期的营商环境,为人力资源服务领域进一步扩大开放提供法治保障。从产业端看,根据商务部合作司 2021 年 1 月发布的数据,2020 年,我国对外劳务合作派出各类劳务人员 30.1 万人,较上年同期减少 18.6 万人;其中承包工程项下派出 13.9 万人,劳务合作项下派出 16.2 万人。2020 年末在外各类劳务人员 62.3 万人。① 虽然 2020 年受疫情影响,走出去暂时受阻,但从趋势看,近年来我国对外劳务合作规模总体保持平稳,劳务合作项下外派人数和在外人数占比均略有上升。比如,2019年,我国在外各类劳务人员 99.2 万人,劳务合作项下期末在外 62.4 万人,占总在外人数的 629%,较 2018 年同比上涨 2%,同比增加 1.8 万人,连续三年保持增加。2019 年,我国对外劳务合作派出各类劳务人员 48.7 万人,其中劳务合作项下派出 27.6 万人,占总外派人数的 56.7%,较 2018 年同比上涨 2.8%,同比增加 1.2 万人;承包工程项下派出 21.1 万人,占总派出人数的 43.3%。截至 2019 年 12 月底,我国对外劳务合作业务累计派出各类人员突破千万,达到 1000.2 万人次。②

二、人力资源服务技术创新与发展

随着大数据、云计算、区块链和移动互联网等手段的运用,人力资源服务业领域的产业融合、行业跨界等新业态逐渐产生。2020—2021 年度,在新发展阶段、新发展理念、新发展格局的背景下,中国人力资源服务业在技术领域也实现了创新扩容、科技赋能、范式变革,通过不断自我革新和技术

①　参见中华人民共和国商务部官网:《2020 年我国对外劳务合作业务简明统计》,2021年 1 月 22 日,见 http://www.mofcom.gov.cn/article/tongjiziliao/dgzz/202101/20210103033-291.shtml。
②　参见中国对外承包工程商会劳务合作部:《2019 年中国对外劳务合作行业发展述评》,《国际工程与劳务》2020 年第 4 期。

升级,更好地适应了内外部环境变化,提升了高质量发展动力。

（一）技术创新与技术升级提速

后疫情时代,中国人力资源服务市场细分化程度日益加深,具体表现为纵向和横向两个维度:一是服务点位的细分,主要是面向具体的细分人群,如蓝领招聘、电商人才招聘、高端人才招聘、互联网人才招聘、海归人才招聘、兼职招聘、程序员招聘等不同的人群。据统计,2020年全国各类人力资源服务机构通过网络发布岗位招聘信息16.47亿条,同比增长307.10%。[①]二是服务环节的细分,主要是基于上下游配套的服务,如社保代缴、薪酬代发、背景调查、灵活用工、员工福利。这些细分行业的发展给人力资源服务行业带来了新的增长点,同时也助推了市场扩容。疫情的出现在一定程度上倒逼了人力资源服务的业态调整和技术升级。在疫情防控要求下,线上招聘、线上培训模式得到较快发展,人力资源服务机构的线上服务技术和管理能力得到大幅提升,资本、产业、市场正在大规模地向人力资源数字化应用集聚。随着互联网、人工智能、大数据、区块链等信息技术的广泛应用,人力资源服务业中招聘手段与招聘方式快速变化,社交短视频正成为传统招聘模式的补充,大量工作将由人工智能替代,扫码入职、线上招聘、远程培训等已渐成趋势,而低效率、基础性的人事工作将被人工智能替代。此外,借助移动互联网和信息技术,新兴业态不断涌现,众多"新职业"迅速孕育,如人工智能、物联网、大数据、建筑信息模型、电子竞技、无人机驾驶、带货主播、青少年编程开发等相关岗位从无人问津到广受追捧,市场需求巨大,就业前景广阔,这也使得新兴职业相关教育培训市场出现爆发式增长。[②]

（二）科技融合与科技赋能加强

随着大数据、云计算、移动互联网、人工智能等新技术越来越广泛而深入地与日常生活融合,人力资源服务的技术手段也日益信息化,出现了AI

---

① 参见孙忠法:《一场全国性行业盛会背后的深意:向人力资源服务要发展新动能》,《中国组织人事报》2021年8月17日。
② 参见王书柏:《后疫情时代我国人力资源服务业发展趋势研究》,《内蒙古社会科学》2021年第2期。

测评、直播招聘、数字"画像"等模式。科技融合是人力资源服务业提高效率、降低成本、再造商业模式的有效手段。在"数字化"场景下,时空限制已不复存在,供需双方更加便捷,互动效率大幅提升,同时匹配更加精准,人力资源服务效能明显提升。在以往的人力资源日常服务中,客户传递入职、离职人员数据往往需要通过电话、邮件等形式进行沟通;而现在依托人力资源管理系统,可实时在线传输共享,效率大为提升。可以预见,人力资源服务信息化将以人力资源产业化架构为蓝本,以数据标准化为基础,以信息共享为平台,实现主要业务的整合贯通,实现管理的整体信息化。在这个过程中,人力资源服务的各模块,如招聘、测评、培训、薪酬、劳务派遣等服务,都将实现各自的信息化以及各模块之间的信息关联。① 科技与人力的深度融合正在成为人力资源服务业的重要发展方向之一。一是通过科技和数据能力改变人力资源服务的成本结构。各类信息化工具与数据工具,使人力资源服务的人力成本、财务成本、管理费用逐渐降低,一个员工能够完成的工作量相比之前获得了很大提升。二是通过"互联网+"和人工智能改变人力资源服务的交付方式,互联网+社保、互联网+招聘、互联网+薪酬、互联网+培训、人工智能+招聘、人工智能+参保、人工智能+客服等新的组合模式将会出现并推广。三是通过区块链技术带来人力资源服务的数据与准确性的变革。区块链在员工招聘、工资发放、智能合约、零工经济、福利奖励、背景审查、学历证明等多方面都显示了巨大潜力。基于人工智能、云计算、移动互联网技术实现人力资源服务公司的在线服务交付的智能服务平台已经成为现实。人工智能、区块链、云计算、大数据等科技基础服务将成为一个赋能者。比如,基于区块链技术的企业和人力资源服务机构诚信档案的建立,为规范人力资源服务业的发展作出了重要贡献。② 总的看,诚信治理在本质上反映了传统监管走向诚信治理的道德价值取向,具有规制约束、市场激励和社会评价等多重属性。未来需要体系化重构政府、企业、行业和社会

① 参见孟晓蕊:《技术更新 融合更深 空间更大——北京大学人力资源开发与管理研究中心主任萧鸣政谈人力资源服务业技术创新前景》,《中国劳动保障报》2020 年 8 月 29 日。

② 参见姜红艳:《新业态下人力资源服务业创新与发展》,《现代工业经济和信息化》2020 年第 10 期。

等多元主体参与的诚信共治框架,多维度推进人力资源服务业治理体系和治理能力现代化。①

(三) 模式变革与模式创新升温

后疫情时代,人力资源服务业在服务对象、服务方式上也不断跨界,实现发展范式的创新与变革。一是人力资源服务对象的多元化。人力资源企业为企业提供招聘、培训、员工福利的一体化解决方案。服务到具体的人,不仅是特定角色的求职者、员工、职业技能培训,而是为人提供的职业生涯整体服务,甚至是求职者的职业规划、培训、再利用。二是从员工提供服务到软件提供服务(SaaS)到机器人提供服务,从直接提供服务、供应商提供服务到经纪人、平台提供服务。三是跨界与融合的趋势明显。随着消费升级时代的到来,人力资源企业出现"人力资源+消费"的业务组合,包括"人力资源+零售""人力资源+旅游""人力资源+保险"等形式。随着行业新兴技术的诞生,人力资源服务业的市场活力不断被激发,与行业发展密切相关的经济环境、技术、政策和人口等要素正在发生一系列的重大变革,给行业发展带来了巨大影响。科技赋能技术创新带来的行业新动力,互联网和信息技术产业的高速发展,已经用科技为诸多行业注入了新的活力。行业运营的底层逻辑正在被改变,新的行业生态逐渐形成,一个以平台化、标准化、智能化为主导的服务链路将为我国经济社会发展提供最高效的人力资源服务保障。行业市场发展带来的专业化垂直细分和跨界融合加剧。行业快速发展,综合性一体化服务已经满足不了各类企业爆炸性增长的人力资源服务需求,深度的垂直细分市场和高颗粒度产品不断推陈出新,服务于不同行业领域、不同身份人群、不同顶层需求。

三、人力资源服务业发展亮点

这一年度,中国人力资源服务业呈现了诸多发展亮点。从宏观角度

---

① 参见董良坤:《人力资源服务业诚信共治:框架逻辑与实现路径》,《中国行政管理》2021年第4期。

看,人力资源服务业发挥在稳就业、保就业、促就业方面的优势,助力全面建成小康社会的实现。在此基础上,人力资源服务业加速了后疫情时代的行业转型与高质量发展,可以预见,"十四五"时期,人力资源服务业的发展将会开启新征程。此外,这一年度第一届全国人力资源服务业发展大会顺利举办,成为行业发展的标杆性事件。这一年度,中国人力资源服务业发展对内地区间发展逐渐平衡,对外在"一带一路"背景企业积极走出去。

(一)人力资源服务业助力全面建成小康社会

2020 年是决胜全面建成小康社会的收官之年,但也是受新冠肺炎疫情影响非常严重的一年。因此,2020—2021 年度,人力资源服务业发展的一个核心与关键就是做好"六稳六保",尤其是以"稳就业""保就业"为重点出台一系列政策,开展一系列实践。为此,人社部印发《关于开展人力资源服务行业促就业行动的通知》(人社部发〔2020〕58 号)等一系列文件,引导支持各类人力资源服务机构和各级人力资源服务产业园,充分发挥自身优势,助力全面建成小康社会。概括地说,根据人社部人力资源流动管理司的总结,人力资源服务业在助力脱贫攻坚和全面小康的进程开展"十大服务":一是开展联合招聘服务,二是开展重点行业企业就业服务,三是开展重点群体就业服务,四是开展促进灵活就业服务,五是开展就业创业指导服务,六是开展优质培训服务,七是开展劳务协作服务,八是开展就业扶贫服务,九是开展供求信息监测服务,十是开展人力资源服务产业园区促就业综合服务。为更好落实上述十项举措,鼓励人力资源服务机构参与促就业行动,人社部门加大了对人力资源服务机构的支持力度,对发挥促就业作用突出的人力资源服务机构,制定落实减免场地租金、给予奖励补贴、确定诚信服务机构、入选行业骨干企业等政策措施。对提供求职招聘、保障用工、劳务对接等相关服务的人力资源服务机构,根据有关规定落实就业创业服务补助政策;对符合职业技能培训相关条件的,按规定纳入补贴类培训范围;大力推进政府向社会力量购买人力资源服务,研究明确政府购买服务指导目录,健全完善有关政策制度。指导支持人力资源服务机构,尤其是中小微企业,充分享受减税降费、贷款补贴等相关扶持政策。①

（二）后疫情时代人力资源服务业供需逐渐磨合

后疫情时代，人力资源服务业转型升级发展加快，行业发展也逐渐迭代。正如人社部人力资源流动管理司司长张文淼所说，"人力资源服务行业已经从传统的人事代理、职业介绍等业务，拓展到招聘、培训、猎头、外包、管理咨询等领域，形成公共服务与经营性服务并重、有形市场和无形市场并行的发展格局。"②具体看，在政策层面，国家出台了一系列政策，比如 2020年 12 月印发的《网络招聘服务管理规定》（人社部令第 44 号）、2021 年 2 月印发的《关于做好农民工返岗复工"点对点"服务保障工作的通知》（人社部明电〔2021〕4 号）、2021 年 5 月印发的《关于加强新职业培训工作的通知》（人社厅发〔2021〕28 号）、2021 年 7 月印发的《关于维护新就业形态劳动者劳动保障权益的指导意见》（人社部发〔2021〕56 号）。这些政策有力地鼓励了新模式和新业态的发展，也加速了人力资源服务业供给与需求端的磨合。在供给端，根据中智集团发表的《中国人力资源服务供需调查报告》显示，人力资源服务业存在"五优五不足"现象。一是服务机构总量占优，但单体盈利能力不足。调查发现，45.1%的人力资源服务机构营收不足 500万元，61.9%的机构人员不足 50 人，产业集中度低、规模小且比较分散。二是地区发展潜力占优，但发展均衡性不足，东西部地区差异大，二三线城市发展不足。三是传统业态发展优势明显，但新兴业态发展不足。55%以上的机构仍以人才派遣、人力资源外包和招聘等传统业务为主，75.6%的机构开展猎头、灵活用工等新兴服务业务量占比低于 20%。四是新技术应用已有渗透，但服务创新力不足。64.2%的机构未进行数字化转型研发投入。五是客户覆盖面广泛，但建立长期合作的能力不足。在需求端，人力资源服务业存在"五高五低"现象。一是高端业态服务需求较高，但服务供给偏

---

① 参见《稳就业促就业 人力资源服务业在行动——人社部人力资源流动管理司负责人答记者问》，2020 年 7 月 31 日，见 http://www.mohrss.gov.cn/SYrlzyhshbzb/dongtaixinwen/buneiyaowen/202007/t20200731_381501.html。

② 《营收五年翻番　人力资源服务业进入"快车道"》，2021 年 7 月 28 日，见 https://baijiahao.baidu.com/s? id=1706536237181741133&wfr=spider&for=pc。

低,仅有 17.8%的机构以高级人才寻访服务为主营业务。二是制造业和建筑领域企业需求较高,但专业技术人才、一线工人供给偏低。63.4%的企业有专业技术人员寻访需求。三是企业对机构的人才素质要求较高,但机构的专业匹配度相对较低,近半机构从业人员拥有本科及以上学历的比重不足 50%。四是企业对人力资源数字化产品需求较高,但多数机构这方面开发能力较低。五是企业对海外人力资源服务需求持续升高,但仅 6%的机构开展了海外业务。①

(三)"十四五"时期人力资源服务业开启新征程

2021 年 3 月,十三届全国人大四次会议表决通过了《中华人民共和国国民经济和社会发展第十四个五年规划和 2035 年远景目标纲要》,为人力资源服务业在新的五年的发展指明了方向,规划了线路。2021 年 6 月,基于国家的"十四五"规划,人力资源和社会保障部印发了《人力资源和社会保障事业发展"十四五"规划》,提出"十四五"时期人社事业发展六个方面重点任务,包括:推动实现更加充分更高质量就业、健全多层次社会保障体系、激发人才创新活力、深化企事业工资收入分配制度改革、构建和谐劳动关系、提高基本公共服务能力和质量等。②"十四五"时期,人力资源服务业的发展面临的新形势包括信息技术、人工智能等新发展,经济发展动能转化、结构调整与转型升级,人力资源禀赋的变化等诸多方面,这之中既有挑战,也蕴藏机遇。"十四五"期间,国家城市群发展战略、后疫情时代产业集群布局、科技革命与产业革命、新型城乡关系等深刻影响着劳动力市场地域空间重构。城市群或都市圈通过集聚效益和经济社会综合效益对劳动力流动和配置产生空间溢出效应。世界级产业链集群和世界级多中心网络型区域协调发展格局通过影响产业再布局进而影响劳动力地域空间分布。新一轮科技革命加速了劳动力市场异质化,使劳动力在区域之间分布不平衡不

---

① 参见中华人民共和国人力资源和社会保障部:《首份全国人力资源服务供需报告来了! 有这些新变化新趋势》,2021 年 7 月 29 日,见 http://www.mohrss.gov.cn/SYrlzyhshbzb/dongtaixinwen/buneiyaowen/rsxw/202107/t20210729_419529.html。

② 参见中华人民共和国人力资源和社会保障部:《人社部规划财务司负责同志就〈人力资源和社会保障事业发展"十四五"规划〉答记者问》,2021 年 6 月 30 日,见 http://www.mohrss.gov.cn/SYrlzyhshbzb/dongtaixinwen/buneiyaowen/rsxw/202106/t20210630_417485.html。

充分。新型城乡关系则通过影响劳动力的多向度流动与配置进而影响劳动力市场状况。①

在"十三五"时期,全国人力资源服务行业累计举办招聘会 119 万场,培训劳动者 7868 万人次,推荐高端人才 744 万人次,服务用人单位 1.9 亿家次,为 11.5 亿人次提供就业、择业和流动服务。② 截至 2020 年底,我国已有各类人力资源服务机构 4.58 万家,从业人员 84.33 万人,年营业收入 2.03 万亿元,比"十二五"末分别增长 69%、87%、100%。面对成绩,人社部副部长李忠指出,人力资源服务业的发展也存在不足,比如"行业整体实力大而不强、协同发展水平不高、产业结构不尽合理、市场秩序仍有待规范等问题,总体还不能很好适应经济社会高质量发展的要求。下一步,需要"以提高人力资源要素配置效率为根本,研究制定推进新时代人力资源服务业高质量发展的政策文件,实施人力资源服务业高质量发展行动,进一步培育壮大人力资源服务力量,创新服务供给方式,推动行业更好更快发展"③。

"十四五"时期,人力资源服务业开启发展新征程,人力资源服务业发展面临的新形势包括信息技术、人工智能等新发展,经济发展动能转化、结构调整与转型升级,人力资源禀赋的变化等诸多方面,这之中既有挑战,也蕴藏机遇。"十四五"时期,中国人力资源服务业的发展需要特别关注:(1)技术的变革,技术的变革实际上就是生产的变革,生产的变革是一切变革之中最根本的因素。(2)经济结构的转变,经济动能的转换,产业的升级。(3)人力资源禀赋的变化。人口状况、动力状况、数量状况、质量状况、结构状况乃至于广大国民的就业择业愿望等都是这个行业发展中所面临的一些问题。④ 在新发展阶段、新发展理念、新发展格局的大背景下,"十四五"时期中国人力资源服务业实现高质量发展需要:一是进一步健全完善行业发展的政策体系,制定推动新时代人力资源服务业高质量发展意见,为行业发

---

① 参见余兴安主编:《中国人力资源市场分析报告 2020》,社会科学文献出版社 2020 年版,第 32 页。

② 参见任社宣:《在流动中汇聚起繁荣发展的磅礴力量:我国人力资源服务业发展取得重大成就》,《中国组织人事报》2021 年 7 月 28 日。

③ 《营收五年翻番　人力资源服务业进入"快车道"》,新华社电,2021 年 7 月 28 日。

④ 参见余兴安:《技术革新推动人力资源服务业构建产业协同发展体系》,2021 年 7 月 28 日,见 http://www.cq.xinhuanet.com/xhwcqft/20210728yxa.htm。

展提供更优更实的政策支持。二是创新实施人力资源服务业高质量发展行动,促进骨干企业成长,重点培育一批有核心产品、成长性好、竞争力强、具有示范引领作用的行业知名企业;加大行业领军人才培养力度,提升从业人员专业化职业化水平;推动行业集聚发展,着力建设一批有规模、有特色、有活力、有效益的人力资源服务产业园。三是大力营造行业发展良好环境,制定完善与《人力资源市场暂行条例》相配套的政策法规,完善人力资源市场监管体系,形成良好的营商环境和社会环境,拓宽行业开放格局,加快国际化发展步伐。四是强化行业发展基础建设,提升管理服务信息化水平,加快建立行业统计监测体系,充分发挥行业协会自律协调作用。①

(四) 第一届全国人力资源服务业发展大会成功举办

2021 年 7 月 28—29 日,人力资源和社会保障部和重庆市人民政府在重庆举办了第一届全国人力资源服务业发展大会。此次大会是改革开放以来举办的首次全国性人力资源服务行业大会。大会以"新时代、新动能、新发展"为主题,集中展示人力资源服务业发展成果,加强供需对接,促进行业交流,推动新时代人力资源服务业快速健康发展。大会设置"会、赛、展、论"四大板块活动,包括人力资源服务业成果产品展示会、人力资源服务供需对接洽谈会、人力资源服务业高质量发展论坛、"一带一路"人力资源服务合作发展峰会、中国人力资源服务业博士后学术交流会、全国人力资源服务大赛等多项活动。据人力资源和社会保障部人力资源流动管理司统计,本次大会共有 1001 家人力资源服务机构和骨干企事业单位参会参展,1.1万余名观众现场观摩,158 个人力资源服务创新产品和项目路演宣讲,来自全国的 96 名人力资源服务专业选手同台竞技。上百名专家学者、领军人才、骨干企业负责人与会交流研讨,150 个人力资源服务项目达成合作意向、签约总金额 166 亿元。社会各界高度关注,线上线下浏览点击量超 788亿人次。

本次大会上中共中央政治局常委、国务院总理李克强作出重要批示。

---

① 参见中华人民共和国人力资源和社会保障部:《开展人力资源服务行业促就业行动促进市场化社会化就业》,2020 年 8 月 31 日,见 http://www.mohrss.gov.cn/SYrlzyhshbzb/dong-taixinwen/buneiyaowen/202008/t20200831_384320.html。

中共中央政治局委员、国务院副总理胡春华发表视频致辞。李克强总理的批示指出：发展人力资源服务业对于促进社会化就业、更好发挥我国人力资源优势、服务经济社会发展具有重要意义。要坚持以习近平新时代中国特色社会主义思想为指导，认真贯彻党中央、国务院决策部署，以实施就业优先战略、人才强国战略和乡村振兴战略为引领，进一步提高人力资源服务水平。大力支持劳动力市场、人才市场、零工市场建设，更好促进就业扩大和优化人力资源配置，更大激发亿万劳动者和各类人才的创业创新活力，带动新动能成长，为提高我国经济综合竞争力、持续改善民生、促进高质量发展提供有力支撑。中共中央政治局委员、国务院副总理胡春华发表视频致辞。他强调，要认真学习贯彻习近平总书记重要指示精神，落实李克强总理批示要求，扎扎实实做好人力资源服务业发展工作，为就业大局稳定和经济社会发展作出新的贡献。胡春华指出，近年来我国人力资源服务业发展取得明显成效，有力促进了就业大局稳定，服务的内容和模式越来越丰富，行业规模不断扩大，政策体系逐步完善。立足新发展阶段，贯彻新发展理念，构建新发展格局，推动高质量发展，对人力资源服务业提出了更高要求，也提供了更加广阔的舞台。要紧紧围绕促进就业这个根本谋划人力资源服务业发展，把服务就业的规模和质量作为衡量行业发展成效的首要标准。要顺应就业形势变化，加快人力资源服务业改革创新，不断提升劳动者技能和素质，促进劳动力顺畅流动、优化配置，有效缓解结构性就业矛盾。要积极培育壮大人力资源服务力量，支持各类人力资源服务机构协调发展，提升人力资源服务水平。要着力构建高标准的人力资源市场体系，加快形成多层次、多元化的人力资源市场格局，加强市场信用体系建设。要切实加强对劳动者的社会保障，有效保护劳动者合法权益，持续提高就业质量。①

专家学者也对中国人力资源服务业实现高质量发展建言献策。比如，北京大学人力资源开发与管理研究中心主任、北京大学政府管理学院教授、博士生导师萧鸣政认为，人力资源服务业及其发展，在当前中国经济高质量发展中受到党和国家的高度重视，也是人力资源学科建设中的新兴领域。

---

① 参见中国政府网：《李克强对第一届全国人力资源服务业发展大会作重要批示》，2021 年 7 月 29 日，见 http://www.gov.cn/premier/2021-07-29/content_5628272.htm。

中国人力资源服务业对于实现第二个百年目标,具有经济、社会与政治等多方面的价值。在新时代,中国人力资源服务业具有政策体系不断完善、民营机构蓬勃发展、主要业态稳步增长与服务产品层出不穷等特点,表现出高端发展产业链不断延伸、产业业态不断细分及专业化发展加快、"一带一路"建设国际化发展加速、应用新型技术行业融合创新不断增强、人力资源服务市场从行政转向法治等发展新趋势。

(五) 人力资源服务业地区间发展趋于平衡

根据 2021 年 3 月 29 日北京大学人力资源开发与管理研究中心发布的《2021 年中国各省市区人力资源服务业发展水平排名》显示,上海、江苏、浙江、北京、福建等省市位居全国人力资源服务业发展水平前五位,为 A 等;山东、重庆、河南、天津为 B 等;安徽、湖北、辽宁、湖南、陕西、江西、河北、四川、内蒙古、山西、宁夏、广西等为 C 等;吉林、云南、贵州、海南、新疆、青海、黑龙江、甘肃、西藏等为 D 等。① 而在《2021 年中国各省市区人力资源服务业发展环境指数排名》中,广东、江苏、北京、浙江、山东、上海的人力资源服务业发展环境位列第一梯队,为 A 等;河南、四川、湖北、河北为 B 等;湖南、安徽、重庆、福建、辽宁、天津、陕西、江西、云南、新疆、贵州、广西、山西、内蒙古、黑龙江、甘肃、吉林等为 C 等;海南、宁夏、青海、西藏等为 D 等。从上述排名可见,在发展水平和发展环境两个排名中,上海、江苏、浙江、北京均位列 A 等,与这四地社会经济发展程度相匹配;而海南、青海、西藏等地在两个排名中均位列 D 等,与上述地区在全国综合发展程度也相吻合。因此,人力资源服务业发展的综合表现和排名建立在该地区综合发展水平之上。由于地区间社会经济发展水平的差异,人力资源服务业的发展水平也高低不同。

为了缩小人力资源服务业发展的地区间差距,自 2017 年起,人社部组织实施了西部和东北地区人力资源市场建设援助计划,以贯彻落实《国务院关于做好当前和今后一段时期就业创业工作的意见》,逐步解决我国人

---

① 参见北京大学新闻网:《2021 中国人力资源服务业高层论坛暨研究成果发布会在北大举行》,2021 年 3 月 20 日,见 http://news.pku.edu.cn/xwzh/f7e55e4a37428a9ed37656830-14f97.htm。

力资源市场发展不平衡、不充分问题。西部和东北地区人力资源市场建设援助计划聚焦乡村振兴重点帮扶县、脱贫县、脱贫村,紧紧围绕高校毕业生、农民工、脱贫人口等重点群体,主要开展促进劳动力就近就地就业、东西部劳务协作、高校毕业生专场招聘、结对帮扶、筑巢引凤和人力资源市场供求信息监测等活动。2017—2021 年间,人社部共支持 16 省(市)组织实施了63 个项目,形成了比较完善的工作机制和项目体系。从实施效果看,这项工作有效提升了西部和东北地区人力资源市场建设水平,加速推动了西部和东北地区人力资源服务业健康发展,为振兴东北老工业基地、西部大开发提供了有力的人力资源支撑,已经成为人力资源市场协同发展的品牌工程。① 此外,通过移动互联网技术,也能消除行业的地域发展不均衡。5G技术的兴起,使得移动互联网技术可以广泛应用于人力资源服务业中。经济发达省份和经济落后省份的人力资源服务业发展不均衡的现状有望在移动互联网时代消除。在移动互联网时代,劳动者和人力资源服务机构可以通过手机终端进行沟通和交流,发达地区的人力资源服务机构可以不受时空限制帮助中西部落后地区的机构,且很容易地实现资源共享和信息的互通。移动互联网不仅改变了生活,也改变了人力资源服务业。先进地区的先进方法和互联网工具定能使落后地区的人力资源服务业迈上一个新的台阶。②

(六) 人力资源服务业国际化程度不断提高

自"一带一路"倡议提出以来,中国已经与 171 个国家和国际组织签署了共建"一带一路"合作文件。2020 年,我国企业在"一带一路"沿线的 61个国家新签对外承包工程项目合同 5611 份,新签合同额 1414.6 亿美元,占同期我国对外承包工程新签合同额的 55.4%。以人力资源成本占比15%—20%计算,未来"走出去"企业海外人力资源市场规模可以达到千亿

---

① 参见中华人民共和国人力资源和社会保障部:《发挥职能优势 勇于攻坚克难:全国人力资源服务机构促就业助脱贫工作综述》,2020 年 10 月 29 日,见 http://www.mohrss.gov.cn/SYrlzyhshbzb/jiuye/gzdt/202010/t20201029_393529.html。

② 参见姜红艳:《新业态下人力资源服务业创新与发展》,《现代工业经济和信息化》2020 年第 10 期。

人民币规模以上。参与"一带一路"建设"走出去"的企业需要人力资源服务机构帮助猎聘高端管理人才、技术人才、复合型人才,需要人力资源服务机构帮助输送基础操作的普通技术工人,需要人力资源服务机构帮助企业解决劳动争议问题以及发展战略问题。因此,人力资源服务机构的对外业务已经从单一的劳务输出逐渐扩展到人力资源服务的全业务领域,包括劳务输出、海外人才招聘、高端人才寻访、海外人才雇用管理、劳动法律咨询、人力资源管理咨询、海外用工风险管理、海外人才市场研究等。[1] 随着我国产业转型升级的持续进行、产业链整合和企业国际化进程加速,企业选择人服外包的动机和服务内容都在发生变化,对服务的要求将更加专业、更加综合、更加智能,相应的产品和服务附加值将越来越高,人力资源服务企业正处于产品和服务创新提升的重要机遇关口。比如,疫情后,中国跨境电商发展迅猛,据海关总署统计,2020 年全国跨境电商进出口 1.69 万亿元,增长 31.1%[2],但是跨境电商人才短缺的问题也日益凸显。据调研预测,全国有超过 70% 的跨境电商企业认为制约企业发展最大的瓶颈是专业人才缺乏。根据阿里巴巴国际站的分析,我国跨境电商专业人才的缺口超过 600 万人。[3]

在这个背景下,围绕人力资源服务业"走出去"出台了一系列政策,举办了多场高水平的活动。在政策方面,2017 年 3 月 31 日,国务院印发的《中国(湖北)自由贸易试验区总体方案的通知》(国发〔2017〕18 号)中提出,"鼓励有条件的国内人力资源服务机构'走出去'与国外人力资源服务机构开展合作,在境外设立分支机构,积极参与国际人才竞争与合作"。2017 年 10 月,《人力资源服务业发展行动计划》(人社部发〔2017〕74 号)专节提出"一带一路"人力资源服务行动。《计划》要求,人力资源服务业机构"围绕服务'一带一路'建设战略,积极构建公平稳定、透明高效、监管有力、接轨国际的人力资源服务业外商投资管理体制。稳步推进人力资源市场对外开放,引进我国市场急需的海外人力资源服务企业,加强与国际知名人力

① 参见王建华主编:《中国人力资源服务业发展报告 2019—2020》,中国人事出版社 2021 年版,第 106 页。

② 参见吴力:《稳外贸,跨境电商"黑马"疾行》,《国际商报》2021 年 1 月 21 日。

③ 参见刘禹松:《B2B 跨境电商有了人才标准》,《中国贸易报》2021 年 5 月 25 日。

资源服务机构的合作。加强与'一带一路'沿线国家人力资源服务交流合作,鼓励吸引'一带一路'沿线国家人力资源服务业在我国投资设立人力资源服务企业。支持国内人力资源服务企业为'一带一路'沿线国家在我国设立的企业提供人力资源服务。根据对等开放原则,积极推动降低市场准入壁垒,鼓励有条件的人力资源服务企业在'一带一路'沿线国家设立分支机构,大力开拓国际市场,构建全球服务网络,为我国企业'走出去'承接国际服务,提供特色化、精细化人力资源服务。积极搭建'一带一路'人力资源服务国际交流合作平台,在'一带一路'国际合作高峰论坛框架下,推动举办人力资源服务业国际合作论坛。"近年来,我国已有一些本土机构积极参与国际竞争,在东南亚等地区设立了分支机构,为"一带一路"战略提供重要的人力资源服务保障。在活动方面,人力资源服务企业作为服务贸易的重要组成部分首次亮相 2020 年中国国际服务贸易交易会会场,全面展示人力资源市场的新活力、引领人力资源服务业的新开放、展望技术创新专业赋能的新未来。在本次服贸会上,包括进入世界 500 强的全球排名前三位人力资源服务企业以及国内知名企业,亮相大会展示交流等活动。2021 年 5 月 9 日,由中国就业促进会指导,麦斯特人力资源有限公司、"一带一路"人力资源研究中心主办的"灵活就业新形态人力资源新发展"论坛暨第三届"一带一路"建设·人力资源发展论坛开幕。论坛分别以"完善多渠道灵活就业保障,支持和规范发展新就业形态""在推动'一带一路'高质量发展中的人力资源建设"为主题,围绕"灵活就业新发展"与"一带一路"人力资源服务与发展相关议题展开研讨。总的看,当前全球经济一体化的大趋势没有改变,人才竞争也呈现出全球化的态势。在国家"一带一路"倡议的背景下,中国企业"走出去"急需在全球市场招贤纳士。这对我们人力资源服务业既是新挑战,也是新机遇。为积极响应"一带一路"倡议,充分利用国内、国际人力资源,人力资源服务业要不断提升人力资源服务总体供给,不断提升产业化、专业化、信息化、国际化水平。

第三章　人力资源服务业的先进经验与案例

【内容提要】

广东省连续多年人力资源服务业发展水平位列全国第一,为了分享其相关经验与实践,我们基于政府政策与一线企业实践的视角,选取了两个案例。广东省人力资源和社会保障厅(以下简称"广东省人社厅"),其政策与管理服务的成效,一方面得益于其经济社会的发展,更为重要的是省委、省政府对于人力资源服务业的重视,以及广东省人社厅的管理部门工作上的改革与创新举措;广东南粤集团有限公司(以下简称"南粤集团")是广东省驻澳门窗口企业和龙头企业,注册地址位于广州,营运总部设在澳门,是一个比较典型的跨境进行人力资源服务业的国有企业。扎根澳门40年来,在服务粤港澳大湾区人力资源服务方面,取得了比较显著的成绩。本章对于它们的先进经验和突出贡献进行了介绍,以期为人力资源服务机构及相关政府部门提供参考。

Chapter 3　Advanced Experience and Cases of Human Resources Service Industry

【Abstract】

The development level of human resources service industry in Guangdong Province ranks first in China for many consecutive years. In order to share its relevant experience and practice, we selected two cases based on the perspective of government policies and front-line enterprise practice. The first is a department of human resources and social security of Guangdong Province. On the one hand, the effectiveness of its policies and management services benefits from its economic and social development. More importantly, the attention paid by the Provincial Party Committee and the provincial government to the human resources service industry, as well as the reform and innovation measures taken by the management department of the Department of human resources and social security of Guangdong Province; The other is Guangdong Nanyue Group Co., Ltd. (hereinafter referred to as " Nanyue group"), a window enterprise and leading enterprise of Guangdong Province in Macao, with its registered address in Guangzhou and its operating headquarters in Macao. It is a typical state-owned enterprise engaged in cross-border human resources service industry. Since takingroot in Macao for 40 years, it has made remarkable achievements in serving the human resources services of Guangdong, Hong Kong and Macao Bay area. This chapter introduces their advanced experience and outstanding contributions in order to provide reference for human resources service industry and government.

人力资源服务业作为现代服务业和生产性服务业的重要组成部分,是实施创新驱动发展战略、就业优先战略和人才强国战略的重要抓手,是构建人力资源协同发展产业体系的重要力量。

本书在全国范围内经过行业、协会与专家推荐,选取了在地方人力资源服务业发展中发挥了重大作用的广东省人社厅,以及在粤港澳大湾区人力资源服务业发展中一直发挥着重要作用的南粤集团。

一、广东省人社厅人力资源服务业发展经验与分析

广东省人力资源服务业保持快速健康发展,截至 2020 年底,全省人力资源服务机构 11614 家,从业人员 27.1 万人,营收 4016.5 亿元,均位居全国前列,实现了良好的社会效益、经济效益和人才效益。

（一）"十三五"期间发展概况

广东省人社厅在原省人事厅、原省劳动保障厅的基础上组建而成。2009 年机构改革后,目前全厅共有内设机构 28 个。人社工作全部涉及人,大部分涉及民生,2020 年省政府 10 大民生实事中,涉及人社部门的就有 1 项。广东省人社厅主要职责包括就业创业、社会保险、人才人事和劳动关系四大板块工作,并统筹推进人社扶贫和公共服务体系建设工作。广东省人社系统以习近平新时代中国特色社会主义思想为指导,全面贯彻党的十九大和十九届二中、三中、四中、五中全会精神,深入贯彻习近平总书记对广东重要讲话和重要指示批示精神,统筹推进"五位一体"总体布局,协调推进"四个全面"战略布局,贯彻省委、省政府"1+1+9"决策部署,坚持以人民为中心的发展思想,立足新发展阶段,贯彻新发展理念,构建新发展格局,坚持稳中求进工作总基调,以推动高质量发展为主题,以改革创新为根本动力,以满足人民日益增长的美好生活需要为根本目的,以人才为第一资源、民生为第一追求,着力促进就业创业,健全多层次社会保障体系,加强人事人才工作,完善收入分配制度,构建和谐劳动关系,提升公共服务能力,全面建设人才集聚新高地和民生保障新高地,推进全省人力资源社会保障事业高质量发展,为广东省在全面建设社会主义现代化国家新征程中走在全国前列、创造新的辉煌作出新贡献。

"十三五"时期,广东省人力资源服务业进入发展快车道。五年来,全省人力资源社会保障部门坚决贯彻落实党中央、国务院决策部署和省委、省政府工作安排,全面完成"十三五"时期人力资源服务业发展的主要目标任务,人力资源服务业规模不断扩大,发展环境不断改善,产业结构不断优化,服务能力明显提升,产业化、专业化、多元化的人力资源服务体系基本形成,为稳就业促就业、推动劳动力和人才顺畅有序流动、经济高质量发展作出积极贡献,为"十四五"时期人力资源服务业进一步发展奠定了坚实基础。

产业发展基础好。全省经济总量连续 32 年居全国第一,地区生产总值超 11 万亿元。全省人力资源服务机构、人力资源服务业营收、从业人员等位居全国前列。广东作为经济大省、用工大省和制造业大省,对人力资源需求巨大,人力资源服务业具有强劲的发展潜力。

营商环境良好。全省市场主体总量居全国第一,区域创新综合能力长年保持全国第一,民营人力资源服务机构占全省机构总数超过80%。全省统一人力资源服务许可备案标准,不断优化政务服务流程,审批权限向基层下沉,人力资源服务机构办事更加便捷高效。诚信体系初步建立,诚信示范机制不断完善,典型示范效应初显。信用激励约束机制逐步健全,奖励惩戒措施落实效果良好。

市场配置效能高。人力资源市场已成为重要的要素市场,是劳动者实现就业和人力资源流动配置的主渠道。全省79.6%用人单位、82.5%的求职者通过市场实现招聘、求职、流动,战略性新型企业招聘、高端人才求职及流动由市场配置比例更是高达90%以上。

对外开放程度高。全省紧抓"一带一路"战略契机,密切与欧美等发达国家在人才方面的交流合作,主动对接国际贸易、国际投资新规则,鼓励人力资源服务企业走出去、引进来。全省外商投资人力资源服务机构享有国民待遇,与内资人力资源服务机构许可备案标准一致。外商投资及港澳人力资源服务营收超过45亿元,比"十三五"开局增长67%,年均增长超过10%。

(二) 相关经验分析

广东省之所以近年来人力资源服务业发展形势良好,一方面得益于其经济社会的发展,更为重要的是省委、省政府对于人力资源服务业的重视,以及广东省人社厅的管理部门工作上的改革与创新举措。

1. 发挥市场作用,实现高质量就业创业

一是市场决定性作用充分发挥。组织开展行业战"疫"公益联盟行动、机构区域结对复工复产行动、"筑梦广东人力同行"高校毕业生专场招聘等活动。2020年,举办现场招聘会13974场次,提供招聘岗位489.6万个,其中毕业生专场5462场次,农民工专场3647场次。二是服务机构专业优势凸显。机构积极应对疫情影响,搭建网上招聘、在线面试、云端测评等平台,创新服务方式、拓展服务市场。2020年,人力资源数据库96800个,现存求职信息总量5.62亿条,新增入库求职信息7614万条,线上发布岗位信息4.28亿条,在线培训352万人次。三是平台集聚效应形成。广东省构建国家、省、市三级联动人力资源服务产业园体系。2016年以来,广东省以广

州、深圳为依托,加快建设广州(中国)、深圳(中国)两个国家级人力资源服务产业园;鼓励有条件的地区根据本地经济发展和产业转型需要,培育建设了一批有规模、有辐射力、有影响力的地方人力资源服务产业园。2017 年以来,广东省累计向各市产业园拨付扶持专项资金超过 3 亿元。截至 2021年 7 月底,广东省已建成并正式运营的产业园有 17 家,分别位于广州、深圳、汕头、佛山、韶关、梅州、惠州、东莞、中山、江门、茂名、清远等市,总建筑面积超 30 万平方米,营收近 500 亿元,仅深圳产业园年税收就超 5 亿元。广东省制定省级产业园标准,2020 年首次评定汕头、佛山等 5 家省级产业园。疫情期间,产业园开展就业创业活动 186 场次,举办网络招聘会 1290场次,参与机构 695 家次,企业 29436 家次,发布岗位 101 万个。

2. 激发市场活力,高效配置人力资源

一是猎头机构引才精准高效。鼓励猎头机构充分利用"海交会""留交会"等平台,建立高校、科研院所、企业等各类人才库,对推荐、引进急需紧缺高端人才的猎头机构,按规定给予猎头费补贴。目前,全省有 486 家机构开展猎头服务。2020 年,成功推荐人才 26.03 万人。二是人力资源流动合理有序。建立健全人才顺畅流动配置机制,制定促进劳动力和人才社会性流动体制机制改革实施意见、充分发挥市场作用促进人才顺畅有序流动实施意见。编制 2020 年粤港澳大湾区(内地)急需紧缺人才目录,覆盖 7 大战略性新兴产业和 18 个重点产业,涉及 316 类岗位和 403 类专业,涵盖57720 个急需紧缺人才岗位,急需紧缺人才缺口 331731 人。三是服务流动人员能力提升。建立全省统一的流动人员档案信息化系统,推进流动人员人事档案数字化建设,初步实现档案存储数字化、管理信息化、业务联网化、服务线上化。加大流动人员信息资源开发力度,系统分析人才数量、结构、分布、流向等。2020 年,全省各级机构现存流动人员人事档案 687 万份,提供服务 169.9 万人次。

3. 壮大市场主体,行业发展动能强劲

一是人力资源服务业蓬勃发展。广东省经济发展位居全国前列,毗邻港澳,人力资源服务业机构生态多样,国有、民营、合资、外资、民非等全面发展,具有良好的内生竞争与促进效应。广州、深圳等地机构数量和营收数年均增速都保持 10%以上,产业链条逐步延伸,已涵盖招聘、猎头、外包、培训、派遣、管理咨询等九大类 20 余种；多种性质机构竞相发展，国有、民营、中外合资、港澳独资企业同台竞技，民营企业异军突起，占比达 85.6%。二是产业园建设方兴未艾。构建国家、省、市三级联动产业园体系，开全国先河，获批建设中国广州、中国深圳 2 家国家级产业园；制定省级产业园标准，首次评定 5 家省级产业园。成立广东省产业园联盟，打造全省统一、开放、共享、创新的线上产业园区。三是公共服务能力显著提升。基本建成省、地市、县区、街镇、有条件的村居五级公共服务网络，全省公共就业机构建设网站 81 个、微信公众号 60 个、手机客户端 7 个。组织"职等你来、就业同行"、南粤春暖等招聘活动，实现网上招聘不停歇，就业服务不打烊。开展云招聘、直播带岗、职业指导"云课堂"、就业政策"云宣讲"，归集发布就业岗位 167 万个。依托广东省人才供求信息平台，提供急需紧缺人才岗位逾 30 万个，为全省引进短缺人才逾 50 万人。

4. 优化市场环境，促进行业持续发展

一是法规政策体系不断完善。贯彻落实《人力资源市场暂行条例》，制定相关配备政策措施。起草《广东省人力资源市场条例（草案）》，列入 2021 年度省人大立法计划。印发《广东省加快人力资源服务业发展意见》，推动制定"十四五"人力资源服务业发展规划，科学规划产业布局，配套培育扶持政策。二是营商环境不断优化。将 80% 的人力资源服务许可事项改为事后备案，减少 50% 的申请材料，率先下放行政许可权限。制定广东省人力资源服务诚信示范机构标准，评定 89 家省级诚信示范机构，其中 18 家被评为全国诚信示范机构。推动成立省人力资源服务标准化委员会，加快制定人力资源服务机构等级、产品、行为等标准，强化已出台标准的宣传、推广、评估等。三是协同发展产业体系不断拓展。设立粤港澳大湾区人力资源服务产业研究院，加强与高校、企业、机构间沟通协作，深入研究人力资源服务产业、技术、产品、业态、资本等，创新协同发展产业体系理论。鼓励各类机构运用先进理念、项目、技术和管理模式，为实体经济、科技创新、现代金融发展提供智力支持和人力资源支撑。指导行业协会发挥行业引领作用，促进机构承担社会责任，为实施乡村振兴战略、粤港澳大湾区建设等方面积极贡献力量。

（三）实践问题与改革建议

虽然广东省人力资源服务业总体规模与各项发展指数位居全国第一，为经济社会发展作出了应有的贡献，呈现良好的发展态势，但也存在一些问题。

一是行业产值与广东经济发展水平不相符。广东省有 1 亿多人口，经济总量超过 11 万亿元，是全国最大的人力资源市场，但人力资源服务行业规模偏小。上海 2020 年人力资源服务业产值超过本地 GDP 的 10%，而广东省 2020 年人力资源服务业营业收入仅占 GDP 的 3.63%，与人力资源总量不匹配，与经济社会发展潜力不相符。

二是行业发展质量与新业态发展趋势不相符。广东省人力资源服务业专业化程度不高，创新性不够，所提供的服务同质化严重，产业结构雷同，行业总体质量偏低，基本上处于粗放式发展阶段。北京、上海 60% 以上的人力资源服务机构主要从事测评、薪酬、绩效、猎头等高端人力资源服务产品，而广东省 60% 以上的人力资源服务机构则还主要从事招聘、劳务派遣、劳务承揽、服务外包等传统低端的人力资源服务。龙头企业体量不大，与国内其他先进地区存在较大差距，如全省排名首位的广州红海营收 166 亿元，而上海外服、北京外企、中智分别达 1400 亿元、1200 亿元、1000 亿元。

三是行业信息化水平与人力资源供求双方的需求不相符。广东省公共就业和人才服务信息数据尚未实现全面协同共享，局限于一市一区，未能充分发挥对接人力资源供需双方的平台载体作用。广东省绝大部分经营性人力资源服务机构研发的信息系统仅能作简单的、滞后的统计，不能实时监测，无法准确掌握人力资源流动情况；而北京猎聘、智联、58 同城等机构均研发了以大数据、云计算为支撑的信息系统，对人才流动情况能够实时跟踪、准确掌握。

针对目前广东省人力资源服务业存在的问题，我们认为可以从以下几个方面推动人力资源服务业高质量发展。

1. 优化营商环境，激发市场主体新活力

深化人力资源服务业发展改革，营造规范有序、公平正义的市场竞争环境，激发市场主体积极性创造性。一是健全行业法制体系。加快制定广东省人力资源市场条例，不断完善人力资源市场法规政策。清理不符合市场

规律的法规政策,创新完善配套政策措施,为人力资源服务业高质量发展提供法制保障。二是加快标准化进程。建立广东省人力资源服务业标准化技术委员会。健全公共和经营性人力资源服务标准体系,配套衔接国际标准、国家标准、行业标准。加快人力资源服务等级、服务产品、服务行为、服务程序等标准化进程。以省级人力资源服务产业园、龙头企业为载体,建成一批省级人力资源服务业标准化示范基地。三是建立诚信示范制度。深入开展人力资源服务诚信创建行动,打造一批国家级、省级、市级人力资源服务诚信示范机构。建立人力资源服务机构"黑名单"制度,对列入黑名单人力资源服务机构,实施联合惩戒。四是强化行业协会桥梁纽带和引领作用。加强人力资源服务行业协会建设,支持组建一批具有社会公信力、区域影响力的人力资源服务行业协会。指导行业协会制定行业自律规范,推进行业诚信建设。

2. 以"双区"建设为引领,开拓协调发展新局面

以"双区"驱动为引领,以"一核一带一区"为牵引,以"双城"联动为核心,着力提升珠三角地区人力资源服务业发展能级,推动粤东粤西粤北地区特色化发展,逐步形成优势互补、均衡发展的人力资源服务业发展新格局。一是提升珠三角服务发展能级。高水平、高标准发展广州、深圳人力资源服务业,发挥毗邻港澳优势,探索建设粤港澳人力资源服务协同机制。集聚国际高端人力资源服务机构,引进一批具有国际背景、国际视野、通晓国际规则的人力资源服务人才,深入推进国家人力资源服务产业园建设,加快构建全球化人力资源服务体系,将广州、深圳建设成为粤港澳大湾区的人力资源配置中心和引领发展格局的国际化、现代化、创新型人力资源服务中心。支持珠海、佛山、惠州、东莞、中山、江门、肇庆等地紧抓"一核一带一区"发展契机,因地制宜深化行业改革创新,努力建成符合区域发展需求的人力资源服务业重要城市节点。二是推动粤东粤西粤北特色化发展。推动人力资源服务业契合粤东粤西粤北地区产业发展,为乡村振兴提供人才支撑。东西两翼沿海地区对接重大产业、战略新兴产业布局,充分发挥汕头、湛江等省域副中心城市作用,将人力资源服务嵌入传统工艺、生物医药、玩具制造、石化、海洋等重要产业,主动对接服务。粤北地区对接北部生态发展区战略布局,推动人力资源服务业与生态保护、现代农业、文化旅游等重点领域融合

发展。三是构建区域协同发展机制。结合"一核一带一区"发展战略,创新推动粤东粤西粤北地区有效对接珠三角地区人力资源市场。建立区域结对机制,推动珠三角地区与粤东粤西粤北地区结对发展,推动人力资源市场融合发展。推动珠三角地区与粤东粤西粤北地区的龙头诚信示范人力资源服务企业结对,分享发展理念、发展模式、发展规划,不断优化资源配置、产业布局,促进行业协调发展。

3. 推进数字化转型,打造高效发展新引擎

加强人力资源服务业信息化基础设施建设,充分运用大数据、云计算、人工智能、区块链等新技术,构建智慧型人力资源服务云平台和生态系统。一是加快提升公共服务数字化水平。构建全面覆盖、统一规范的人力资源公共管理服务信息系统,实现数据互通共享。建设流动人员人事档案信息系统和基础信息资源库,推进档案数字化。建立人力资源市场信息监测机制,定期发布发展报告、急需紧缺人才目录。加强人力资源数据信息安全保障,不断完善数据监测、预警通报、应急处置等机制。二是推进人力资源市场数字化。推动人力资源服务机构加强大数据、云平台、物联网、SaaS(软件即服务)、区块链等方面的研究应用,研发一批可复制可推广的数字化应用技术。引导人力资源服务机构运用数字化手段,优化再造人力资源服务模式、服务流程、服务方法,提高服务能力。鼓励社会资本参与公益性人力资源数据信息采集,为政府部门人力资源数据分析提供辅助服务。鼓励人力资源服务机构为客户提供数据分析、技术支持、软件开发运用等数字化服务。三是推动数字化高端业态发展。鼓励人力资源服务机构充分利用互联网的高效、快捷、便利等特性,通过建立网络服务平台、与互联网平台合作、技术资金融合等方式,推动人力资源服务业向互联网领域延伸发展。大力发展个性化网络招聘、人才集群区块链、人力资源服务软件、人力资源数据模型、人力资源智能查询等高端业态,不断提高行业附加价值。

4. 加强园区平台建设,打造产业集聚新高地

充分发挥人力资源服务产业园"集聚产业、培育市场、孵化企业、拓展业态、服务人才"的作用,打造集公共服务与市场服务为一体的多元化、多层次、专业化的人力资源服务产业平台,形成产业集群,发挥集聚效应。一是高水平建设国家级产业园。围绕"一江两岸、双核驱动、多点支撑"人力

资源服务商圈,打造现代化广州人力资源服务产业园。依托"一园四区、多点支撑"人力资源服务生态圈,打造立足服务华南、辐射港澳的高端化、专业化、国际化、信息化的深圳人力资源服务产业园。二是高标准建设省级产业园。支持建设一批与当地经济社会发展结构和产业布局匹配度高、较好满足服务当地企业需求、对地方经济发展贡献度高的省级产业园。支持粤东粤西粤北地区因地制宜建设省级产业园。不断丰富省级产业园人力资源服务机构类型和层次,形成较为完整的市场化人力资源服务产业链。三是完善产业园管理服务机制。推动人力资源服务产业园所有权与经营管理权改革,逐步分离产权与经营管理权,实施市场化运营,激发产业园活力。创新产业园投融资机制,引导资本参与建设。完善产业园配套服务设施,融合金融、商务、人才、娱乐等服务于一体,打造一流人力资源服务生态环境。

5. 扩大交流合作,构建开放发展新格局

加大人力资源服务业对外开放力度,深化粤港澳合作,加强海外基础设施建设,不断创新完善引才服务机制,提升交流合作层次,进一步提高国际化水平。一是加强粤港澳合作。加强粤港澳人力资源市场对接,逐步形成以粤为腹地、辐射港澳乃至全国的人力资源大市场。建立常态化交流合作机制,推动粤港澳人力资源服务行业定期会商,举办高峰论坛、国际峰会等活动。推动粤港澳人力资源服务机构充分运用资本、技术、人才等要素,加强服务合作。二是加强海外人力资源服务基础设施建设。支持人力资源服务机构、高校院所、社会组织等创新合作方式,建设一批海外人才服务工作站,面向全球引进高层次创新创业人才。充分利用"海交会""留交会"平台,完善海外高层次人才信息库。推动人力资源服务机构创新完善海外人才服务方式,为来粤海外人才出入境、就业创业、子女教育、医疗保障、居住生活等提供个性化、专业化服务。建设国际化人才一站式服务窗口,推进国际人才服务标准化建设。三是加强人力资源服务国际交流合作。大力开拓国际市场,支持人力资源服务机构开展跨境服务。推动人力资源服务机构在"一带一路"沿线国家设立实体机构,打造参与国际人才竞争与合作先进基地。推动人力资源服务机构引进海外人力资源服务先进标准、技术和管理模式。支持人力资源服务机构与海外知名机构探索合资经营模式,加快服务国际化进程。

二、南粤集团人力资源服务业发展经验与分析

南粤集团是广东省驻澳门窗口企业和龙头企业,注册地址位于广州,营运总部设在澳门。扎根澳门 40 年来,南粤集团始终秉承爱国爱澳、和衷共济的核心价值,坚持立足澳门、服务澳门,在服务改革开放大局、推动澳门顺利回归、维护澳门繁荣稳定和促进澳门经济适度多元发展等不同历史阶段中发挥了独特作用,作出了重要贡献。

2021 年 3 月 29 日,广东省人才市场、广东省留学人员服务中心从广东省人力资源和社会保障厅划转移交至南粤集团,南粤集团人力资源服务业板块再填新成员。接下来,南粤集团将在确保平稳过渡的前提下,对三家企业进行资源整合,优化业务结构,推动人力资源服务板块优势更加凸显、实力更加壮大,积极参与广东人才强省和粤港澳大湾区人才新高地建设,切实提升广东省人才综合服务平台在全国人力资源行业的影响力。

(一)人力资源服务板块企业概况

1. 广东南粤集团人力资源有限公司

南粤集团所属全资二级企业广东南粤集团人力资源有限公司(以下简称"南粤人力公司")是省属国企中唯一一家以人力资源服务为主营业务的国有独资公司,是一家具有国际劳务合作和国内人力资源服务资质全牌照的人力资源专业服务机构。南粤人力公司成立于 2011 年 9 月,注册资本1000 万元,由广东省对外劳务经济合作领域的优质资源整合而成,前身是1979 年由中华人民共和国对外贸易经济合作部批准成立的广东省劳动服务公司,是中国成立最早、华南地区规模最大的人力资源服务国有企业,是一家具有国际劳务合作和国内人力资源服务资质全牌照的人力资源专业服务机构。内设办公室、人力资源部、计划财务部、法务部、党群工作部、纪律检查室、港澳部、业务一部、业务二部、珠海办等 10 个部门,拥有南粤(澳门)职业介绍所等 3 家全资下属公司以及珠海、梅州、阳江、潮州等 9 家分公司,控股企业 2 家,参股企业 3 家。

南粤人力公司秉承"以人为本,诚信服务"的宗旨,凭借立足广东,面向

港澳,兼顾国际,服务全国。历经四十余载发展,公司业务涵盖劳务输出、灵活用工、人事代理、人才招聘、人才测评、人才培训、人力资源管理咨询、政府服务外包等人力资源服务业全链条业务,是粤港澳企业人力资源服务外包的主力品牌,始终保持港澳劳务合作领先企业的市场地位,为服务澳门经济社会发展、搭建中国—葡语系国家经贸交往平台、促进粤港澳大湾区及国际人才流通和经贸合作作出了积极贡献。

南粤人力公司通过 ISO9001 质量体系认证,连续五年被评为"广东省守合同重信用企业",是全国人力资源诚信服务示范机构,曾获广东省外经工作一等奖、内地输澳劳务管理工作"荣誉贡献奖"、内地输澳劳务管理工作"服务维权奖"、对外劳务合作综合业绩前十名企业,是广东省人才交流协会常务理事单位、广东省对外经济合作企业协会常务理事单位、广东省残疾人就业创业促进会副会长单位等。

2. 广东省人才市场

广东省人才市场(以下简称"省人才市场")成立于 1995 年 12 月,原机构名称为广东省人才智力市场,是经广东省机构编制委员会办公室批准成立,由广东省人力资源和社会保障厅(原广东省人事厅)出资设立的事业单位,在广东省市场监督管理局(原广东省工商行政管理局)注册,注册资本为人民币 470 万元。2000 年由事业单位变更为全民所有制企业,更名为广东省人才实业发展中心,2008 年机构名称确定为广东省人才市场。2021 年3 月,省人才市场整建制划转南粤集团管理,并于 2021 年 8 月 12 日完成股东变更备案,南粤集团是唯一的股东。内设办公室、人力资源部、财务部、策划部、大客户部、档案部、派遣部、代理部、拓展部、招聘部、人才网运营部、高级人才寻访部、培训部、网络技术部、人才测评中心共 14 个部门和 1 个业务中心,以及深圳、清远、韶关、潮州等 9 个分市场以及拥有全资子公司广东省留学人员服务中心。

省人才市场以"人事代理综合服务、人事档案综合服务、人才招聘服务、劳务派遣与外包服务、人才测评服务、人才培训服务"六大板块为主营业务,积极开拓人力资源服务产业园运营服务业务。拥有人事档案管理系统、人力资源服务管理系统、人才网络招聘系统、档案数字化转化系统及"一站式"招考系统等一系列专业软件平台。

广东省人才市场从事人力资源服务逾 25 年,获得多项集体荣誉:全省人力资源和社会保障系统"优质服务窗口"称号;2015—2016 年度广东省人力资源服务行业诚信服务示范机构;第二届(2017)广东省人力资源高峰论坛人力资源服务企业典范奖;2018 年广东省人力资源服务诚信示范机构;2019 年度广东省"重合同守信用"企业;2020 年度广东省"重合同守信用"企业;入选全国人力资源诚信服务示范机构;"最具价值平台奖""促进就业实践案例奖";等等。

3. 广东省留学人员服务中心

广东省留学人员服务中心(以下简称"省留服中心")原隶属于省人社厅,由广东省人才服务局代为管理,改制后现隶属于广东南粤集团有限公司。内设综合财务部、出国留学服务部、回国人员服务部、高层次人才服务部、教育项目发展部等 5 个部门,现有人员(含梅州分中心)11 人,中心主任1 人,主任助理兼综合财务部长 1 人,中心内设出国留学服务部部长 1 人,教育项目发展部部长 1 人,其他留学顾问、行政、后勤人员 8 人,均拥有本科以上学历。

省留服中心拥有世界 20 多个国家 3600 多所国外知名优质的院校渠道和资源,为各类自费出国人员提供量身定制的留学方案和个性化的贴心服务。近年来,省留服中心致力"送出去,迎回来",将各类莘莘学子输送到理想的海外院校进行学习深造。同时,也为广东省和泛珠三角地区输送和培养贮备了海外高层次人才拓宽了渠道,为粤港澳大湾区社会和经济的高质量发展作出积极有意义的贡献。

广东省留学人员服务中心具有"广东留学第一家的美誉",先后获得人社部留学人员服务中心授予的"全国留学归国人员服务联盟突出贡献单位""中国出国留学服务十大诚信机构""全国留学服务机构联盟诚信签约单位""华南地区留学行业诚信机构""全国首批采用国家留学标准服务机构"等称号,同时还获得全国首批留学服务机构中的"企业信用等级认证证书""留学服务管理体系认证证书""质量管理体系认证证书"等诸多殊荣。广东省留学人员服务中心现为广东省留学服务协会副会长单位,广东省创新人才促进会副会长单位,广东省继续教育协会副会长单位。

（二）典型机构业务介绍与特色

1. 南粤人力公司

南粤人力公司在改革开放中孕育而生，并伴随国家经济社会转型发展，主动对接和满足市场需求。通过转型升级、技术赋能等不断提高人力资源服务供给效能，从最初的港澳和国际劳务输出、劳务派遣服务不断转型升级，发展壮大，构建起完整的人力资源服务业全链条业务。四十多年来，站在时代大潮和国家发展的大势中，身处祖国南大门的南粤人力公司始终秉承着人力资源服务的初心，放眼全球，从党和国家全局的高度，紧随国家战略步伐，在不同时期，用优质高效的人力资源服务为国家"一国两制"制度实践、对外经济贸易发展以及构建国家改革开放新格局等各方面发挥应有的作为。

（1）灵活用工服务与人事代理服务

灵活用工服务与人事代理服务为南粤人力公司的传统业务板块，涵盖劳务派遣、人事外包、劳务承揽、人事事务代理等人力资源服务业务。针对内外资企业、机关事业单位以及外商驻粤代表机构的个性化用工需求，南粤人力公司配备专业的项目管理服务团队，制定综合人力资源解决方案，通过专业的人员管理和规范化的操作流程，让客户从烦琐事务性工作中解脱出来，简化客户用工程序，减少客户人力资源管理成本，实现用工风险防控。目前，南粤人力公司传统业务服务覆盖全省 21 个地市，其中所属企业广东省友谊国际企业服务有限公司先后与世界近百个国家和地区的 6000 多家外资企业建立合作关系，累计签约外企雇员达 30 万人次，并与全国各地外企服务单位建立了广泛的互为代理关系，以各自的服务优势、地域优势，相互支持，形成了辐射全国的外企服务网络，社会认可度和行业竞争力不断增强。

（2）港澳劳务输出与国际劳务输出

港澳劳务输出与国际劳务输出为南粤人力公司的核心竞争业务板块之一。从事国际劳务输出以来，南粤人力公司已先后向世界 70 多个国家和地区派出劳务人员近 80 万人次，涉及建筑工程、石油化工、海员派遣等 20 多个行业。凭借毗邻港澳的地域优势，公司拥有三十多年的内地输港澳劳务服务和管理经验，在香港和澳门拥有南粤（香港/澳门）职介所和江门外劳

（香港/澳门）职介所共四家职业介绍所，具备国家商务部核准的中国内地输澳劳务经营资质（全国共 19 家），是商务部批准的首批内地输澳家务试点单位（全国共两家）。自 1985 年澳葡政府逐步向中国内地开放劳务市场开始，南粤人力公司率先进入澳门市场并持续稳健经营至今，为输澳劳务人员提供全过程"保姆式"服务，包括协助申请配额、招聘、办证、体检、培训、购买保险、在澳居留、维权服务、退场离澳等。近年来，南粤人力公司依托南粤集团的粤港澳跨境服务平台，输澳劳务人数逾 15000 人，居澳门劳务市场同行业之首。通过做好输澳劳务的传送带，从各行业、多领域服务澳门经济社会发展，有效配合澳门产业结构调整，为补充澳门重点行业人资缺口、缓解澳门中小企业招工难问题贡献了应有的力量。

（3）人才招聘培训与测评业务

人才招聘培训与测评业务为南粤人力公司的转型升级业务板块。历经多年沉淀，南粤人力公司拥有丰富的人才简历数据库、众多行业资源优势、渠道优势以及人才测评系统技术优势，能够快速响应客户招聘需求，在招聘顾问、人才寻访专家等团队的支持下，形成系统的人才招聘服务流程，在最短时间内帮助客户招聘到适合人才。面对不同群体与组织，自主开发各种系列的培训课程，研发定制具有针对性的培训，为各企事业单位发展提供强有力的人才支撑和智力支持。公司还投资成立了广东南粤职业经理人评鉴中心有限公司，组建了一支理论功底扎实、实践经验丰富的技术团队，在前期研发的基础上，开发和完善具有自主品牌的综合人才测评系统。依托顶级神经心理学测评技术，沿用学术界最权威的测评方法，结合市场实践的使用和研究，形成准确性高、多维度、深层次的系统性测评体系，以严谨科学的态度解决人才测评的准确性和实用性问题，满足不同人群不同单位的需要。

（4）管理咨询

随着人力资源行业及有关政策的完善以及公司的不断发展成熟，南粤人力公司逐步打造了一支专业管理咨询服务团队，志在成为各单位高端咨询服务和国际人才服务战略合作伙伴。在传统人力资源服务的基础上，总结过往服务案例经验，完善公司服务产品和解决方案，积极整合政企及行业多方资源，凭借多年服务港澳的经验优势，依托专家智库和自主测评工具支持，从专业的角度准确把握客户单位的切实需求，为企业特别是粤港澳大湾区企业提供可操作性强的管理咨询服务。近年来,完成了省内某地级市国资委国有企业改革重组咨询项目、粤港澳大湾区某重要节点城市新区的人力资源管理咨询项目、某省属国企薪酬管理改革咨询项目等。

(5)政府服务外包

伴随政府职能转变、建设服务型政府的步伐,南粤人力公司逐步开拓政府服务外包业务,包括人力资源管理咨询服务、人力资源业务流程外包以及招聘招考等服务。服务客户对象涵盖省直、市直机关单位。2021 年,南粤人力公司中标承接广东省民政厅"广东兜底民生服务社会工作双百工程"2021 年招聘项目,是自 2017 年"双百计划"实施以来,规模最大、覆盖地区最广、招聘人数最多、时间最为集中的一次公开招聘项目,为广东省 19 个地市的乡镇(街道)社会工作服务站公开招聘 6364 名社工,在公司政务服务外包业务上具有里程碑意义。

2. 省人才市场

省人才市场是省级综合性人力资源服务企业,成立以来秉承"人才为本,服务社会"的宗旨,为政府机关、企事业单位和各类人才提供多层次、全方位人力资源服务,为全省"稳就业、保就业"大局作出了应有的贡献,成为广东省引进人才、服务人才的重要窗口,是全省知名人力资源服务企业之一。

(1)人事代理综合服务

省人才市场拥有广州市集体户资质,目前总在户人数约 1.64 万人。人才市场以"做好服务、树立品牌、拓展业务、增长收益"为目标,积极拓展大型企事业客户单位,提供高校毕业生接收、人才引进、职称评审等综合性专业化人力资源服务。分别与中国石化销售有限公司广东石油分公司、中国移动通信集团广东有限公司、广东省高速公路有限公司、广东工业大学、广东外语外贸大学、广东省水利电力勘测设计研究院等大型国有企业、高校、医院、行业协会及研究院建立合作关系,进一步提升人才市场的影响力和社会认可度。

(2)人事档案综合服务

省人才市场拥有省档案局的档案中介服务机构资质,为广大企事业单位提供人事档案管理、数字化加工、审档、消毒等专业权威的人事档案综合服务。一是拥有 170 多平方米的高标准化档案库房、档案消毒室、档案数字化加工场所,并建立了一套安全操作规范流程,内控措施严密周到,确保档案入库、消毒、查阅、出库等各个环节安全保密。还建设有 150 多平方米的服务大厅,设立 8 个服务窗口,配套人事档案管理系统、人力资源服务管理系统等相关系统,实现窗口和网络平台实时对接的全流程式服务,目前管理人事档案 1.1 万份。二是从事档案数字化加工多年,积累了丰富的项目实施经验,参照国家人社部和中组部的要求,建立了规范的加工操作流程、配套档案数字化加工系统,累计完成约 4 万份人事档案数字化加工。三是不断延伸人事档案服务,根据市场需求在省内率先为客户提供人事档案消毒服务,有效地控制和消灭各种虫菌,保护人事档案的完整性,提高人事档案信息资源的高效利用,确保人事档案的安全保管。

(3)人才招聘服务

省人才市场创新赋能就业,举办灵活多样、富有成效的人才招聘活动。在疫情防控常态化条件下,以稳就业、保平安为第一原则,采用线上线下相结合的模式,做好高校毕业生就业工作。一是打造"广东国企招聘专区",在国资委的指导下,在广东省人才市场网设立了"广东国企招聘专区",为广东国有企业提供人才招聘和服务平台。2021 年为进一步方便高校毕业生求职,及时对"广东国企招聘专区"进行优化升级,国资委联同省委宣传部、省财厅等国资监管部门共同推动全省国有企业招聘信息统一在专区同步发布,加强专区的引流和宣传,为有意向入职国有企业的高校毕业生提供更精准、更便利的渠道方式,提高求职效率。二是依托广东省人才市场网,为全省搭建急需紧缺人才供求平台。以线上线下立体活动模式,及时发布全省急需紧缺人才供求分析报告,引导企业和人才网上科学对接;省市县三级及高校联动举办招聘洽谈,积极引进广东省各类急需紧缺人才,引导企业和人才精准匹配;每年为全省引进 2 万多名急需紧缺人才,有效缓解全省急需紧缺人才招聘难问题。三是提供高级人才寻访(猎头)、项目招聘(RPO)服务,常年为广东企业的中高级岗位寻猎人才。积极主动承接广东省人力资源和社会保障厅"三支一扶"、广东省急需紧缺人才引进等项目,每年为广东省引进各类人才约 2 万名。

（4）培训业务

聚合链接平台,搭建极具影响的人才培训平台。一是夯实高层次人才服务根基。通过全面梳理人才政策人才服务事项,创新"线下+线上专窗"服务模式,一揽子提供人才优粤卡申办、人才驿站入驻等各项服务,累计提供高层次人才2100多人次,高效解决1300多名粤港澳台和外籍持卡人高度关注的不限行、绿色通道就医、归并通道出行等难点问题。二是打造粤港澳大湾区人才培养高地。通过整合省人才市场现有资源、品牌优势及合作方成熟的培训模式,构建了人才培养体系,对成人继续教育学历提升和专业技术人员的培养提供强有力的支撑。

（5）产业园运营业务

创新开拓新的业务,经深入调研、精心谋划,成功获得韶关市人力资源产业园运营项目。产业园运营以协同促进发展为目标,专业化运营提供高质量服务,打响产业园区品牌。一是区域协同。一方面通过产业聚焦,2021年上半年引进人力资源服务机构17家,其中成熟机构16家,入孵机构1家;另一方面通过校企合作,成立韶关市人力资源服务产业学院和人力资源专业的校外实践基地,实现人才培养模式的改革与创新。二是产业协同。通过搭建供需对接平台,服务市、区、县产业链发展,与相关产业（行业协会）合作,举办精准供需对接大型招聘活动共计8场。三是品牌宣传。通过积极开展各类宣传交流活动,提高产业园区影响力,上半年韶关市人力资源服务产业园举办交流讲座和培训活动7场,省级媒体发稿亮相2次,本土媒体新闻报道4次,并在首届全国人力资源管理（服务）创新大赛中荣获"2020年度人力资源服务产业园最具发展潜力示范园区"奖项。

3. 省留服中心

（1）自费出国留学办理

省留服中心承办自费出国留学中介服务。中心留学顾问可为广大有意向出国留学的学生提供专业化咨询和指导,帮助学生办理入学申请、材料准备和签证一系列留学中介服务,为前来咨询的大学生提供出国人员培训、法律咨询、外语同传和翻译服务。

（2）出国留学研学

省留服中心承办教育、科技、文化、智力交流活动。与美国、英国、澳大利亚、加拿大、新西兰、德国、法国、荷兰、瑞士、俄罗斯、新加坡、马来西亚、日本、韩国等 20 多个国家的 3000 多所著名院校与教育机构建立了合作关系。组织学生参加各类海外游学活动和留学背景的提升服务。

（3）回国服务

省留服中心代办境内外学历学位认证；留学归国择业推荐，创业指导；推荐加入社团组织；高层次留学人才界定；外国留学生国内工作证明、留学人员党（团）组织关系管理；留学人员人事档案及人事关系托管；办理留学归国人员的人事关系调动手续或聘（录）用手续；留学归国人员就业、创新创业服务；留学归国人员劳动事务代理、落户广州市；社保关系代理服务。

（4）其他服务

引进海外高层次人才服务和高科技成果转化服务；公务商务考察定制；高新技术引进、开发、合作、转让中介服务；移民服务；合作办学。

（三）经验分析

1. 审时度势，谋划战略，滚动向前发展

"人才是第一资源"，人力资源服务业与改革开放发展同步，伴随着改革开放的不断深入，人力资源服务需求的规模不断增长；与此同时，市场对人力资源服务的要求也不断提高。党的十九大报告提出"着力加快建设实体经济、科技创新、现代金融、人力资源协同发展的产业体系"，将人力资源服务发展与经济发展的融合提到了前所未有的战略高度。一方面放眼未来，从行业发展的战略高度持续不断谋划自我革新，丰富人力资源服务产品，提升服务能力，向全产业链构建、专业化分工、信息化共享、价值链高端逐步迈进；另一方面，审时度势，从国家发展的战略高度因势而谋，应势而动，顺势而为，紧随政策动态，按照党和国家的部署，立足新发展阶段，贯彻新发展理念，构建新发展格局，推动高质量发展，调整市场策略及方向，既有短期经营目标，也有中期发展目标，更有长远发展愿景，长期、中期、短期有机结合、滚动式向前发展。

2. 围绕中心，服务大局，坚持在商言政

发展四十余年，南粤集团人力资源服务板块业务发展坚持围绕中心，服务大局，不断战胜各种风险挑战，在各种大战大考中彰显国企担当，为维护

经济发展和社会稳定大局作出应有贡献。一是把握粤港澳大湾区建设的新时代机遇,发挥南粤人力公司多年积淀的行业经验优势,搭建大湾区人力资源服务专业平台,用人力资源服务帮助更多企业融入大湾区建设发展,特别是融入横琴粤澳深度合作区建设,促进大湾区经贸融合、人才集聚和互动流通,为粤港澳大湾区建设贡献应有力量。二是紧随湾区所向、聚焦澳门所需、发挥南粤所能,坚持在商言政。从内地为澳门企业输送大批优秀劳务人员,已为近2000多家澳门客户单位(其中95%以上为中小微企业)提供专业人力资源的服务,涉及建筑、酒店服务、餐饮服务、电信、物业管理、批发零售等多个主要行业,包括澳门大学横琴新校区建设、粤澳新通道(青茂口岸)建设等重要项目,增进内地与澳门居民的了解和友谊,促进两地经济、文化的交流融合,促进澳门经济适度多元化发展。通过做好劳务人员队伍日常管理和服务,维护澳门社会稳定和长治久安,确保"一国两制"行稳致远。疫情期间,更是在集团公司南粤集团的统一部署下,协同所属食水公司、医疗科技公司、联丰超市等保障澳门生鲜供应和核酸检测,与澳门社会各界一起齐心协力、守望相助,举全集团之力支持澳门防控疫情,坚决打赢疫情防控阻击战。2021年,南粤集团当选《粤港澳大湾区国有企业社会价值蓝皮书(2021)》创造综合价值十佳案例。三是担当好广东省人力资源服务"输出去"和"引进来"的重要角色,为各用人单位和人才提供专业服务,瞄准广东人才强省战略目标,为广东经济更高质量发展提供人才支撑。

3. 同业整合,齐头并进,实现协同发展

南粤人力公司由广东省对外劳务经济合作领域的优质资源整合而成,经过同业整合不断壮大。通过打通内部交流渠道,加强公司内部业务合作,充分激活内部潜能,实现内部联动与资源共享,在物理反应的基础上产生化学反应,实现"1+1>2"的效应,做到优势互补,形成合力,协同发展。在省国资委的指导下,南粤人力公司于2011年12月投资持有江门市对外劳动服务有限公司及其下属港澳公司,共同开发港澳业务;2012年完成原新广集团人力板块(含新广港澳职介所、新广人力公司、香港新新公司)的资产、人员、业务、资质的全盘接管;2018年4月完成广东省友谊国际企业服务有限公司国有股份划转。按照共同发展、协同合作的原则,切实保障原有员工权益,充分尊重市场规则,经营效益逐年提升,资产规模不断扩大。2021年3

月,广东省人才市场、广东省留学人员服务中心也从广东省人力资源和社会保障厅划转移交至南粤集团,南粤集团人力资源服务板块得到进一步扩大,将进一步整合形成更大合力。

4. 技术赋能,数据储备,数字化管理转型升级

南粤人力公司拥有自主劳务人员管理系统以及人才测评系统,并不断从数字化管理向数智化管理迈进。通过技术赋能,实现劳务人员管理数字化,提高人力资源服务效率,助力雇主科学智慧决策。人才测评系统技术团队深耕十年,以严谨科学的态度解决人才测评的准确性和实用性问题,与中国人民大学、中山大学等知名院校研发团队深层次合作,从基础研究到行业实践水平均属国内领先,为各单位提供寻访、咨询、测评、培训等多方位的中高端人力资源咨询与配置服务。目前,人才数据库数据随着公司发展不断增加,累计数据量突破 15 万人关口。省人才市场也不断提升人才测评的软硬件实力,巩固服务基础,完成新办公场地的租赁、改造和装修,设立专用保密工作区(含保密制卷、网络扫描阅卷及保密资料交接区),增加专用硬件设备,提供安全、稳定的人才测评服务,每年服务单位达 1000 家以上。

5. 深耕市场,优化服务,构建全程自主服务"流水线"

深耕澳门劳务市场四十余年,南粤人力公司已构建起完全自主的广、珠、澳三地协同服务的劳务输出服务链条,由三支经验丰富的专业服务队伍,协同公司行政后勤部门,全方位构建起南粤人力公司输澳劳务服务"流水线"。广州本部主要负责与出入境管理单位对接,做好劳务人员的前期办证服务,珠海办事处负责输澳劳务人员的招聘、培训以及档案管理工作,澳门职介所负责劳务业务开拓和现场管理,全流程把关把控服务时长与质量,确保服务及时、贴心、专业、到位。历经多年考验,服务链不断改进升级,在面对紧急任务和特殊情况时能高效协同妥善处理相关工作。

6. 创新模式,省市合作,打造综合服务平台

2021 年 3 月 2 日,南粤人力公司与清远市国有资产经营有限公司签署股东合作协议,共建清远市国源南粤人才服务有限公司,开启南粤人力公司省、市国资国企合作新模式。新公司成立旨在凭借双方股东的地域优势与专业优势,通过省属与市属国有企业的资源整合,打通地市与省级的连接,立足清远,秉承"政策落地、服务人才"的宗旨,以政府政策引导为依托,解

决政府在"人才"问题上的系列实施工作。同年5月12日,梅州市一级国有独资公司广东嘉应控股集团有限公司举办投资项目集中签约启动仪式。南粤人力公司及兄弟单位省留学人员服务中心成功签约人才战略合作项目,将通过人才派遣、人才培训、人才创新载体、人才大数据平台等模块,共同搭建梅州市人才服务的综合平台。以"立足梅州、发展梅州"为目标发挥各自优势,共同开拓梅州的人力资源业务;同时,深入探寻省、市国资国企合作可复制增长模式,发展壮大人才服务综合平台,为公司下一步发展奠定基础。

7. 专业支持,实战支撑,储备强大专业顾问团队

南粤人力公司拥有一支由技术专家、专家学者、政府顾问、企业实战精英组成的专业顾问团队,专业领域涵盖了企业管理、人力资源、金融、财务、法律等专业,可针对项目特点进行项目组成员的科学搭配,确保服务质量。深厚的理论素养和丰富的实战操盘经验是南粤人力提供高品质、高效率服务的有效保证。同时,公司及所属企业与政府,中山大学、暨南大学、广东财经大学、香港大学、澳门大学、澳门科技大学等高校及科研机构,知名企业和港澳青年联合会、澳门中华学生联合总会、澳门软件行业协会、澳门高校研究生联合会等社会团体保持密切联系,通过充分挖掘、整合、利用各方面资源,更好搭建人才智力资源的引进窗口。

8. 灵活组建,充分调动,全力支持客户需求

通过较多实战经历以及项目沉淀,为应对市场政策环境的瞬息万变以及客户单位的多样需求,南粤人力正逐步形成柔性组织架构。通过有效打通集团、公司、所属企业之间的联系合作渠道,客户单位不仅能够得到驻场项目团队的服务,更有集团公司、公司本部以及所属企业的专业支持,用灵活的组织制度、流程、系统,充分调动公司内外部资源,灵活应变,群策群力,尽最大努力给予客户单位最及时、最全面、最优质的支持与服务。

9. 党建引领,融合发展,助力脱贫攻坚

坚持以习近平新时代中国特色社会主义思想为指导,充分发挥党委的领导核心和政治核心作用,坚持把党的领导融入公司治理各环节,推动党建与经营发展共融互通、同频共振,把党建工作成效转化成为改革发展的驱动力,为经营发展提供强有力的政治保障。南粤人力公司党委结合输澳劳务

业务特点,推进落实劳务扶贫工作。2020 年,所属澳门职介所从国家级贫困县、省级贫困县、广东贫困县、中西部地区分别输送 323 名、171 名、1283名、1101 名劳务人员入澳工作,发挥了劳务扶贫社会效应。来自扶贫地区的劳务人员合计 2878 名,人均月薪 9691 元人民币,从就业上、收入上切切实实帮扶了数千户贫困家庭。

10. 坚守初心,抓住机遇,迈上发展新台阶

南粤人力公司秉承"以人为本,诚信服务"的宗旨一路走来,从最初的劳务输出到如今的人力资源服务业全链条业务,通过专业、贴心的服务,为各类人才谋求发展机遇,成就幸福人生,为各类单位寻找专业人才,实现更高质量发展发挥了应有的作用,获得了众多客户及单位的信任与认可,树立了良好的口碑,擦亮了南粤人力、南粤集团人力资源服务的招牌。南粤集团将继续秉承初心,紧随国家发展步伐,抓住粤港澳大湾区和横琴粤澳深度合作区的发展机遇,整合人力资源服务板块业务,完善服务链条,优化产品结构,深化平台建设,从人才战略的高度加快人才培训中心的建设步伐,履行国企应有的担当作为。

(四) 实践问题与发展建议

1. 持续推动数字技术赋能业务发展

数字技术赋能传统产业和服务业已经成为经济社会发展的必然趋势,这将为人力资源服务业未来发展提供新动能。目前,南粤集团人力资源服务板块正加速推进人力资源服务数字化转型进程,通过加强信息化建设,把握人力资源服务技术创新,实现大数据和移动管理平台技术在人力资源服务领域的应用与创新,打造互联网、大数据、人工智能、云技术、虚拟现实技术与人力资源服务高度融合的发展新模式。进一步深化"互联网+人力资源服务",利用互联网平台技术,创新招聘、代理、培训等传统人力资源服务业态的经营模式,运用互联网进行信息采集和开发,进行传统业态网络化处理,利用移动互联网 APP 开发和云存储技术,提升人力资源服务业数字化水平,提高用户体验,降低服务成本,进而提高经营效率。运用大数据、云计算、移动互联网、人工智能等新技术,构建人力资源信息库,强化客户关系、降低交易成本、提升服务质量,实现质量变革、效率变革和动力变革。

2. 持续探索产业模式向纵深发展

党的十九大提出要加快建设人力资源协同发展的产业体系,将在人力资本服务等领域培育新增长点、形成新动能。人力资源服务业作为现代服务业和生产性服务业的重要组成部分,是实施创新驱动发展战略、就业优先战略和人才强国战略的重要抓手,是构建人力资源协同发展产业体系的重要力量。南粤集团人力资源服务板块将积极探索人力资源服务产业与市场融合发展的新商业模式,适应新业态发展趋势,提高业务发展速度和效率,提升服务能力,增强高端人力资源服务供给能力,不断向价值链高端延伸,不断完善和扩大区域布局,形成可复制的高质量发展模式,打造发展新增长点。

3. 加速推进业务整合形成发展最大合力

南粤集团人力资源服务板块内各企业各具优势,但也互为补充,将进一步研究整合路径方案,通过有效举措整合企业,形成更大发展合力,聚焦人才服务,丰富服务产品,提升服务能力,打造升级人才服务产业链条,力争打造一流人力资源服务品牌,为广东实施人才强省战略、建设粤港澳大湾区人才新高地作出积极贡献。

第二部分
专题报告篇

第一章 人力资源服务业各省区市重视度与发展度分析

【内容提要】

本章从公众、政府、媒体和社会组织等不同群体的视角出发,通过大数据方法和文本分析方法对主流社交媒介、纸质媒介、网站、政府工作报告以及相关政策法规、规划文件进行数量统计和内容分析,来阐述人力资源服务业在我国各省区市受到的重视程度及发展情况。

本章第一部分,通过具有权威性的三类检索指数来反映各地公众对于人力资源服务业关注度的变化趋势,并描绘关注人群的特征;通过大数据分析方法对微博、微信这两大社交网络平台的用户进行分析来呈现各地公众对于人力资源服务业的关注度和支持度。

第二部分通过各地2021年政府工作报告,人力资源服务业相关政策、法规、规划,来系统揭示各地政府对于人力资源服务业的政策保障与发展规划支持力度,并对政府间推动人力资源服务业发展的区域合作以及不同地区典型省份发展人力资源服务业的典型案例进行解析。

第三部分通过对各地媒体对于"人力资源服务业"的相关报道和各地行业协会和人力资源服务中心等社会组织发展度,来反映各地媒体及社会组织对于人力资源服务的关注度。

Chapter 1　Recognition Level and Development Evaluation of Human Resources Service Industry in Different Provinces and Cities

【Abstract】

This chapter employed the methods of Big Data Analysis and Content Analysis, analyzed the mainstream social media, paper media, websites, provincial government work reports and relevant policies, regulations and planning documents, from three different perspectives of the public, government and non-governmental organizations, to describe the degree of attention anddevelopment situation of Human Resources services in China's provinces and cities.

In the first section of this chapter, three authoritative search index reflected the trend of public attention around the human resources services, and depicted the characteristics of the followers. This part adopted big data analysis methods to analyze the users on the mainstream social platform, Sina Micro-blog and WeChat, to explore the public attention and support to the human resources services.

The second part systematically revealed the level of local governments' policy support for development of the human resources services industry through the government work report in 2021, human resources service industry-related policies, regulations and planning.

In the third part, we make analyses through the reports and news concerning human resources services on local media and the development of social organizations like Human Resources Consulting Association and Human Resources Service Centers, to reflect the attention of social organizations paying to human resources services.

人力资源服务业的蓬勃发展离不开各省区市政府、公众、媒体与社会组织的支持。多年来,各地政府将人力资源服务业作为促进生产性服务业和现代服务业的重要组成部分,为推动经济发展、促进就业创业和优化人才配置,出台了一系列相关政策,支持人力资源服务业发展。各地公众对人力资源服务业的关注度也逐年上升,通过公众号、微博、百度等社交、搜索平台获取相关讯息,尝试了解或直接加入人力资源服务业。各地媒体、行业协会及人力资源服务中心为公众提供信息,构筑平台,搭建桥梁,是推动当地人力资源服务业持续发展的重要力量。可以说,公众的关注度、政府的支持力度、媒体的报道数量及社会组织的发展情况能够反映出各省区市对人力资源服务业的重视度及发展程度。

一、各地公众对人力资源服务业的关注度

在网络高度发展的现代社会,社会公众在网络上对人力资源服务业的关注度能够在一定程度上反映各地公众对该行业的关注度。本部分借助具有权威性的三类检索指数来反映各地公众对于人力资源服务业关注度的变化趋势;通过大数据分析方法对微博、微信这两大自媒体平台的用户进行分析来呈现各地公众对于人力资源服务业的关注度和支持度。

(一) 关注趋势分析

本部分将利用当前网络时代具有权威性和代表性的三类指数——百度指数、360 指数和微信指数来分析公众对于人力资源服务业的关注度。百度指数主要反映关键词在百度搜索引擎的搜索热度;360 指数主要反映关键词在 360 的热议度;微信指数主要是帮助大家了解基于微信本身的某个关键词的热度。

1. 百度指数

百度指数是以百度海量网民行为数据为基础的数据分享平台。通过检索特定关键词,可以呈现关键词搜索趋势、洞察网民兴趣和需求、监测舆情动向、定位受众特征。

"人力资源"是输入百度指数的关键词,将时间段限定为 2020 年 8 月 1

日至 2021 年 7 月 31 日,得到的搜索指数①如图 2-1-1 所示。

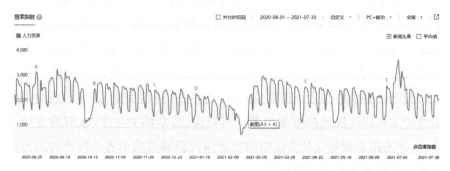

图 2-1-1 "人力资源"搜索指数变化趋势(2020 年 8 月 1 日至 2021 年 7 月 31 日)

图 2-1-2 需求分布图所呈现的是近一年(2020 年 8 月 1 日至 2021 年 7 月 31 日)与"人力资源"相关的检索关键词,该图是针对特定关键词的相关检索词进行聚类分析而得到的词云分布。从中可以看出公众对于人力资源的检索关注点在于"人力资源师""人力资源和社会保障局""人力资源管理"等领域,对于"人力资源服务业"的关注虽未有明确的体现,但其中"员工关系管理""人力资源招聘"等都是与人力资源服务业相关的词语。

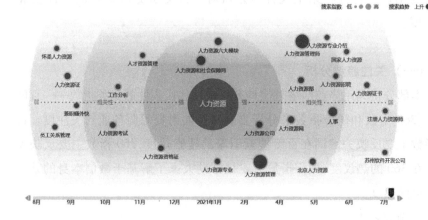

图 2-1-2 与"人力资源"相关的需求分布图

---

① 搜索指数是以网民在百度的搜索量为数据基础,以关键词为统计对象,科学分析并计算出各个关键词在百度网页搜索中搜索频次的加权和。

表 2-1-1　"人力资源服务"相关新闻热点

时间	名称	来源	相关报道
2021 年 7 月 29 日	第一届全国人力资源服务业发展大会重庆召开	中国新闻网	26900000 条相关
2021 年 7 月 29 日	李克强对第一届全国人力资源服务业发展大会作出重要批示	中国政府网	7110000 条相关
2020 年 9 月 5 日	人力资源服务业首次亮相服贸会	中国政府网	268000 条相关
2021 年 3 月 13 日	全国工商联批准成立"人力资源服务业委员会"	澎湃网	470000 条相关
2021 年 4 月 14 日	北京将人力资源服务业纳入高精尖产业	光明网	218000 条相关
2021 年 4 月 19 日	全国首创！我省发布人力资源服务产业分类范围	潇湘晨报	28000 条相关
2020 年 9 月 2 日	人社部开展人力资源服务行业促就业行动	中国青年报	14600 条相关
2021 年 7 月 29 日	4.58 万家人力资源服务机构年营收破 2 万亿	搜狐网	927 条相关
2021 年 7 月 27 日	千里之才 南粤以待——广东省推动人力资源服务业高质量发展	网易网	377 条相关
2021 年 2 月 21 日	人力资源服务产业园达 22 家	人民网	189 条相关

对关注"人力资源"的人群展开分析,总体上华东地区公众的关注度明显高于其他地区,华北、华南次之,而东北、西北的社会公众关注度相对较低,地域分布情况与 2020 年基本相同。

从城市上来看,北京、上海、深圳、广州是社会公众关注度相对高的地区。从检索关注的人群地域分布可以发现,经济发达地区对于人力资源服务业的关注度较高,北京、上海连续四年排名位于前三位,深圳、广州排名稳中有升,侧面反映出这些地区人力资源服务业发展具有相对良好的社会环境基础和广泛的社会关注度。

2. 360 指数

360 指数平台是以 360 网站搜索海量网民行为数据为基础的数据分析统计平台,在这里可以查看全网热门事件、品牌、人物等查询词的搜索热度变化趋势,掌握网民需求变化。"人力资源"是在 2020 年 8 月 1 日至 2021 年 8 月 1 日中浏览较多的关键词,可以通过分析其"360 指数"的变化趋势来分析社会公众对于"人力资源"领域的关注度。

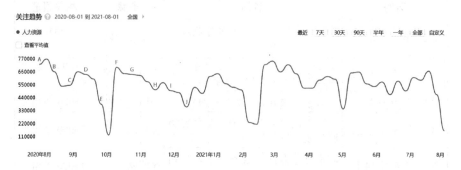

图 2-1-3 "人力资源"360 指数变化趋势（2020 年 8 月 1 日至 2021 年 8 月 1 日）

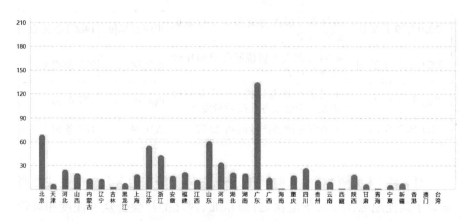

图 2-1-4 "人力资源"关注人群地区分布（2020 年 8 月 1 日至 2021 年 8 月 1 日）

与百度指数反映出的结论类似（如图 2-1-4 所示），广东、北京、江苏、山东等地区对于人力资源服务的热议度最高。与 2020 年相比，江苏省对人力资源的关注度有显著提升，上海下降较为明显，总体上看沿海地区的热议度高于内陆地区。

3. 微信指数

微信指数①是腾讯开发的整合了微信上的搜索和浏览行为数据，基于

---

① 微信指数计算采用数据：总阅读数 R、总点赞数 Z、发布文章数 N、该账号当前最高阅读数 Rmax、该账号最高点赞数 Zmax。采用指标：总阅读数 R、平均阅读数 R/N、最高阅读数 Rmax、总点赞数 Z、最高点赞数 Zmax、点赞率 Z/R。

对海量云数据的分析,形成的当日、7 日内、30 日内以及 90 日内的"关键词"的动态指数变化情况,即用具体的数值来表现关键词的流行程度。相较于长时间段的百度指数和 360 指数,微信指数能够更加精确地反映某个词语在短时间段内的热度趋势和最新指数动态,能够预测该关键词成为热词的潜力。

以"人力资源服务业"作为检索关键词,得到了近 90 日(2021 年 4 月 30 日至 7 月 30 日)"人力资源服务业"微信指数变化趋势图(如图 2-1-5 所示)。

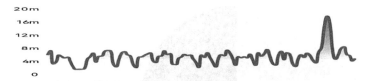

图 2-1-5　"人力资源服务业"微信指数(2021 年 4 月 30 日至 7 月 30 日)

与 2020 年同时段微信指数相比,2021 年 4 月 30 日至 7 月 30 日,微信用户对人力资源服务业搜索数量有所上升。其中,7 月搜索数量明显高于其他月份,这或许与 7 月 28 日至 29 日在重庆召开的第一届全国人力资源服务业发展大会有关,这一信息的释放在一定程度上引发了社会公众在这段时间内对于人力资源服务业的关注。

(二)　网络社交媒体传播途径

随着互联网的发展,微博和微信已经成为社会公众交流互动、信息发布、意见表达的重要平台。因此本部分在微博和微信环境下进行研究,探究各地网民对人力资源服务业的关注度。

1. 微博

2021 年 3 月 18 日,微博发布 2020 年第四季度及全年财报。2020 年,微博总营收达到 16.9 亿美元,超过华尔街分析师平均预期。2020 年 12 月,微博月活跃规模达到 5.21 亿,移动端占比为 94%,日活跃用户规模达到 2.25 亿。微博用户正在加速年轻化,根据近期发布的 2020 年用户发展报告,微博"90 后"用户和"00 后"用户的占比接近 80%,微博从消费、美食、运动等各方面渗透到年轻人的生活,成为年轻人的一种生活方式。因此,微博是观察社会公众特别是年轻人对"人力资源服务业"关注度的重要窗口。

通过新浪微博的用户高级搜索界面,搜索到了"人力资源服务"相关用户数量为 8749,比去年同期增长了 97 个,增幅为 1.12%。其中机构认证用户数量 2355 个,个人认证用户数量 429 个,普通用户 5965 个。通过对微博用户的标签信息进行检索,搜索到了 178 个机构认证用户,同比减少 1 个;13 个微博个人认证用户,同比减少 1 个;223 个普通用户,与去年持平(如图2-1-6 所示)。

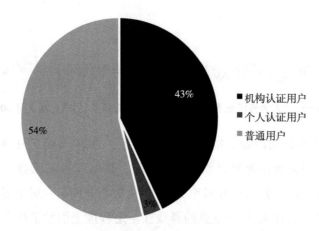

图 2-1-6　新浪微博用户分析(用户标签"人力资源服务",
截止时间:2021 年 7 月 31 日)

表 2-1- 2　人力资源服务相关用户地区分布

排名	地区	数量	排名	地区	数量	排名	地区	数量	排名	地区	数量
1	北京	300	8	浙江	95	15	天津	46	22	吉林	15
2	广东	259	9	河北	83	16	重庆	42	23	贵州	14
3	其他①	211	10	湖北	83	17	安徽	35	24	云南	15
4	上海	183	11	四川	73	18	湖南	34	25	黑龙江	12
5	江苏	131	12	福建	61	19	广西	31	26	山西	12
6	河南	120	13	辽宁	56	20	甘肃	26	27	青海	10
7	山东	115	14	陕西	54	21	海外	20	28	香港	6

① 表中"其他"为微博用户在选择地区时没有选择具体地区。

根据表 2-1-2,从地域分布上来看与 2020 年排序保持一致。除其他地区外,数量排在前三位依然为北京、广东、上海,其人力资源服务相关用户数量远高于其他地区,且用户增长速度较快,属于第一梯队。江苏、河南、山东区域内的相关用户数量都在 100 个以上,也相对较高,属于第二梯队。浙江、河北、湖北、四川地区的用户数量在 70 个及以上,属于第三梯队。其余则是在各个省份分布,西北、西南、东北部分省份排名较为靠后。

2. 微信公众号

根据腾讯 2021 年 3 月发布的 2020 年全年财报,截至 2020 年底,微信及 WeChat 的合并月活账户数为 12.25 亿,同比增长 5.2%,环比增长 1%。在用户基数已经十分庞大的情况下,微信依然保持增长。2020 年,每天有超过 1.2 亿用户在朋友圈发表内容,3.6 亿用户阅读公众号文章,4 亿用户使用小程序。此外,小程序及微信支付帮助中小企业及品牌加强与用户之间的联系,2020 年通过小程序产生的交易额同比增长超过一倍。截至 2020 年底,公众号的注册总量已经超过 2000 万个,活跃的公众号数量为 88 万个,其中服务行业公众号占比约 1/5,运营者对公众号的投资、数量和金额均明显增长。可见微信公众号当前在社会中具有日益增长的影响力。

以"人力资源服务"为关键字在搜狗微信公众号检索平台上进行检索(检索截止时间为 2021 年 7 月 31 日),得到 199 个具有认证资格的相关微信用户,用户数量较之 2020 年同期相比减少一个。

表 2-1-3　2021 年"人力资源服务"相关微信公众号地域分布

地区	2021 年区域内微信号数量	2021 年区域微信号数量占比	近一个月发文量总量
广东	30	15.00%	271
江苏	27	13.5%	219
北京	17	8.5%	365
河北	16	8.0%	112
浙江	13	6.5%	183
上海	13	6.5%	210
山东	9	4.5%	101
云南	8	4.0%	49

续表

地区	2021 年区域内 微信号数量	2021 年区域微信 号数量占比	近一个月 发文量总量
四川	5	2.5%	82
陕西	5	2.5%	67
内蒙古	4	2.0%	32
新疆	5	2.5%	22
福建	5	2.5%	32
甘肃	4	2.0%	67
安徽	4	2.0%	55
天津	4	2.0%	52
山西	4	2.0%	79
湖南	4	2.0%	62
河南	3	1.5%	33
湖北	3	1.5%	41
重庆	3	1.5%	32
辽宁	3	1.5%	28
海南	2	1.0%	43
贵州	2	1.0%	16
江西	2	1.0%	10
吉林	2	1.0%	14
广西	1	0.5%	3
总计	199	100%	2280

数据来源:搜狗微信公众号检索,http://weixin.sogou.com/,截止日期:2021 年 7 月 31 日。

　　根据图 2-1-7,对比 2020 年数据,可以发现 2021 年各省份的微信公众号数量排序基本保持不变,广东、江苏公众号数量仍然明显多于其他地区,两地公众号累计占比 28.5%,北京、河北、浙江、上海公众号超过 10 个,其余公众号在各地零散分布,总发文量相较于 2020 年的 2362 篇,有一定下降。

(三)年度对比分析

　　整体上看,不同媒体所反映出的地域、数量、变化趋势等指数基本相同,

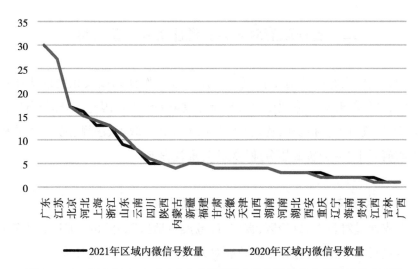

图 2-1-7　2021 年、2020 年"人力资源服务"相关微信公众号地域分布对比

各地公众对人力资源服务业的发展关注度相较于 2020 年基本持平,华东、华南地区对人力资源服务业仍然保持着较高的关注度。

具体来看,在关注渠道上,微博、微信公众号等网络社交媒体人力资源服务相关账号保持着较高的活跃度,账号数量稳中有增,并保持着较为稳定的人力资源服务业相关信息输出量;在关注的地域分布上,沿海经济发达区域地区以及北京、上海、广州、深圳等大型城市的公众关注度相对较高,地域分布情况与 2020 年的情况基本保持一致。值得关注的是,2021 年 7 月在重庆召开的第一届人力资源服务业发展大会吸引了各地媒体对人力资源服务业的关注,在大会召开前后,各地有关人力资源服务业的社交媒体账号均对大会召开情况做了集中的报道,并对本省在此次大会上的表现进行了关注,这也体现了自 2019 年后,四川、重庆、陕西作为西南地区及西北地区的重要省份,近两年对人力资源服务业的关注正在持续上升。在关注趋势变化上,各类指数反映出趋势随着人力资源服务业热点事件的发生而变化。2021 年,各类媒体对于人力资源服务业的相关报道与疫情发展仍然呈现高度相关的关系,随着后疫情时代的到来,单位复工复产,人力资源服务业的报道量也随之增多。

二、各地政府对人力资源服务业的重视度

地方政府发布的政府工作报告以及年度工作计划以及相关的法律法规、政策文件能够集中体现该地区政府的政策关注点。因此,本部分通过各地 2021 年政府工作报告以及人力资源服务业相关政策、法规、规划,来分析各地政府对于"人力资源服务业"关注与重视程度。

(一) 各地政府对人力资源服务业的关注度

首先通过对各省、自治区、直辖市(港澳台地区除外)的 2021 年政府工作报告进行文本分析,探究省级政府对人力资源服务业的关注度。

党的十九大提出,要建设人力资源协同发展的产业体系,在人力资本服务等领域培育新的增长点,形成新的动能,这对于推动我国人力资源服务业发展提出了新的更高的要求。习近平总书记在 2018 年"两会"期间参加广东代表团审议时强调,"发展是第一要务,人才是第一资源,创新是第一动力"。而人力资源服务业是生产性服务业和现代服务业的重要组成部分,对推动经济发展、促进就业创业和优化人才配置具有重要作用。在 2021 年各省的政府工作报告中,虽无明确在政府工作报告中提及"人力资源服务"的省份,但都间接体现人力资源服务业的重要性,将人力资源服务业视为生产性服务业和现代服务业的重要组成部分,以推动经济发展、促进就业创业和优化人才配置。

表 2-1-4　各地 2021 年政府工作报告与"人力资源
服务业"相关内容(节选)

类型	省份	政府工作报告相关内容
人力资源是产业体系中的重要构成要素	辽宁、甘肃等	发挥工业支柱支撑作用,加快数字技术和实体经济深度融合,推进实体经济、科技创新、现代金融、人力资源协同发展,加快构建现代产业体系。 发展壮大仓储物流、人才服务、研发设计等生产性服务业,推进健康、养老、育幼、家政等生活性服务业向高品质和多样化升级。

续表

类型	省份	政府工作报告相关内容
人力资源服务对于实施人才战略的积极作用	贵州	奋力推进"人才大汇聚",加强与国内外一流高校、科研院所合作,培养和引进一批创新领军人才和产业紧缺人才,加强人才服务保障,千方百计留住和用好优秀人才,让更多"千里马"在贵州大地竞相驰骋!
	北京	建设国际一流人才高地。围绕创新链与产业链,更大力度吸引国际高层次人才落户,集聚培养一大批优秀青年人才,加快形成多层次创新人才生态。抓好国际人才社区、国际学校、国际医院建设,构建国际化学术环境和生活环境,让各类人才心无旁骛专注事业,人尽其才、才尽其用。
	河北	实施创新人才计划,落实"军令状"和攻关任务"揭榜挂帅"制度,给予创新领军人才更大技术路线决定权和经费使用权。实施科技特派员制度。支持沧州、衡水、张家口建设国家级高新区。抓好石保廊全面创新改革试验区、承德国家可持续发展议程创新示范区建设。办好崇礼论坛、创新创业大赛。
	江苏	进一步完善激励机制和科技评价机制,营造公平竞争的创新环境,加强知识产权保护,优化人才培养引进体系,持续优化科技创新生态,让更多战略科技人才、科技领军人才、青年科技人才和高水平科技团队在江苏大展身手、创新创业。
	重庆	深化科技体制改革。制定鼓励创新系列政策,建立基础研究人才长期稳定支持机制……完善"塔尖""塔基"人才政策,坚持数量与质量、用才与留才、建平台与优服务并重,深入实施重庆英才计划、院士带培计划和博士后倍增计划,办好重庆英才大会,推进国际人才引进管理机制改革,加大青年人才创新创业支持力度,开展人才工作"一企一策""一院一策"试点,营造"近悦远来"的人才生态。
	吉林	积极营造拴心留才的良好环境。强化招才引智力度,推出人才政策升级版,深入实施"长白山人才工程",完善落实人才安家补贴、住房保障、科技分红等激励制度,强化人才子女入学、配偶就业等服务保障,健全职称评聘、职级晋升、绩效分配等政策激励机制。搭建引才聚才平台,推动大学毕业生留吉就业,引导吉林籍人才返乡创业。实施创新人才引育工程,对接国家高层次人才计划,大力引进一流人才、顶尖人才、领军人才,广聚天下人才而用之。
	上海	更大力度实施人才引领发展战略。率先实行更加开放、更加便利的人才政策,构建"海聚英才"人才计划体系,推进高峰人才引领、基础创新人才培育、卓越制造人才提升、高技能人才振兴等工程。完善人才评价使用激励机制。实施人才安居工程,优化人才服务体系,努力用优质高效的综合服务吸引人才、留住人才、成就人才。

（二）各地政府对人力资源服务业的政策保障度

使用"北大法宝 V6 版"数据库的高级检索针对"地方法规规章"进行检索。以"人力资源服务"进行全文检索，发布时间范围为 2020 年 8 月 1 日到 2021 年 7 月 31 日。检索到各地政策主要包括两类，一类是地方性法规，另一类是地方规范性文件。

1. 地方性法规

检索得到与"人力资源服务"相关的地方性法规有 17 篇，与 2020 年的 16 篇相比有上升。这些法规主要是规范人力资源市场条例及优化营商环境相关的政策。

对人力资源市场的规范性政策。例如《湖北省人力资源市场条例》中规定："县级以上人民政府应当推进多层次、多元化人力资源市场建设，加强统筹协调和政策支持，优化市场发展环境，发展专业性、行业性人力资源市场，鼓励并规范高端人力资源服务业发展，推动人力资源服务专业化、信息化、产业化、国际化。"①《贵州省人力资源市场条例（2020 年修订）》中规定："人力资源服务行业协会应当在行业内部构建诚信服务体系，倡导诚信经营；对在诚信服务、优质服务和公益性服务等方面表现突出的人力资源服务机构和个人，可以根据国家有关规定给予表彰和奖励；对不守诚信、信誉不良的机构和个人，应当提出劝告并通过适当形式予以公布。"②

对优化营商环境的促进性政策。例如《江苏省优化营商环境条例》中规定："县级以上地方人民政府及其有关部门应当按照国家建立统一开放、竞争有序的人力资源市场体系要求，培育国际化、专业化人力资源服务机构，为人力资源合理流动和优化配置提供服务；加强职业教育和培训，保障人力资源的供给；支持有需求的企业开展'共享用工'，通过用工余缺调剂提高人力资源配置效率。"③《江西省优化营商环境条例》中规定，"县级以上人民政府及有关部门应当建立健全统一开放、竞争有序的人力资源市场

---

① 《湖北省人力资源市场条例》，湖北省人民代表大会常务委员会公告第 281 号，2020 年 11 月 27 日发布。
② 《贵州省人力资源市场条例（2020 年修订）》，贵州省人民代表大会常务委员会公告 2020 第 13 号，2020 年 9 月 25 日发布。
③ 《江苏省优化营商环境条例》，江苏省人大常委会公告第 45 号，2020 年 11 月 27 日发布。

体系,打破城乡、地区、行业分割和身份、性别等歧视,加强人力资源服务标准化建设,支持人力资源服务机构发展,促进人力资源有序社会性流动和合理配置。"①

对促进当地经济的鼓励性政策。例如《浙江省数字经济促进条例》中规定:"县级以上人民政府及其有关部门应当通过培育服务业数字化转型试点等方式,推进研发设计、现代物流、检验检测服务、法律服务、商务咨询、人力资源服务等生产性服务业数字化,提升生产性服务业智能化、网络化、专业化水平。"②《江西省中小企业促进条例(2020年修订)》中规定,"在本行政区域内开展人力资源市场供求、薪酬水平等情况调查,完善薪酬信息统计发布制度,分析、预测人力资源市场供求变化,为中小企业的发展提供人力资源服务"。③

2. 地方规范性文件

从2020年8月1日到2021年7月31日,检索得到与"人力资源服务"相关地方规范性文件共223篇(如表2-1-5所示),相比2020年344篇有所下降。

表2-1-5　"人力资源服务"相关地方规范性文件地域分布
(2020年8月1日到2021年7月31日)

2020年排名	省份	2021年数量	2020年数量	与2020年数量相比
1	广东省	23	34	−11
2	浙江省	23	9	+14
3	山东省	17	8	+9
4	四川省	14	28	−14
5	江苏省	14	25	−11
6	广西壮族自治区	11	14	−3
7	内蒙古自治区	9	4	+5

① 《江西省优化营商环境条例》,江西省第十三届人民代表大会常务委员会公告第75号,2020年11月25日发布。

② 《浙江省数字经济促进条例》,浙江省第十三届人民代表大会常务委员会公告第44号,2020年12月24日发布。

③ 《江西省中小企业促进条例(2020年修订)》,2020年9月29日发布。

续表

2020 年排名	省 份	2021 年数量	2020 年数量	与 2020 年数量相比
8	福建省	8	11	−3
9	重庆市	8	11	−3
10	辽宁省	8	9	−1
11	北京市	7	32	−25
12	天津市	7	21	−14
13	安徽省	7	16	−9
14	湖北省	7	13	−6
15	吉林省	7	5	+2
16	甘肃省	7	5	+2
17	陕西省	6	6	0
18	江西省	5	12	−7
19	河南省	5	9	−4
20	湖南省	4	12	−8
21	上海市	4	8	−4
22	青海省	4	7	−3
23	黑龙江省	4	1	+3
24	河北省	3	11	−8
25	海南省	3	6	−3
26	宁夏回族自治区	3	1	+2
27	贵州省	2	11	−9
28	云南省	2	6	−4
29	山西省	1	6	−5
30	新疆维吾尔自治区	0	3	−3

数据来源:北大法宝、各地政府官方网站,检索时间段:2020 年 8 月 1 日到 2021 年 7 月 31 日,2020 年数据参考《中国人力资源服务业蓝皮书 2020》。

根据图 2-1-8,从地域上来看,在 2020 年 8 月 1 日到 2021 年 7 月 31 日这一年内,广东、浙江、山东、四川、江苏、广西壮族自治区六个省份发布的与人力资源相关的地方规范性文件数量超过 10 份,多于其他地区,浙江、山东增幅较为明显,广东、四川、江苏连续两年排在前五,展示出这些地区的地方政府对于"人力资源服务业"的关注度较高。与 2020 年相比,部分省份发布的文件数量有较大幅度的下降,各省之间的差异拉大。而甘肃、陕西、内蒙古等西北地区在排名上有所上升。

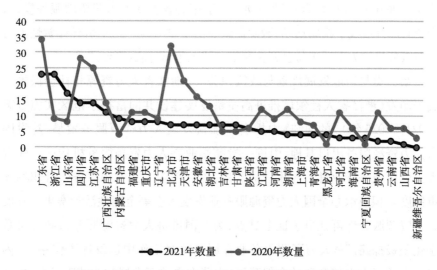

图 2-1-8　2020 年、2021 年各地地方规范性文件数量对比

数据来源:北大法宝、各地政府官方网站,检索时间段:2020 年 8 月 1 日到 2021 年 7 月 31 日,所涉及的 2020 年数据参考《中国人力资源服务业蓝皮书 2020》。

从具体的文件内容来看,大致可以分为几类:

第一类与直接促进人力资源服务业发展相关。《广西壮族自治区发展和改革委员会、广西壮族自治区人力资源和社会保障厅关于印发进一步支持人力资源服务业发展若干措施的通知》中指出:"培育龙头企业,引进知名企业,建立人力资源服务业龙头企业库。在有条件的市(县、区)和单位试点'人力资源服务绿卡'制度,向认定的相关服务机构发放'绿卡',在有关事项审批和资格申请等方面给予绿色通道服务。"①《舟山市人民政府办公室关于加快人力资源服务业发展的实施意见》中指出:"坚持政府引导和市场运作相结合,加快构建专业化、信息化、产业化的人力资源服务体系,推动产业规模

---

①　《广西壮族自治区发展和改革委员会、广西壮族自治区人力资源和社会保障厅关于印发进一步支持人力资源服务业发展若干措施的通知》,桂发改工服规〔2020〕1289 号,2020 年 12 月 10 日发布。

不断扩大、服务能力不断提升、发展环境不断优化。"①《新疆维吾尔自治区人力资源和社会保障厅关于开展自治区人力资源服务行业促就业行动的通知》中规定:"组织引导各级各类人力资源服务机构通过线上线下、跨区域协同、机构联动等方式,开展联合招聘活动。鼓励拓展各类线上求职招聘服务模式,安全有序开展线下招聘活动,激发促就业的倍增效应。培育引导经营性人力资源服务机构为事业单位公开招聘搭建线上笔试、面试平台。"②

第二类与当地发展规划与政策相关。《浙江省人力资源和社会保障厅关于印发〈浙江省人社领域推进高质量发展建设共同富裕示范区实施方案(2021—2025 年)〉的通知》中规定:"加快发展人力资源服务贸易,建设国家人力资源服务出口基地,引进一批高端业态人力资源服务机构⋯⋯建设人力资源服务行业骨干人才培训基地,探索创新人力资源服务管理职称评审制度。积极承办全国人力资源服务业发展大会等全国性活动赛事。开展人力资源服务许可证电子证书试点,为全国推进人力资源服务行政许可数字化积极探路。"③人力资源服务业在脱贫攻坚工作中也发挥了作用。《内蒙古自治区人力资源和社会保障厅、内蒙古自治区发展和改革委员会、内蒙古自治区财政厅等关于切实加强就业帮扶巩固拓展脱贫攻坚成果助力乡村振兴的实施意见》中规定:"鼓励各类人力资源服务市场主体积极参与劳务输出工作,对面向脱贫人口开展有组织输出的人力资源服务机构、劳务经纪人按规定给予就业创业服务补助;对跨自治区就业的脱贫人口给予一次性交通补助;对为脱贫人口、农村牧区低收入人口外出务工提供便利出行服务的企业和个人,通过政府购买服务成果的方式,给予就业创业补助;支持家政服务业培训基地依托家政服务对接平台开展劳务输出。"④

① 《舟山市人民政府办公室关于加快人力资源服务业发展的实施意见》,舟政办发〔2020〕88 号,2020 年 9 月 24 日发布。

② 《新疆维吾尔自治区人力资源和社会保障厅关于开展自治区人力资源服务行业促就业行动的通知》,新人社发〔2020〕39 号,2020 年 10 月 22 日发布。

③ 《浙江省人力资源和社会保障厅关于印发〈浙江省人社领域推进高质量发展建设共同富裕示范区实施方案(2021—2025 年)〉的通知》,浙人社发〔2021〕35 号,2021 年 7 月 16 日发布。

④ 《内蒙古自治区人力资源和社会保障厅、内蒙古自治区发展和改革委员会、内蒙古自治区财政厅等关于切实加强就业帮扶巩固拓展脱贫攻坚成果助力乡村振兴的实施意见》,内人社发〔2021〕12 号,2021 年 7 月 16 日发布。

第三类与各地吸引人才的政策相关。例如《福州市人民政府办公厅关于印发鼓励高校毕业生来榕留榕就业创业七条措施的通知》中指出:"建立各级人力资源服务产业园,引进国内外知名人力资源服务机构,充分发挥市场作用,精准对接我市重点产业、企业人才需求,为高校毕业生来榕就业提供专业化、便利化、集成化服务。"①中共攀枝花市委办公室、攀枝花市人民政府办公室关于印发《促进人力资源聚集的十六条政策措施》的通知中提到:"对经营性人力资源服务机构、设立人才工作站的高校和职业院校,为在攀企业成功引进全日制大专及以上毕业生的,按500元/人给予一次性奖补;成功引进中级工(四级职业技能等级)及以上技能人才的,按400元/人给予一次性奖补。"《山东省人力资源和社会保障厅关于进一步做好"山东—名校人才直通车"有关工作的通知》中规定:"要依托直通车引才服务队或发挥市场化人力资源服务机构力量,与有意向来鲁青年人才精准对接、连续对接,及时提供各项服务或协调解决人才来鲁遇到的问题,最大程度展现引才诚意,力求取得实效。"②

第四类与发展现代服务业相关,其中以规划人力资源产业园的发展为主。《广州市人力资源和社会保障局关于印发中国广州人力资源服务产业园管理服务办法的通知》中规定:"鼓励各区采取创新产业园投融资机制,积极引导社会资金参与产业园建设,构建多元化的产业园建设投入保障机制,提升区域人力资源服务业发展水平。"③《天津市人民政府关于印发天津市国民经济和社会发展第十四个五年规划和二〇三五年远景目标纲要的通知》中提到:"发挥市场在人力资源配置中的决定性作用,强化国家级人力资源服务产业园辐射带动作用,加快培育一批猎头、管理咨询、服务外包领域人力资源龙头企业,为用人单位和人才提供高端人才寻访、甄选推荐、引

---

① 《福州市人民政府办公厅关于印发鼓励高校毕业生来榕留榕就业创业七条措施的通知》,榕政办〔2021〕62号,2021年6月25日发布。

② 《山东省人力资源和社会保障厅关于进一步做好"山东—名校人才直通车"有关工作的通知》,鲁人函〔2021〕30号,2021年5月17日发布。

③ 《广州市人力资源和社会保障局关于印发中国广州人力资源服务产业园管理服务办法的通知》,穗人社规字〔2021〕1号,2021年6月7日发布。

进培训等定制化服务。"①

　　3. 典型省份及地区

　　(1)广东省——激发市场活力,促进人力资源服务业发展

　　广东省在人力资源服务业的政策制定、具体实践中一直走在全国前列。近年来,广东通过发挥市场作用、激发市场活力、壮大市场主体等多项举措,有力促进人力资源服务业发展。截至 2020 年底,全省人力资源服务机构(以下简称"机构")11614 家,从业人员 12.6 万人,在全国排名均为首位;营收 4016.5 亿元,全国排名第 2 位,同比分别增长 20.2%、18.9% 和10.9%。仅以广州、深圳为例,两市机构数和营收数的年均增速都保持 10%以上,产业链条正逐步延伸,已涵盖招聘、猎头、外包、培训、派遣、管理咨询等九大类 20 余种。从机构性质来看,国有、民营、中外合资等企业竞相发展,特别是民营企业异军突起,占比达 85.6%。与此同时,广东以广东自贸试验区南沙新区片区、深圳前海蛇口片区、横琴新区片区、河套深港科技创新合作区等区域为核心引擎,以"广深双城""广深创新科技走廊"为双主线,为人力资源服务业注入动力。可以说,人才服务与区域发展相得益彰,有力支撑着广东经济高质量发展。广东人力资源服务产业园的蓬勃发展是"广东经验"最大亮点。目前,广东已构建起国家、省、市三级联动产业园体系,获批建设中国广州、中国深圳 2 家国家级产业园;制定省级产业园标准,首次评定 5 家省级产业园。全省正式运营产业园 12 家,总建筑面积超 30万平方米,营收达 463 亿元。产业园在聚集产能、整合资源方面成效显著,同时也更好地落实了政府的政策支持和行业监管。据悉,2020 年底,共有134 家高质量的人力资源服务机构进驻深圳人力资源服务产业园。产业园的社会效益和经济效益也非常明显。在 2020 年,产业园的人力资源服务机构为 40 万家次的企业、420 万人次的个人提供了优质人力资源服务,提供的就业岗位达 190 万个。黄埔区、广州开发区充分发挥人才集聚主阵地作用,高标准建成国家级人力资源产业园,打造国际人才自由港,首创了"黄埔人才指数"大数据系统,涵盖中国经开区人才指数、粤港澳大湾区人

---

　　① 《天津市人民政府关于印发天津市国民经济和社会发展第十四个五年规划和二〇三五年远景目标纲要的通知》,津政发〔2021〕5 号,2021 年 2 月 7 日发布。

才指数、黄埔区域人才指数;致力建设人才来去最自由、落户最便利、创业最宽松、生活最舒适的国际人才自由港,确保人才引得进、留得住、愿意来、不想走;集聚了百名院士、千名领军人才、百万基础人才。黄埔区、广州开发区在人力资源服务方面已形成三大特色:一是产业生态化。实现落户需求对接、人才认定评价、政策匹配服务、行业数据链接等一体化的服务生态。二是服务集成化。政策一体集成、服务一网通办、需求一键响应。三是引育精准化。产业园高定位引进、培育 HR 细分领域头部企业,配套引进法律、金融等服务机构,实现产业全链条覆盖、市场按需求配套。

(2)上海市——业态多元化,标准国际化

2020 年,上海开展"十大服务"行动,组织人力资源服务机构进校园、进企业实施精准对接,共为 14 所大学举办 17 场线上招聘会,为 7000 余家(次)企事业单位提供就业岗位 32000 多个,帮助近 6 万名高校毕业生进行了线上求职和就业。

通过发挥产业园区产业集聚、服务齐全、功能完备的优势,搭建名单共享、需求调查、岗位对接等平台,为应届大学毕业生求职者提供一揽子、一站式服务。园区 17 家人力资源机构成立助力大学生就业联盟,已开展 14 场就业服务活动、46 场招聘会,提供招聘岗位 8220 个。如今上海人力资源服务业,已从人力资源招聘、人力资源外包、劳务派遣等传统业态,向形成人力资源管理咨询、人力资源培训、高级人才寻访等满足不同层次需求的完备产业链转变。

一方面,经济转型升级,对人才智力需求量快速增长,服务"一带一路"布局和长三角区域一体化发展、"五个中心"建设等重大发展战略,为人力资源服务业发展提供了广阔空间。以人力资源信息软件服务、人才测评以及高级人才寻访为代表的一批与国际化发展相适应的服务业态逐渐成长,行业分工专业化水平、服务产品精细化程度越来越高。

另一方面,网络招聘、线上职业培训、灵活就业供需对接等新服务形式的涌现,提升劳动者与岗位匹配的效率,为促进就业创业提供新的动力。社宝信息科技有限公司开发共享用工平台,运行 3 个月就填补万人以上用工缺口,解决了 8000 余名闲置劳动力的再就业问题;才赋人力科技有效提升用工企业派单与灵活就业人员接单的运营效率,目前已为 5000 多名灵活就业人员提供有效服务。

截至 2020 年底,上海共有外资、港澳台资人力资源服务企业 103 家,20 多家国际知名人力资源服务机构在上海设立亚太区或大中华区等区域总部。同时,众多人力资源服务机构通过跨国收购、绿地投资、基金持有等方式,将上海人力资源服务向全球延伸,不断提升产业国际化程度。2021 年 3 月,组建成立上海市人力资源服务标准化技术委员会,参与制定 5 项国家标准,出台 5 项地方标准;举办"梅园论剑""大咖谈创新""先锋讲坛"等行业交流活动,促进产业健康融合发展。

(3)西部地区——多点绽放,全面开花

①四川省:发布人力资源服务产业统计调查分类范围

据四川省人社厅网站消息,为加快推动全省人力资源服务产业发展,科学界定产业统计监测范围,准确反映产业发展状况,四川省统计局、省人力资源社会保障厅等 15 家省直部门联合发布《四川省人力资源服务产业统计调查分类范围(试行)》(川统计〔2021〕14 号)(以下简称《分类范围》),属全国首创。

《分类范围》以国家《服务业创新发展大纲》和《产业结构调整指导目录》为指导,以《国民经济行业分类》为依据,以四川省委、省政府确定人力资源服务产业范围为基础,首次将人力资源服务业由以往国民经济行业分类(GB/T4754—2017)中的 1 个中类、5 个小类,拓展为 5 个大类、17 个中类、46 个小类,全面涵盖了人力资源要素的开发利用、流动配置、评聘管理、服务保障全过程、各领域。从省级层面和统计工作的角度,实现了人力资源服务由行业概念向产业概念的根本性转变。

《分类范围》将人力资源服务产业范围确定为人力资源就业服务、人力资源提升服务、人力资源专业服务、人力资源支撑服务和其他人力资源服务 5 大类。其中,人力资源就业服务主要包括就业信息、求职招聘、人力资源交流等行业或业态;人力资源提升服务主要包括就业创业指导、职业技能培训、专业技术人员继续教育、人才评价、职称评定评审等行业或业态;人力资源专业服务主要包括档案管理、人事代理、劳务派遣、人力资源外包、咨询等行业或业态;人力资源支撑服务主要包括园区管理、平台建设、信息软件、公共服务等行业或业态;其他人力资源服务主要包括其他未列明的行业或业态。

据介绍,《分类范围》的研究历时一年多时间,符合政策法规,凝聚广泛共识,经过实践检验,在国内属于首创,具有较强的全面性、科学性和精准性。2020 年 3 月,四川省人力资源社会保障厅会同省统计局、委托省统计学会,启动了四川省人力资源服务业全口径统计体系课题研究;6 月至 9 月,在全省开展了全口径试统计,初步摸清家底,2019 年末全省有人力资源服务市场主体 9700 家、从业人员 61 万人、总营业收入 1609 亿元,高于同期行业统计数据;10 月至 12 月,结合试统计,会同 20 多个省直有关部门(单位)反复组织研究、修订、完善,在泸州、绵阳、乐山 3 市再次进行试点。

接下来,四川省统计局、省人力资源社会保障厅将在省服务业发展领导小组办公室(商务厅)统筹协调下,落实"管行业就要管统计、管统计就要管数据质量"要求,依据本分类范围,在"4+6"现代服务业体系重点产业中率先开展人力资源服务业全口径统计工作,全面摸清产业发展成效和趋势,量化分析这个产业的综合溢出效应和对其他产业的带动作用,准确测算当前和今后一个时期四川人力资源服务业发展的量化指标,支撑建立产业发展目标体系、考核体系、责任体系,为后续产业政策制定和产业发展方向的研究提供数据支撑。

②重庆市:举办第一届全国人力资源服务业发展大会

本次大会由人力资源和社会保障部和重庆市人民政府主办,人力资源和社会保障部人力资源流动管理司、重庆市人力资源和社会保障局共同承办。大会以"强服务、展风采、促发展"为主题,聚焦人力资源服务行业各业态、各业务模块和法律法规,旨在提升从业人员的专业化、职业化水平,展示从业人员风采。

近年来,重庆积极培育人力资本服务新动能,设立 1.9 亿市级人力资源服务产业发展资金推动高质量发展。2020 年末,重庆共有人力资源服务机构 2155 家,从业人员达 2.6 万人,帮助实现就业和流动人才 316.5 万人次。中国·重庆人力资源服务产业园作为西部地区第一家国家级人力资源服务产业园,累计招商引进企业 110 余家,在园企业 2020 年实现营业收入 100 亿元。

以此次全国人力资源服务业发展大会为契机,重庆将加快打造人力资源服务业发展高地,培育 1—2 家人力资源服务上市企业,推动全市行业年营业收入达到 1000 亿元,加快建设"1+10+N"人力资源服务产业园体系。未来重庆将建成约 10 家市级人力资源服务产业园,构建多层次产业发展平台矩阵,实现全市产业园(包括网上产业园等)、人力资源市场等产业平台全市区县全覆盖。

③甘肃省:人力资源服务行业开展稳就业促就业"十项服务"

为促进甘肃省人力资源服务业规模化、集约化发展,提高人力资源服务全省经济社会发展的能力,2021 年 4 月,甘肃省人社厅制定印发了《甘肃省省级人力资源服务产业园管理办法(试行)》(以下简称《办法》)。《办法》明确,人力资源服务产业园是具有完备的基础设施和公共服务平台,集聚经营性人力资源服务机构达到一定规模,集公共就业服务与经营性人力资源服务为一体,人力资源服务业及相关产业链集中度高,创新能力强,对全省或区域人力资源服务业及相关产业发展起示范引领作用的特定区域。功能完备、运营规范、特色鲜明、经济社会效益明显、辐射带动效应强的市(州)级人力资源服务产业园,可由所在市(州)人民政府向省人社厅申报挂牌省级人力资源服务产业园。省人社厅将建立省级产业园年度报告和综合评估制度,实行动态管理。每年对已认定园区在招商引资、促进就业创业、满足当地企业用工需求、年度营业收入增长等指标任务完成情况进行检查,每三年进行一次综合评估考核。《办法》的出台,将进一步发挥省级园区"产业聚集、市场培育、示范带动、服务集成"的核心作用,加快构建甘肃省国家级、省级、市级三级联动的人力资源服务产业园体系,推动形成实体经济、科技创新、现代金融、人力资源协同发展的产业体系,为促进就业创业、优化人才配置和人力资源服务产业高质量发展提供有力支撑。

(三) 年度对比分析

总体来看,各地政府高度重视人力资源服务业的发展。与往年不同,各省区市在 2021 年的政府工作报告中虽未直接提及"人力资源服务业",但将人力资源服务业视为生产性服务业和现代服务业的重要组成部分,体现在推动经济发展、促进就业创业和优化人才配置的相关政策中。

从各地政府发布的人力资源服务业相关政策文件及具体实践来看,部分省份发布的文件数量有较大幅度的下降,但甘肃、内蒙古等西北地区在排名上有所上升。值得注意的是,除了关注本地区的人力资源服务业发展之外,各地政府也开始关注人力资源服务业的区域性合作。广东省、浙江省在政策制定与实际探索中依旧走在全国前列。其中广东省持续探索粤港澳大湾区人力资源服务业合作模式与机制,建起国家、省、市三级联动政策体系,形成人力资源服务业产业链条,成为"标杆"省份。浙江省发布首个省级层面人力资源服务业发展白皮书,将本省人力资源服务业发展情况进行摸排;宁波市连续两年开展"中国(宁波)人力资源服务创新创业大赛"。除了"排头兵"稳定发挥外,还有一些省份也开展了突破性的工作。重庆市、四川省成为带动西部地区人力资源服务业发展的核心区域。由中国人力资源和社会保障部、重庆市政府主办的第一届全国人力资源服务业发展大会在重庆举行,全面展示改革开放以来中国人力资源服务业发展历程、最新成果、行业价值和创新产品,此次活动也成为人力资源服务业区域性合作中具有里程碑意义的重大事件。部分省份发布的文件数量有较大幅度的下降,各省之间的差异加大。

三、各地媒体和社会组织对人力资源服务业的关注度

(一)各地媒体对人力资源服务业的关注度

首先通过对国内主流媒体及各省区市主要报刊的报道进行分析,反映各地社会关注度的情况。

1. 国内主流报纸媒体报道情况

通过搜索引擎,在光明网、人民网、环球时报、中国青年报、新京报官方网站搜索"人力资源服务业"相关新闻,得到下列数据(如表 2-1-6 所示)。主要报纸媒体对人力资源服务业新闻报道的数量相较 2020 年略有上升。①

---

① 造成此现象的原因有可能是,在新冠肺炎疫情的影响下,大部分人力资源服务行动都需在网络上完成,线下活动少,因此网络报道增多,而报纸媒体报道数量减少。

表 2-1-6 2017—2021 年主要报纸媒体关于人力资源服务业新闻报道数量

	光明网	人民网	环球时报	中国青年报	新京报	总量
2021 年相关报道篇目	176	381	44	5	12	618
2020 年相关报道篇目	128	324	35	13	2	502
2019 年相关报道篇目	154	373	57	8	3	595
2018 年相关报道篇目	96	257	40	16	1	410
2017 年相关报道篇目	81	203	35	4	3	326

数据来源:各报纸官网,检索时间段:2020 年 8 月 1 日至 2021 年 7 月 31 日;2017 年、2018 年、2019 年、2020 年数据参考《中国人力资源服务业蓝皮书 2017》《中国人力资源服务业蓝皮书 2018》《中国人力资源服务业蓝皮书 2019》《中国人力资源服务业蓝皮书 2020》。

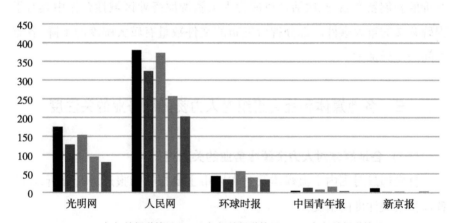

图 2-1-9 2017—2021 年主要报纸媒体关于人力资源服务业新闻报道数量

其中人民网关于"人力资源服务业"的相关报道数量连续六年最多,光明网、新京报也相较于往年有了较大幅度的提升。从报道内容来看,多数是各地有关人力资源服务业的新闻,且各个媒体均在 7 月集中报道了第一届人力资源服务业发展大会的举办。

2. 各省区市主流媒体报道情况

本部分通过对各省区市(港澳台地区除外)主流报纸对"人力资源服务业"的相关报道数量进行统计分析(如表2-1-7所示)。

表 2-1-7 2018—2021 年各地报纸媒体对人力资源服务业相关报道数量

	2021 年相关报道篇目	2020 年相关报道篇目	2019 年相关报道篇目	2018 年相关报道篇目
北京日报	22	21	1	20
天津日报	8	12	1	27
上海新民晚报	5	8	7	*
重庆日报	31	6	11	14
河北日报	9	11	8	23
河南日报	9	7	14	28
云南日报	5	2	3	18
辽宁日报	11	8	4	24
黑龙江日报	4	3	2	31
湖南日报	13	11	8	6
安徽日报	5	7	9	22
山东齐鲁晚报	5	6	*	*
新疆日报	*	1	5	9
江苏扬子晚报	1	*	*	*
浙江日报	6	2	5	17
海南日报	2	1	2	10
江西日报	2	2	3	14
湖北日报	2	5	1	25
广西日报	6	3	8	22
甘肃日报	7	2	3	7
山西日报	2	3	4	6
呼和浩特日报	4	*	1	5
陕西日报	3	13	4	15
吉林日报	7	4	6	15
福建日报	8	5	1	9
贵州日报	12	13	10	16

续表

	2021 年相关报道篇目	2020 年相关报道篇目	2019 年相关报道篇目	2018 年相关报道篇目
广东日报	3	1	*	*
青海日报	1	2	4	10
中国西藏新闻网	*	*	*	*
四川日报	2	8	2	18
宁夏日报	1	1	*	6
总计	196	168	127	417

数据来源:中国知网—报纸系统,全文检索:人力资源服务业,检索时间跨度为:2020 年 8 月 1 日至 2021 年 7 月 31 日,http://kns.cnki.net/kns/brief/result.aspx? dbprefix = CCND;2018 年、2019 年、2020 年数据参考《中国人力资源服务业蓝皮书 2018》《中国人力资源服务业蓝皮书 2019》《中国人力资源服务业蓝皮书 2020》。

根据图 2-1-10,可以看出近一年来各地报纸媒体关于"人力资源服务业"的相关报道数量相较于上一年在总量上有所上升。

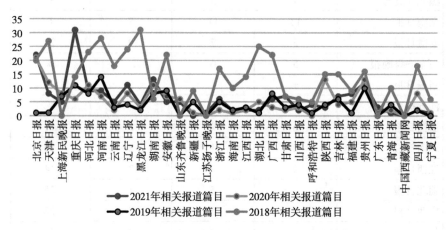

图 2-1-10　2018—2021 年各地报纸媒体对人力资源服务业
相关报道数量(截止日期:2021 年 7 月 31 日)

3. 各省区市政府网站及官方媒体对第一届全国人力资源服务业发展大会的报道

第一届全国人力资源服务业发展大会于 2021 年 7 月 28 日至 29 日在重庆国际博览中心举办。本届大会由人力资源社会保障部、重庆市主办,以"新时代、新动能、新发展"为主题,集中展示人力资源服务业发展成果,加强供需对接,促进行业交流,推动新时代人力资源服务业快速健康发展。李克强总理对第一届全国人力资源服务业发展大会作重要批示。大部分省区市官方媒体对此次大会进程及本省人力资源服务机构参会情况做了相关报道,并对人力资源服务业发展作出评论。

表 2-1-8 各省区市政府网站及官方媒体对第一届全国人力资源服务业发展大会的报道(部分)

省份	新闻名称	来源
北京	第一届全国人力资源服务业发展大会 7 月 28 日至 29 日召开 北京推介 2021 年服贸会 展示人力资源成果	北京市人民政府网站
福建	第一届全国人力资源服务业发展大会	福建省人力资源与社会保障厅网站
浙江	我省组团参加第一届全国人力资源服务业发展大会	浙江省人力资源与社会保障厅网站
河北	张合林副厅长率队参加第一届全国人力资源服务业发展大会	河北省人力资源与社会保障厅网站
陕西	我省代表团参加首届全国人力资源服务业发展大会	陕西省人力资源与社会保障厅网站
贵州	贵州省代表团赴渝参加第一届全国人力资源服务业发展大会	贵州省人力资源与社会保障厅网站
湖南	第一届全国人力资源服务业发展大会湖南省代表团动员会举行	湖南省人力资源与社会保障厅网站
云南	云南组团参加首届全国人力资源服务业发展大会	云南省人力资源与社会保障厅网站
陕西	我省代表团参加首届全国人力资源服务业发展大会	陕西省人力资源与社会保障厅网站
内蒙古	内蒙古"组团"参加首届全国人力资源服务业发展大会	内蒙古卫视
新疆	乌鲁木齐高新区(新市区)人力资源服务产业园亮相第一届全国人力资源服务业发展大会	新疆电视台
甘肃	新时代 新动能 甘肃扬帆追梦——甘肃省参加第一届全国人力资源服务业发展大会侧记	甘肃日报—每日甘肃
吉林	首届全国人力资源服务业发展大会引关注	吉林省人民政府新闻办公室

（二）各地人力资源服务业相关社会组织的发展概况

本部分通过对在地方民政部登记的地方社会组织进行查询和分析，来反映各地与人力资源服务相关的社会组织的发展程度，拓展政府组织之外的另一观察各地对于人力资源服务业发展关注度的视角。

截至 2021 年 7 月底，各地民政部门登记的社会组织，与"人力资源服务"相关的共有 192 个，相较于 2020 年 7 月底增长了 17 个，其中 148 个为社团组织（主要是各地的人力资源服务行业协会），44 个为民非组织（主要是各地的人力资源服务中心）。

除了数量的增长，层级结构逐步完善之外，在新思想、新理念的影响下，人力资源服务业发展迅速，社会组织也发挥了相当大的作用。例如，宁波市人力资源从业人员培训由宁波市人力资源服务业协会承担。据报道，2021 年第一期人力资源从业人员培训，参培学员超 230 人，再创新高。经统计，本期学历为大专以上的参培人员已逾 200 人，占参培人员总数的 84.4%，人员整体素质已达较高水平。学员完成全过程培训后，即可申请参加协会统一组织的闭卷考试，考试合格人员将统一由宁波人力资源服务行业协会颁发培训合格证书，此证可作为宁波市人力资源服务机构申请人力资源服务行政许可和备案的职业资格证据。合格证书有效期为 3 年，有效期期满前，持证者需参加继续教育，方可重新延长 3 年有效期。

为了促进山西省人力资源服务产业进一步走上规模化、专业化的发展道路，2020 年 10 月 30 日，山西省人力资源服务行业协会成立大会在太原召开。会议通过了协会章程，选举产生了理事会、监事会和领导班子。作为一个行业的代表和行业组织，山西省人力资源服务行业协会将在积极配合政府部门管理和服务本行业的发展，为政府制定政策建言献策，规范行业市场秩序和经营行为，制订行业自律公约，构建行业诚信服务体系，促进全省就业服务、人才发展、人力资源配置和优化整合，实现人力资源服务的经济价值和社会价值等方面发挥越来越重要的作用。

（三）年度对比分析

国内主流报纸媒体和各省市主流报纸媒体关于"人力资源服务业"的报道数量相较于 2020 年有所上升。一方面，体现了人力资源服务业正逐渐成为媒体的关注点；另一方面，由人力资源和社会保障部主办的第一届人力资源服务业发展大会的召开，引得媒体争相报道，这也反映出人力资源服务业在发展过程中，政府的引导起着最主要的作用，行业内大事件会引起媒体报道数量"井喷式"的增长。此外，各地人力资源服务业的社会组织数量相较于 2020 年也有所增长，行业协会在人力资源服务业发展中扮演着越来越多元化的角色，一方面与当地政府合作，承担着规范行业、培训人员等作用；另一方面与深入当地人力资源服务机构，了解机构情况，起到人才输送、人才引进的作用。随着各地人力资源服务业的交流越来越多，各地人力资源服务行业协会也承担起了媒介作用，在政府、企业之间，各地人力资源服务业之间提供服务、咨询、沟通、协调的作用。

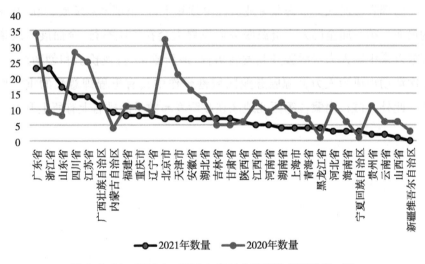

图 2-1-11　2020 年、2021 年各地主流媒体报道数量对比

【本章小结】

与往年相比，2021 年各地公众、政府及媒体对人力资源服务业的关注度稳中有增，各地人力资源服务业相关行业协会在数量及作用发挥上都有一定进步。整体上看，呈现如下趋势与特点：

人力资源服务业与推动当地经济发展、促进就业创业和优化人才配置的相关政策紧密结合。人力资源服务业作为人力资源学科中的新兴领域，各省政府工作报告、相关政策法规从几年前的简单提及变为将人力资源服务业作为对区域人才进行有效配置的政策工具。与本地区经济发展、人才引进等方面的政策法规中,"人力资源服务业"出现的频率逐年增加。华东、华南地区对人力资源服务业的关注度高于其他地区,北京、上海、广东等经济发达省份对人力资源连续多年排名前列。

政府是带动公众、媒体等其他领域关注人力资源服务业的主要力量。这也反映出人力资源服务业在发展过程中,政府的引导起着最主要的作用,行业内大事件的发生会引起媒体报道数量"井喷式"的增长。2021 年 7 月,由人力资源和社会保障部、重庆市政府主办的 2021 年 7 月举办的第一届人力资源服务业发展大会引起了媒体及公众的广泛关注,大部分省区市官方媒体对此次大会进程及本省人力资源服务机构参会情况做了相关报道。

西部省份对人力资源服务业关注度逐年上升,呈现多点绽放、全面开花的局面。第一届全国人力资源服务业发展大会在重庆举行,全面展示改革开放以来中国人力资源服务业发展历程、最新成果、行业价值和创新产品,此次活动也成为人力资源服务业区域性合作中具有里程碑意义的重大事件。此外,甘肃、内蒙古等西北地区在政策发布数量的排名上有所上升。

第二章　双循环下人力资源服务业发展环境指数与各省区市水平排名

【内容提要】

双循环新发展格局是当前国际形势下中国经济发展的新方向,也是中国人力资源服务业高质量发展的新目标。基于双循环新发展格局的要求,本章构建了一套服务"人"、基于"源"、"资"、"技"与"外"的中国人力资源服务业五维度发展环境评价指数体系,通过各地相关数据对该环境指数体系进行应用评价。评价结果表明,中国大陆31个省区市人力资源服务业发展环境指数存在着较大差异和不同的发展潜力,这预示着不同地区应该有不同的发展着力点。基于这些差异,本文提出要"因势利导""因人而异""因地制宜""因力成事""因新乘变""因外为资",以促进与引导我国各省(区、市)进一步优化人力资源服务业发展环境、巩固与促进我国国际国内双循环新发展格局。

Chapter 2　Human Resources Service Industry's Environmental Index under Dual Cycle Development Pattern and Provincial Ranking

【Abstract】

The new development pattern of dual circulation is not only the new direction of China's economic development under the current international situation, but also the new goal of high-quality development of China's human resources service industry. Based on the requirements of the new development pattern of dual cycle, this chapter constructs a set of five-dimensional development environmental evaluation index system for China's human resources service industry based on 'people' and 'source', 'capital', 'technology' and 'foreign', and evaluates the application of the environmental index system through relevant local data. The evaluation results show that there are great differences and potential development potentials in the development environment index of human resources service industry in 31 provinces and autonomous regions in mainland China, which indicates that different regions should have different focus. Based on these differences, this paper proposes to make good use of the situation, vary from person to person, adjust measures to local conditions, accomplish things according to strength, multiply and change according to new conditions and invest from abroad, so as to promote and guide China's provinces to further optimize the development environment of human resources service industry, consolidate and promote the new development pattern of international and domestic dual cycle in China.

2020 年中央政治局常委会议提出要深化供给侧结构性改革,充分发挥我国超大规模市场优势和内需潜力,构建国内国际双循环相互促进的新发展局①。着力推进新发展格局的构建,是全国各行各业新时期的新任务、新要求、新方向。人力资源服务业作为服务"人"这一最关键要素的行业,在深化供给侧结构性、重点关注短板、形成强大的国内国际市场等要求下,也应该作出积极变革,与国内国际双循环新发展格局形成有机良性互动,生发蓬勃活力。

---

① 参见《中共中央政治局常务委员会召开会议　分析国内外新冠肺炎疫情防控形势研究部署抓好常态化疫情防控措施落地见效　研究提升产业链供应链稳定性和竞争力　中共中央总书记习近平主持会议》,《人民日报》2020 年 5 月 15 日。

一、研究背景与环境指数

（一）研究背景

改革开放40多年，中国已取得极大成就——成为世界制造业第一大国，拥有世界上最完整、规模最大的工业供应体系；成为世界商品消费第一大国，具有超大规模的国内消费市场。不论是从供给还是从需求来看，中国都已经走到了高山之巅而需要转型去走更高更远的路。

2020年5月14日，中央政治局常委会议提出要深化供给侧结构性改革，充分发挥我国超大规模市场优势和内需潜力，构建国内国际双循环相互促进的新发展格局。2020年7月21日，习近平总书记在北京主持企业家座谈会上进一步阐释了双循环的基本内涵，强调我们必须集中力量办好自己的事，充分发挥国内超大规模市场优势，逐步形成以国内大循环为主、国内国际双循环相互促进的新发展格局，提升产业链供应链现代化水平，大力推动科技创新，加快关键核心技术攻关，打造未来发展新优势①。随后，2020年7月30日，习近平总书记在中央政治局会议再次提出"加快形成以国内大循环为主体、国内国际双循环相互促进的新发展格局"②。与此同时，中央已着力推动双循环发展格局，相继印发《关于构建更加完善的要素市场化配置体制机制的意见》《关于新时代加快完善社会主义市场经济体制的意见》等。

2021年3月5日，第十三届全国人民代表大会第四次会议在人民大会堂举行开幕式，国务院总理李克强作政府工作报告。报告再一次指出要"形成强大国内市场，构建新发展格局""立足国内大循环，协同推进强大国内市场和贸易强国建设，依托国内经济循环体系形成对全球要素资源的强大引力场，促进国内国际双循环"。

双循环，即国内国际双循环，是把满足国内需求作为发展的出发点和落

---

① 参见《习近平主持召开企业家座谈会强调 激发市场主体活力弘扬企业家精神 推动企业发挥更大作用实现更大发展》，《人民日报》2020年7月22日。

② 《中共中央政治局召开会议 决定召开十九届五中全会 分析研究当前经济形势和经济工作 中共中央总书记习近平主持会议》，《人民日报》2020年7月31日。

脚点、以国内大循环为主体、国内国际双循环相互促进的新发展格局。双循环发展要求着力劳动力、土地、资本、技术等要素,在继承供给侧结构性改革的基础上,更进一步关注创新、科技、基建、机制等基本点。

双循环的推进势必对国家内部结构、企业结构、人才资源分布结构发挥不可估量的作用,对人力资源服务业的发展环境提出了更高的要求,也指明了进一步努力的方向。要在我国形成双循环新发展的格局,人力资源服务业作为我国第一服务业的发展尤为重要,通过大力发展人力资源服务业,带动与引领其他服务业的高质量发展,无疑将会更加积极有效地促进双循环经济发展格局的形成与提高。

(二) 相关文献

"双循环新发展格局"自提出以来,就引起了学界对其历史溯源、现实逻辑、实施路径、时代价值等的积极探索。重点畅通国内大循环、稳步推进国际大循环[1],这是进入新时代我国社会主要矛盾变化以及国际环境变化的新要求。需要发挥我国超大规模市场的潜力和优势,把发展的立足点更多放到国内,以刺激内需主要动力,同时通过畅通的国内大循环来推动国内和国际双循环,联通国内外市场,推动我国对外开放进行更高水平,推动建设开放型世界经济[2];双循环在于继续扩大开放而不是自我封闭,在于国内国际双循环相互促进缺一不可[3]。双循环经济发展格局的运行,包括劳动力、土地、资本、技术四大要素,新理念、新科技、新经济、新基建、新机制五大内功,产业链、供应链、创新链三大链条[4]。"十四五"时期经济的高质量发展需要双循环新发展格局的推动[5]。

---

[1] 参见董志勇、李成明:《国内国际双循环新发展格局:历史溯源、逻辑阐释与政策导向》,《中共中央党校(国家行政学院)学报》2020 年第 24 卷第 5 期,第 47—55 页。

[2] 参见余淼杰:《"大变局"与中国经济"双循环"发展新格局》,《上海对外经贸大学学报》2020 年第 27 卷第 6 期,第 19—28 页。

[3] 参见昌秀彬:《"国内国际双循环"新发展格局探析》,《新经济》2020 年第 10 期,第 46—50 页。

[4] 参见蒲清平、杨聪林:《构建"双循环"新发展格局的现实逻辑、实施路径与时代价值》,《重庆大学学报(社会科学版)》2020 年第 26 卷第 6 期,第 24—34 页。

[5] 参见沈坤荣、赵倩:《以双循环新发展格局推动"十四五"时期经济高质量发展》,《经济纵横》2020 年第 10 期,第 18—25 页。

以"人力资源服务业发展环境"作为关键词进行的相关研究主要可以分为影响因素和环境评价两大方面。人力资源服务业发展环境影响因素有政府职能方面的,比如王艳霞等(2009)①认为河北省人力资源服务机构存在部门分割不合理、职能定位不明确、管理协调机制不健全等问题。有经济发展水平方面的,萧鸣政(2016)②提出虽然中国人力资源服务业整体发展速度比较快,但是各个省之间受到区位位置、行业发展规模、经济发展水平等因素的制约,省与省之间的人力资源服务业发展水平差距悬殊。总体来看,北京、上海、广东、深圳等一线城市以及东部经济发达的沿海地区人力资源服务业发展水平相对较高;中部诸如河南、湖北、安徽等省份基础虽然薄弱,但是发展速度很快;西部省份因为人才流失严重造成人力资源服务业发展动力没有实质的提高。人力资源服务业发展环境评价通常都是以地域角度进行的,不同省份之间的人力资源服务业发展既有共性,又存在一定的差异性。这种差异是由于不同行政区划内的经济、政治、文化等方面的不同造成的。例如,佟林杰(2015)③在研究京津冀一体化时发现,由于北京、天津和河北之间的经济基础、文化基础的不同导致上述三个地区间人力资源服务业在规范性、规模和服务业态上均存在较大的差异。田永坡等(2016)④建构的评价指标体系包括基础设施环境、市场环境、融资环境、劳动力环境、政务环境、法律政策环境、生态环境7个维度28个指标,在现有研究中体系较全面、指标较多元,但各项一级指标的概括性和重要性还需要进一步讨论。任巍等(2019)⑤基于"道、天、地、将、法"的"五事"模型分析当前粤港澳大湾区人力资源服务业发展现状,在现状分析结果基础上从"布道、顺天、应地、纳将、立法"五个方面提出未来粤港澳大湾区人力资源服务业发

---

① 参见王艳霞、王瑞兴:《河北省人力资源服务业发展的路径选择》,《河北学刊》2009年第29卷第1期,第212—215页。

② 参见萧鸣政主编:《中国人力资源服务业蓝皮书2016》,人民出版社2017年版,第183—187页。

③ 参见佟林杰:《基于政府协同的京津冀人力资源服务业发展研究》,《中国集体经济》2017年第4期,第85—86页。

④ 参见田永坡、李羿:《全球民间职介服务状况及其对中国人力资源服务业发展的启示》,《中国劳动》2016年第24期,第49—54页。

⑤ 参见任巍、简浩:《基于"五事"模型粤港澳大湾区人力资源服务业发展现状分析》,《广东经济》2019年第6期,第70—77页。

展的对策和建议。目前一些专家对于中国人力资源服务业的研究多从某一个主要特征入手,例如从经济发展或者政策制定的角度。还有一些专家是从人力资源服务业的行业特征入手,研究不同地区之间人力资源服务业的差异。

已有的研究表明,一方面,双循环新发展格局的构建将对中国营商环境有很大的影响,也对产业发展、企业经营提出了新要求;另一方面,人力资源服务业作为第三产业的第一服务业,其新时代的发展离不开双循环发展型格局的形塑。但是,目前尚未发现将"双循环"背景与"人力资源服务业"这一产业发展结合起来的研究。观察双循环新发展格局对人力资源服务业发展环境带来的"变",是目前的研究还没有的。我们深刻认识到双循环新发展格局对于人力资源服务业影响与促进的时代意义和现实要求,因此,本书将专门探索与建构一套双循环新发展背景下的人力资源服务业发展环境评价指数体系。

(三) 双循环背景下人力资源服务业发展环境评价指数的构建与分析

人力资源服务业发展环境指数,是指依据某一人力资源发展环境评价指标体系所计算出的综合数量结果。基于前述有关双循环发展的含义及其要求,我们认为,双循环的发展离不开人力资源服务业的高质量发展;人力资源服务业的高质量发展,离不开良好的发展环境;良好发展环境的建构与优化,需要我们尽快建构出一套发展环境评价体系。

关于双循环背景下人力资源服务业环境评价指数的建构,必须分析人力资源服务业发展环境的质量与结构。劳动力、土地、资本、技术等要素必须加入考虑,创新、科技、基建、机制等基本点也是新有之义,更重要的是,对于国内国外两个循环发展关系的把握。

1. 双循环发展与人力资源服务业的关系

(1)国内经济转型与循环发展需要人力资源服务业的促进和引导

随着全球社会经济环境的不断变化,人力资源领域的思维、技术、产品与服务也在不断更新。人力资源已经成为影响经济社会发展的首要资源。服务于人力资源的人力资源服务业,具有强大的经济动能,孕育着促进和引导国内经济转型升级和持续健康发展的蓬勃生机与动力。

人力资源服务业通过促进劳动力市场资源有效开发和配置,进一步促进与引导我国经济的转型与循环发展。在我国,人力资源服务业是第三产业的重要分支,为劳动者和用人单位的改革发展与转型升级提供了相应的人力资源支持,促进了用人单位管理效率与管理质量的提升,也推动了劳动者就业能力的提升和职业生涯的发展。

人力资源服务业通过服务,引导区域产业结构优化。根据市场需求建设的人力资源服务产业园,可以依托各地已经形成的产业发展优势,发挥产业集聚效应。因此,人力资源服务业推动了我国"人口红利"向"人才红利"的转变,为地区经济发展、产业调整与结构优化注入新动力,有效促进国家经济转型与循环发展。

(2)中国经济进一步国际化发展需要人力资源服务业发展的支持

在国家对外开放的政策和经济全球化的机遇和背景之下,我国的人力资源服务业日趋与国际接轨,人才的全球化进程不断加快。德科(Adecco)、任仕达(Randstad)、万宝盛华(Manpower Group)、瑞可利(Recruit Holdings)、安德普翰(ADP)等全球前十强人力资源服务机构已全部在中国运作。中国实力较强的人力资源服务机构也逐步扩张到全球市场,如智联招聘、前程无忧引入海外资本,并在美国上市①。作为整个国家经济大局的一部分,人力资源服务业与国际接轨,为其他领域的国际化发展提供人才支持、智力支持、思想支持、技术支持。

(3)人力资源服务业是培育中国国内国际双循环发展新增长点的关键

人力资源服务业是围绕人力资源配置、管理、开发提供相关服务的生产性服务行业,是现代服务业中的新兴重要门类和最具活力的行业之一。十九大报告指出,要在中高端消费、创新引领、绿色低碳、共享经济、现代供应链、人力资本服务等领域瞄准国际标准、培育新增长点、形成新动能。这显示了人力资源服务业发展的机遇,也蕴含人力资源服务业作为新增长点培育基的重要性和必要性。

人力资源服务业在国家大政方针、地区法规政策的指导下,服务于人力

---

① 参见萧鸣政等编著:《中国人力资源服务业蓝皮书2018》,人民出版社2019年版,第169页。

资源供需双方,满足人力资源服务需求,在稳定现有发展态势的情况下利用产业自身动能推动供给侧结构性改革纵深发展,促进国内经济畅通发展升级为国内国际双循环新发展。立足需求、以国内循环为主体、国内国际双循环相互促进是双循环新发展格局的三大立意,而人力资源服务业在这三个方面以及三个方面之间的互动中有不可替代的作用。

2. 人力资源服务业发展环境指数建构的意义、目的与结构

作为当前与未来中国经济发展的新增长点,人力资源服务业的高质量发展具有重要战略意义。在回答如何引领与促进中国人力资源服务业高质量发展与进一步的持续优化发展时,尽快进行发展环境指数的研究,就显得十分必要而迫切。

进行中国人力资源服务业发展环境指数研究,主要是基于全国各地发布的大数据建构一套科学的评价指标体系,其本质是揭示我国各省区市人力资源服务业发展环境的现状与差距,提出建议、优化方向,引领中国人力资源服务业发展环境的高质量改善,进而促进中国经济的双循环发展。具体表现在优化社会经济活动中人力资源的配置,促进社会经济民生发展。

中国幅员辽阔,南北差异巨大,东西强弱不均,这种差异既包含了社会文化的差异,也包含了经济发展水平的不一致。大部分产业在中国发展环境的地域差异是巨大的,人力资源服务业的发展环境也不例外。了解这种地域发展环境差异是了解人力资源服务业整体发展态势的重要组成部分,对政府制定统筹发展的经济产业政策以及社会与个人的投资决策有着巨大的参考价值。进行中国人力资源服务业发展环境指数研究,不仅具有理论意义,也具有十分重要的现实意义。

发展环境指数的研究,来源于中国人力资源服务业发展的历史与实践,但是却高于这种历史与实践活动,是对历史与实践活动的归纳概括。中国人力资源服务业蓝皮书课题组从 2011 年开始关注我国各省区市人力资源服务业的发展历史与现实。研究结果发现,各省区市多年来人力资源服务业发展水平不平衡,相互之间一直存在不小差异。这一结果提示我们,不同省区市之间必然存在影响其发展的各种环境指数。我们基于文献、理论与实践的分析认为,双循环背景下,影响中国各省区市人力资源服务业发展的环境指数,主要包括服务"人"发展的指数、促进环境优化"源"的指数、有利

于人力资源发展"资"的指数、展现人力资源服务业"技"的指数与促进人力资源服务业向"外"发展的指数。

（1）基于发展环境中服务"人"的指数分析

人，是国家社会与经济发展的核心要素，也是人力资源服务业最关键的指标。双循环发展背景下，"人"的要素更体现出了时代要求，涉及教育、就业、培训、失业保障等方方面面。

教育是人力资源开发的重要手段。2018 年李克强总理在全国教育大会上指出，要全面落实教育优先发展战略，财政资金投入上优先保障教育，坚持教育公平，促进区域和各级各类教育均衡发展。人力资源对经济的发展具有重要的战略意义，教育是人力资源开发的主要途径。在中国，教育经费主要是指国家用于发展各级教育事业的费用。想要优化人力资源发展环境，就必须积极发展教育，增加教育的财政性投入，从而对人力资源进行有效配置。

失业保险制度是保障民生的重要内容，具有保生活、防失业、促就业的功能作用。我国失业保险制度自从建立以来，就在不断解决实际问题中主动应对时代挑战，通过持续稳定变革来不断满足社会、经济发展的现实需要。设立失业保险的目的主要就是为了给失业人员一个保障，使失业后的人员在短时间内能够得到一定的补助，渡过艰难的时期。在失业人员再就业的过程中需要失业保险来加强对失业人员的培训补贴力度，建立完善的失业保险管理的理念，不断将资源管理的优势发挥出来，这样使失业人员能够尽快地适应市场经济，保证失业人员可以找到自己的合适岗位。

城镇登记失业率的高低也对中国人力资源服务业的发展有着一定程度的影响。劳动失业人员指的是那些具有劳动能力，但是目前由于主观或者是客观原因没有就业并要求就业的一批人。人力资源服务业最基本的功能就是为求职人员提供就业咨询、培训、管理服务。城镇中的失业人员为人力资源服务提供源源不断的服务对象。在面对新旧产能剧烈变革的时期，城乡居民失业率存在上升的压力，人力资源服务业可以通过为失业人员提供就业招聘的相关信息、对他们进行再培训等方式促进待业人员的再就业，从而实现对未就业人才的充分开发和利用。例如，在 20 世纪 90 年代末期北京市属国有企业改制过程中,北京市工业系统开发中心对国有企业改制过程中的失业人员进行培训,提高他们的劳动能力,帮助他们再次就业,在这个过程中,也促进了国有人力资源服务机构的发展。

城镇就业人口,是参与了就业经济活动、实现就业获得劳动报酬的人口,可以反映一个地区的就业状况和劳动就业环境。一方面,就业人口数量与一个地区的人力资源数量存在一定关系;另一方面,人口就业情况也可以反映人力资源服务业所要服务的对象的情况。

(2)基于发展环境中"源"的指数分析

"源",此处为源泉、动力、资源等。一个地区人力资源服务业的发展离不开资源禀赋,也被社会需求、大众关注度等推动着。

百度指数是以海量的百度网民的行为数据为基础进行数据分析的平台,是互联网时代乃至数据时代极为重要的统计分析平台之一。在网络高度发展的现代社会,社会公众在网络上对人力资源服务业的关注度能够在一定程度上反映各地公众对该行业的关注度。权威性的检索指数可以反映各地公众对于人力资源服务业关注度的变化趋势。

居民可支配收入,是居民可以用于支出和储蓄的总和,是居民可用于自由支配的收入。双循环发展要求关注生产、交换、流通、分配的全过程,那么居民可支配收入就是不可忽视的重要因素之一,它涉及社会需求,也会推动社会生产的发展,是社会交换、分配的重要表征。当然,与生产、交换、流通、分配全过程相关的重要指标还有居民消费水平。

各地区的土地面积、土地资源在很大程度上影响着其服务业的发展。虽然"土地面积"这个指标没有"土地资源""可利用土地面积"精准,但受限于数据的可获得性,本书采取"土地面积"的数据来量化一个地区的"土地",并进一步使用地区常住人口计算出平均每人拥有土地面积。

(3)基于发展环境中"资"的指数分析

"资",作为双循环发展格局中提到的资本要素,可以看作人类创造的物质和精神资源的总称,也可以看作社会生产关系和制度,或者从可操作意义上指代与经济发展相关的通过货币值体现出来的资源,涉及资本形成、生产状况以及产业分布等。

地区一般预算收入,是地区财政收入的重要来源之一,是有计划有组织并由国家支配的纳入预算管理的资金,用来支持一个地区经济社会发展。所以,将地区一般预算收入纳入一个地区的人力资源服务业发展环境评估的指标体系中,是必要且重要的。

国家经济发展水平越高,人力资源服务业发展越快。人均国内生产总值是衡量一个国家或地区经济发展水平的关键指标。理论上,一个国家经济发展水平越高,就会有更多的资金流向人力资源服务业。此外,人力资源服务业又是一个高度依赖人才和信息的行业,企业无论是吸引专业技术人才的加盟,还是购置信息设备,都需要资金支持。国家经济持续稳定的发展,有利于人力资源服务业获得来自其他行业的融资。随着经济的发展,居民平均收入水平也随之提高。当居民收入提高之后,人们不再满足于基本的生活需求,对美好生活的向往和扩充知识和能力提升的需求变大,进而产生更多的人力资源服务需求。

根据我国国民经济行业分类的划分,第三产业指服务业是除去了第一产业、第二产业以外的其他行业。经济学家库兹涅茨认为,当一个国家或者区域的经济发展水平变高时,农业在国家经济总量中所占的比例会降低,工业和服务业所占的比例会提高。人力资源服务业属于现代服务业的一个重要分支,一个地区的第三产业发展状况包含并影响着人力资源服务业的发展。第三产业的发展状况用"第三产业增加值"进行量化评估。

(4)基于发展环境中"技"的指数分析

技,即科学技术。科学技术可以让生产力创造更高效,科学技术的发展与创新总是联系在一起的。党的十九届五中全会提出,要坚持创新在我国现代化建设全局中的核心地位。在全球经济一体化和科学技术迅猛发展的背景下,科技创新对区域经济增长、结构升级与竞争力提升的影响日益突出。一个地区的技术发展环境,可以从专利发明、科学研究、技术市场等方面着手。

创新能力,尤其是自主创新能力已经成为地区获取竞争优势的关键因素,各省都在创新投入、创新管理、创新推动和创造科技环境等方面做了大量的工作。从某种意义上来讲,专利是国家或者地区科技资产的核心和最富价值的部分,专利的拥有量能反映该地区的创新能力,体现了科技人力资源。科技人力资源作为科技活动的原动力,对一个地区科技创新能力的发展至关重要。

区域创新能力是在一定的区域范围内,创新主体根据当地的发展需要,充分使用各种创新资源,并将在其投入到生产中,持续产出新产品和新工艺的一种能力。根据国家创新能力理论,R&D 投入是区域技术创新能力的影响因素之一。

合同成交总额中有一部分是明确规定属于技术交易的金额。技术市场与一般的实物性商品市场不同,具有其独特的经营方式和范围,包括技术开发、技术转让、技术承包、技术咨询、技术培训等环节和服务。技术市场成交额可以反映一个地区的技术市场经营状况,体现技术研发环境和条件。

(5)基于发展环境中"外"的指数分析

"外",意指市场对外开放程度。市场开放程度影响人力资源服务业的发展。自 1978 年改革开放以来,中国市场开放程度不断加大,对外资的利用率也不断提高。外资进入中国市场不仅带来资金,还带来了先进的知识、技术和管理理念,加强了中国人力资源服务机构与国外机构之间的关联效应,形成理念、管理和信息等方面的互补。虽然短时期看,中国人力资源服务机构与国际先进人力资源服务机构是竞争关系,不利于中国人力资源服务业的发展,但是长期来看两者是合作共赢关系,在合作中提升业务能力和范围,实现双赢。

目前,以国内大循环为主体、国内国际双循环相互促进的新发展格局正在逐步形成,人力资源服务业要为双循环搭建起快捷的、合理的、有效的劳动资源或者人力资源配置的平台。外资企业进入中国市场之后,必然会和中国本土的企业展开竞争。在竞争过程中,优胜劣汰,进而促进中国人力资源服务业的整体发展。

基于理论梳理,以及数据的可获得性,本书建立基于"人""源""资""技""外"的指数体系,对中国各地区双循环下人力资源服务业发展环境进行评估(见表 2-2-1)。

表 2-2-1　双循环下中国人力资源服务业发展环境指数体系

一级指标	二级指标	含义	数据来源
人	EDUCATION	教育经费(万元)	中国经济社会大数据研究平台
	INSURANCE	失业保险参保人数(万人)	中国经济社会大数据研究平台
	UNEMPLOYMENT	城镇登记失业率(%)	中国经济社会大数据研究平台
	EMPLOYMENT	城镇就业人口(万人)	国家统计局
源	ATTENTION	公众关注度	百度指数
	INCOME	人均可支配收入(元)	中国经济社会大数据研究平台
	CONSUMPTION	居民消费价格指数(上年=100)	国家统计局
	LAND	土地面积(平方公里)/常住人口(万人)	中国经济社会大数据研究平台
资	FINANCE	地方财政一般预算收入	国家统计局
	GDP	人均地区生产总值(元/人)	中国经济社会大数据研究平台
	TINDUSTRY	第三产业增加值(亿元)	中国经济社会大数据研究平台
技	PATENT	专利授权量(项)	中国经济社会大数据研究平台
	R&D	规模以上工业企业R&D经费(万元)	国家统计局
	TECHNOLOGY	技术市场成交额(亿元)	国家统计局
外	FCAPITAL	实际利用外资(万美元)	中国经济社会大数据研究平台
	FENTERPRISES	外商投资企业进出口总额(千美元)	国家统计局

二、各省区市人力资源服务业发展环境指数分析与排名

在上述指标体系中,每种指标的量纲是不同的,有总量指标,也有比例指标,不同量纲的指标之间没有综合性,无法进行运算,因此要先对数据进行标准化处理,即无量纲化处理,解决不同指标数值不具有综合性的问题,处理方式如下:

$$X_i = (x_i - \mu)/\sigma$$

其中,X_i 表示处理后的指标值,x_i 表示指标的原值,μ 表示该指标值的期望,σ 表示该指标的标准差。本书使用 SPSS 完成这一标准化的处理。

上述指标体系包含了多种具体指标,根据每个单项指标对全国各地(不包括港澳台)进行排名都能得到一个排序,而综合评价需要考虑所有这些指标对各省(不包括港澳台)的人力资源服务业发展状况进行评价和排序。本书将采用主成分分析法,选取特征值大于 1 的主成分,再根据主成分各自的权重通过加总得到一个综合的主成分,我们以综合的主成分表示各地区人力资源服务业发展环境状况,最后根据综合主成分的得分为不同地区的人力资源服务业发展状况排序。具体操作是以上述评价指标体系选取的 16 个指标作为变量对 2020 年①的数据进行 KMO 检验和 Bartlett 检验。结果表明,Bartlett球度检验近似卡方值为 830.308,显示指标变量间具有较强的相关性;KMO 为0.742,适合做主成分分析。根据特征值大于 1 的原则,从变量中提取公因子,可以解释原有变量总方差的 83.98%,表明指标体系具有较好的解释力,能够反映人力资源服务业环境水平,具体见表 2-2-2、表 2-2-3。

表 2-2-2　KMO 和巴特利特检验

		.742
KMO 取样适切性量数	近似卡方	830.308
巴特利特球形度检验	自由度	120
	显著性	.000

---

① 主要是 2020 年的数据,受限于可得性,部分指标使用了 2019 年甚至之前的数据。

表 2-2-3　指标体系的总方差解释

成分	初始特征值			提取载荷平方和			旋转载荷平方和		
	总计	方差百分比	累积%	总计	方差百分比	累积%	总计	方差百分比	累积%
1	9.795	61.218	61.218	9.795	61.218	61.218	8.54	53.373	53.373
2	2.509	15.679	76.897	2.509	15.679	76.897	2.839	17.744	71.117
3	1.133	7.083	83.979	1.133	7.083	83.979	2.058	12.863	83.979
4	0.917	5.729	89.708						
5	0.537	3.354	93.063						
6	0.378	2.361	95.424						
7	0.316	1.972	97.396						
8	0.143	0.897	98.293						
9	0.129	0.806	99.099						
10	0.048	0.3	99.4						
11	0.04	0.251	99.651						
12	0.027	0.171	99.822						
13	0.019	0.116	99.938						
14	0.005	0.034	99.972						
15	0.003	0.018	99.99						
16	0.002	0.01	100						
提取方法:主成分分析法。									

对原始数据进行标准化变换之后,以各指标的因子载荷系数为权重,采用回归法估计因子得分系数矩阵,计算各因子得分;并以旋转后的各因子对应的方差贡献率为权数对各因子值进行加权,计算出 2020 年全国各省、自治区、直辖市服务业发展环境的指数得分及其排名,并根据得分 0.5 分及以上的为 A 类,0—0.5 的为 B 类,-0.5—0 的为 C 类,-0.5 及以下的为 D 类进行等级划分,见表 2-2-4。

表 2-2-4　2020 年中国各省、自治区、直辖市人力资源服务业
发展环境得分、排序、分类

地区	得分	排序	分类
北京市	0.691697068	5	A
天津市	-0.163408025	15	C

续表

地区	得分	排序	分类
河北省	-0.046997989	13	C
山西省	-0.41821747	20	C
内蒙古	-0.370031729	19	C
辽宁省	-0.175441365	17	C
吉林省	-0.494529238	26	C
黑龙江	-0.477897126	25	C
上海市	0.866132478	4	A
江苏省	1.646395254	2	A
浙江省	0.902208582	3	A
安徽省	0.055296459	11	B
福建省	0.134391125	9	B
江西省	-0.202577712	18	C
山东省	0.635001113	6	A
河南省	0.250918831	7	B
湖北省	0.023420865	12	B
湖南省	0.056223508	10	B
广东省	2.238992526	1	A
广西	-0.426887043	21	C
海南省	-0.615615957	29	D
重庆市	-0.093937999	14	C
四川省	0.166744864	8	B
贵州省	-0.456130131	23	C
云南省	-0.433818868	22	C
西藏	-0.689540504	30	D
陕西省	-0.169717299	16	C
甘肃省	-0.601442663	27	D
青海省	-0.751832565	31	D
宁夏	-0.610967049	28	D
新疆	-0.468444651	24	C

　　为了进行趋势研究以及纵横向比较,本章还对 2020 年之前 5 年的数据

进行收集、分析,按照同样的计算方式,得到表2-2-5。

表 2-2-5　2015—2020 年中国各省、自治区、直辖市人力资源
服务业发展环境排序、等级分类

省份	2015		2016		2017		2018		2019		2020	
	排名	分类	排名	分类	排名	分类	排名	分类	排名	分类	排名	分类
北京	3	A	3	A	3	A	3	A	3	A	5	A
天津	7	B	10	B	10	B	13	C	15	C	15	C
河北	15	C	14	C	14	C	14	C	13	C	13	C
山西	21	C	21	C	22	C	21	C	21	C	20	C
内蒙古	23	C	23	C	24	C	25	C	24	C	19	C
辽宁	11	B	15	C	15	C	16	C	17	C	17	C
吉林	19	C	19	C	20	C	19	C	22	C	26	C
黑龙江	22	C	22	C	23	C	24	C	25	C	25	C
上海	4	A	4	A	4	A	4	A	4	A	4	A
江苏	2	A	2	A	2	A	2	A	2	A	2	A
浙江	6	A	6	A	5	A	5	A	5	A	3	A
安徽	14	C	13	C	13	C	12	C	12	C	11	B
福建	10	B	9	B	9	B	9	B	9	B	9	B
江西	18	C	18	C	18	C	18	C	18	C	18	C
山东	5	A	5	A	6	A	6	A	6	A	6	A
河南	8	B	7	B	8	B	7	B	8	B	7	B
湖北	9	B	8	B	7	B	8	B	7	B	12	B
湖南	13	C	12	C	12	C	11	C	11	C	10	B
广东	1	A	1	A	1	A	1	A	1	A	1	A
广西	20	C	20	C	19	C	20	C	19	C	21	C
海南	26	D	26	D	26	D	26	D	27	D	29	D
重庆	17	C	16	C	16	C	15	C	14	C	14	C
四川	12	C	11	B	11	B	10	B	10	B	8	B
贵州	25	C	25	C	25	C	23	C	23	C	23	C
云南	24	C	24	C	21	C	22	C	20	C	22	C
西藏	31	D	31	D	31	D	31	D	31	D	30	D
陕西	16	C	17	C	17	C	17	C	16	C	16	C
甘肃	27	D	27	D	28	D	28	D	28	D	27	D

省份	2015		2016		2017		2018		2019		2020	
	排名	分类	排名	分类	排名	分类	排名	分类	排名	分类	排名	分类
青海	30	D	30	D	30	D	30	D	30	D	31	D
宁夏	29	D	29	D	29	D	29	D	29	D	28	D
新疆	28	D	28	D	27	D	27	D	26	C	24	C

表 2-2-5 蕴含的信息符合传统描述。东部地区的绝大部分省份指数较高,排名靠前,大多处于 A、B 等级,是第一梯队;西部地区的大部分省份指数结果一般、排名也一般,还有部分处于 D 等级。表中信息显示东部地区省份的人力资源服务业发展环境优于其他地区,这种状况的良好不仅仅体现在人力资源服务业的发展环境上,还体现在人力资源服务业发展潜力上。中部地区的很多省份处于中等的发展环境之中,西部地区发展环境更是薄弱,这种东中西的强弱格局与该地在中国经济社会地图中的地位是相契合的。

三、发展水平差异分析与改进建议

(一)人力资源服务业高质量发展地域差异

根据表 2-2-5 的结果,安徽、湖南、重庆、四川、新疆等呈现出人力资源服务业蓬勃发展的向好态势;辽宁、吉林、黑龙江等呈现劲头不足,需要警惕环境吸引力、竞争力减弱等问题出现。人力资源服务业发展环境是人力资源服务业培育、成长、勃发的土壤,环境好,则产业兴,人才聚;环境劣,则产业衰,人才散。一个地区的人力资源服务业发展环境指数,不仅能看出"土壤"是否肥沃,更在很大程度上与"树木"成"材"状况互为表征。

安徽以市场的逻辑搭建创新平台,以资本的力量耦合创新资源。近年来,安徽坚持以深化人力资源市场改革为动力,通过做好"放管服"文章,优化行业发展环境,激发市场主体活力,人力资源市场建设取得明显成效,建成国家级人力资源服务产业园、省级人力资源服务产业园和省级专业性行业性人才市场各 1 家。截至 2020 年底,安徽省人力资源服务业营业收入

377.8 亿元,共有各类人力资源服务机构 1241 家,从业人员 3.57 万人,年均分别增长 99%、12% 和 20%。2020 年全省各类人力资源服务机构共举办招聘会 1.5 万次,提供招聘岗位 484.8 万个,发布网络招聘岗位信息 812.6 万条,服务流动人员 2463.7 万人次,服务用人单位 73.5 万家次,帮助实现就业和流动 1045.2 万人次。[①] 围绕创新驱动发展抓项目、稳投资、增动能,坚持走"开放+创新、科创+产业"发展路子,让人才、信息、技术、资本等要素在安徽实现互动与价值倍增,加快打造具有重要影响力的科技创新策源地、新兴产业聚集地;始终把企业作为激荡创新发展的最大活力源泉,尊重成全企业创意创新创造,让更多企业和企业家成为安徽发展的合伙人,围绕新一代信息技术、人工智能等十大新兴产业推进更多大项目,让更多创新驱动的上下游企业能够在安徽形成产业集群,为各类创新主体提供近悦远来、开放共享的创新试验场[②],是安徽省的发展方向,也是其人力资源服务业发展环境的强有力支撑。

湖南进一步激发人才市场活力,加快打造人力资源高地。近年来,湖南在人力资源市场重要领域和关键环节进行了系列改革,市场稳定、需求激增、行业兴起的态势基本形成。2020 年 7 月,湖南长沙经济技术开发区发布《鼓励人力资源服务业发展实施办法》(试行),通过政策支持,鼓励机构为园区企业开展引才服务,鼓励优质机构入驻长沙经开区发展人力资源业务。未来,湖南围绕实施"三高四新"战略、"十四五"规划、自贸区建设、长株潭一体化发展等重大战略规划,制定人力资源服务业高质量发展意见,部署实施人力资源服务行业发展"四行动、四计划",全面规范市场秩序,培育市场主体,推进业态创新,促进行业发展,实现更好的经济效益、人才效益和社会效益,全面实现人力资源服务业与区域经济社会发展的同频共振,实现"产业链"与"人才链"的深度融合,促进人力资源服务行业高质量发展。

重庆发展驶入快车道,三级联动精准发力。面对国内外新形势、新发展,重庆市人社局大力推进人力资源服务产业园体系建设,优化人力资源公

---

① 参见安徽省人力资源和社会保障厅:《安徽省代表团参加第一届全国人力资源服务业发展大会》,2021 年 8 月 2 日,见 http://hrss.ah.gov.cn/zxzx/gzdt/8474071.html。

② 参见安徽省人民政府:《加快打造创新平台》,2021 年 8 月 1 日,见 https://www.ah.gov.cn/zwyw/jryw/554024361.html。

共服务,围绕服务经济社会发展大局精准发力,人力资源服务业发展驶入了快车道。截至"十三五"末,重庆共有人力资源服务机构2155家,2020年营业收入489.53亿元,年帮助实现就业和流动人数316.5万人次,分别比"十二五"末增长196.4%、191.1%和49.2%。为推动产业集聚发展,近年来重庆着力做强做优行业发展平台,推进建立"国家级+市级+区县级"三级产业园矩阵发展体系。重庆建成国家级人力资源服务产业园以来,坚持"立足重庆、引领西部、辐射全国"的高标准定位,高质量推进园区招商,高效率提供企业服务。在政策与法制双重护航、国家级园区"龙头"示范作用下,重庆的人力资源服务产业园呈现出蓬勃发展之势。此外,重庆还把完善提升人力资源公共服务水平作为重要任务,通过做优人才公共服务、提高服务企业水平、拓展人社公共服务线上服务渠道等,不断完善人力资源服务体系,推动人力资源服务业强劲发展。疫情期间,面对全市企业尤其是"6+2"重点电子企业紧急缺工的现象,重庆市充分发挥公共人力资源市场和经营性人力资源服务机构作用,围绕需求、供给两端发力,一手抓疫情防控、一手抓复工复产①。2021年7月28日至29日,重庆市人民政府还联合主办了第一届全国人力资源服务业发展大会,为打造全国性、高层次优质平台助力,通过集中开展系列活动,促进人力资源服务行业培育新增长点、形成新动能,为更好服务稳就业保民生、人力资源流动配置和经济社会高质量发展,提供精准有力的人力资源服务支撑。

四川坚持集成与创新相结合,强主体、建园区、创品牌、优生态、聚人才。2020年,四川省印发《关于支持和促进人力资源服务业发展十五条措施》,鼓励和支持符合条件人员创办经营性人力资源服务,对符合条件的经营性人力资源服务机构按规定给予社会保险补贴、岗位补贴和一次性吸纳就业补贴,允许符合条件的小微经营性人力资源服务机构申请创业担保贷款且财政部门按照规定给予贴息,鼓励有条件的经营性人力资源服务机构开展就业见习,给予组织符合条件人员到企业就业的经营性人力资源服务机构就业创业服务补贴,使经营性人力资源服务机构按规定享受阶段性减免企

---

① 参见中华人民共和国人力资源和社会保障部:《发展驶入快车道 汩汩活水润山城——重庆人力资源服务业巡礼》,2021年7月22日,见http://www.mohrss.gov.cn/SYrlzyhshbzb/dongtaixinwen/buneiyaowen/rsxw/202107/t20210722_419060.html。

业社会保险费政策,鼓励有条件的人力资源服务机构和国家级、省级产业园等创建博士后科研流动站、博士后科研工作站或博士后创新实践基地并提供资助,畅通人力资源产业从业人员职称申报渠道等①。在第一届全国人力资源服务业发展大会上,中国成都人力资源服务产业园(成都人才园)共10余家园区企业精彩亮相成果产品展示会,四川金沙人力资源开发管理有限公司、四川省和信源创劳务有限公司、四川天府源国际人才资源服务有限公司等一大批优秀园区企业纷纷拿出各自的特色产品和优势项目,得到了来自全国人力资源行业企业及专家代表的关注和认可,全面展示改革开放以来四川省人力资源服务业发展成果和创新产品。

　　新疆人力资源服务业从单一业态向全产业链拓展集聚。新疆人力资源服务业起步于2010年,经过多年发展,目前,新疆人力资源服务业态已逐步拓展到高级人才寻访、人才招聘服务、人力资源培训、人力资源管理咨询、人力资源信息化服务等多种业态。2018年起,自治区开始筹划建设人力资源服务产业园,已建成乌鲁木齐高新技术产业开发区(新市区)、乌鲁木齐经济技术开发区(头屯河区)两家自治区级人力资源服务产业园,并在2021年成立了新疆人力资源服务产业园联盟,自治区正积极开展国家级人力资源服务产业园申报创建工作。截至2020年底,全区设立县级以上各类人力资源服务机构1288家,比上一年增加465家,实现营收98.96亿元。新疆人力资源服务机构数量快速增长,经济效益持续攀升,在促进就业、人才开发、助力脱贫、保障民生方面发挥了积极作用。"十四五"期间,新疆将聚焦目标任务,建成丝绸之路经济带核心区特色鲜明、经济和社会成效突出的国家级人力资源服务产业园,同步建设3—5家自治区级人力资源服务产业园,形成区域布局科学、分工协同合理的产业园发展集群,为新疆人力资源服务业高质量发展提供坚实保障②。

　　不能否认的是,这些具有良好发展潜力的地区大部分属于中西部地区,

---

　　①　参见中华人民共和国人力资源和社会保障部:《四川:发布支持和促进人力资源服务业发展十五条措施》,2020年6月5日,见 http://www.mohrss.gov.cn/SYrlzyhshbzb/dongtaixinwen/dfdt/202006/t20200605_373865.html。

　　②　参见《新疆:打造区域人力资源服务业新高地》,2021年8月2日,见 http://xw.qq.com/amphtml/20210802A05KAN00。

人力资源服务业发展环境虽然有了很大的改善,但还是居于中或者下层水平,与前进梯队仍有较大的差距,现有发展环境无法支撑跨越式的发展。这不仅与经济欠发达的客观实际有关,还受制于行业从业人员的素质偏低和高层次人才紧缺。有进就有退,一个产业的良性发展并不完全依靠产业本身,其需要与产业发展基础、经济发展环境、市场成熟条件等因素综合作用、协调互动。想要保持一个产业的良性健康发展,应注重产业发展的健康性、长期性和持续性积累,并且保持和推动多方联动。当前国内外环境变数明显增多,面临不少风险挑战;经济下行压力较大,企业生产经营困难增加,转型升级、动能转换任务繁重,结构调整任重道远;市场化、法治化程度有待提高,人口人才集聚能力亟待加强,深化改革、扩大开放仍需加大力度;财政收支矛盾突出,就业、物价等民生保障压力加大。东北一些省份目前面临诸多问题:譬如名不副实的产出数据、对通货紧缩的到来适应不良、债务挤压导致衰退、企业破产以及作为老工业基地的生产过剩等。内蒙古、宁夏等省份经济社会发展相对落后,人力资源服务业发展起步较晚、基础较薄弱、高端业态少。对于这些省份,人力资源服务业应本着量力而行、抢抓机遇、合理选择、逆境生存的原则①,推动"动力变革"。也是认识到了这一发展代沟,自 2017 年起,人社部连续四年组织实施西部和东北地区人力资源市场建设援助计划,累计支持 15 省(区、市)和新疆生产建设兵团共 63 个项目,有效促进了相关地区人力资源服务业高质量发展。2021 年西部和东北地区人力资源市场建设援助计划也已经启动,将加快解决我国人力资源市场发展不平衡不充分问题。援助计划旨在深入贯彻落实中央巩固拓展脱贫攻坚成果和全面推进乡村振兴决策部署,聚焦乡村振兴重点帮扶县、脱贫县、脱贫村,紧紧围绕高校毕业生、农民工、脱贫人口等重点群体,主要开展促进劳动力就近就地就业、东西部劳务协作、高校毕业生专场招聘、结对帮扶、筑巢引凤和人力资源市场供求信息监测等活动。

(二) 人力资源服务业高质量发展改进建议

从指标体系的构建到数据的处理与结果分析来看,我国各地区人力资

---

① 参见李诗然、蔡美菊:《新时代安徽人力资源服务业的"动力变革"机制》,《合肥师范学院学报》2019 年第 5 期,第 43—47 页。

源服务业发展环境和发展潜力具有规律性、差异性、时代性。以双循环发展战略为指导,优化与改善我国人力资源服务业的发展环境、进一步促进我国人力资源服务业的高质量发展,应该成为我们关注的重要内容。具体而言,可以依靠"势""人""地""力""新""外"等,掌握时代脉搏、着力改革求奋进。

1. 因势利导,紧跟双循环新发展格局

我国发展阶段、环境、条件的变化对人力资源服务业提出了新要求——在推动形成"双循环"新发展格局的历史任务中,人力资源服务业也不能例外。察势者智,驭势者赢。新的发展格局下,相关部门应该加强顶层设计,科学制定人力资源服务业的发展规划,构建和完善支持服务业发展的政策体系,在因地制宜的基础上明确人力资源服务业的发展条件、发展路径、发展目标;在未来,要加快《人力资源市场条例》出台的步伐,加强对人力资源服务机构日常经营行为的检查和监督,通过诚信体系建设、品牌建设等引导企业诚信经营、规范发展,推动人力资源服务业的有序发展。

2. 因人而异,分类帮扶防范化解失业风险

后疫情时代的大背景下,"就业优先"的政策需要全面强化,将保居民就业摆在重要位置,同时加大援企稳岗力度,因地因企因人分类帮扶,着力防范化解规模失业风险。例如强化对高校毕业生、农民工、退役军人等重点群体帮扶,实施部分职业资格"先上岗、再考证"阶段性措施,用好职业技能提升行动专账资金,加强对就业困难人员特别是贫困劳动力的就业援助,确保零就业家庭动态清零。此外,在教育、扶贫、养老、医疗等方面政府都应该更加有为。

当然,就业的形势并不是一味走低的,去年在疫情和世界经济衰退冲击下,我国经济能够稳住基本盘、较快实现恢复性增长,上亿市场主体的强大韧性发挥了基础支撑作用。内循环为主体,让各地区有较大的空间集中力量办大事;外循环促进与补充,为破解国内难题提供新思路。新发展格局下的就业、劳动力分布要克服挑战,把握机遇,让国内优势与国际支撑打好配合战,助力人力资源服务业高质量发展。

3. 因地制宜,落实落细区域联动

实证研究结果表明,我国东部地区具有经济、科技、人才等多重优势,是

我国现代人力资源服务业的发源地、领头羊,大部分省份都属于"第一梯队";而中西部地区虽然目前发展水平处于弱势,大多属于"中间梯队""后进梯队",但具有较大的发展空间和后发优势。因此,各地区人力资源服务业应该在发展中优势互补,彼此学习借鉴,形成联动效应。

先进地区发挥人才富集、产业发达、科技水平高、产业链供应链相对完备和市场规模大的诸多优势,积极探索形成人力资源服务业新发展格局的路径。后进地区采取"跟跑"策略,主动学习争取少走弯路。此外,可以发挥人力资源服务产业园的集聚效应,推进人力资源服务业企业间的合作共赢;发挥区域布局的规划效益,在京津冀、环渤海、长三角、珠港澳大湾区等区域谋求溢出效应;发挥行业协会的协调作用,让地区间的合作交流更畅通无阻、更高效共赢。

4. 因力成事,促进经济转型升级

发展经济、促进经济社会转型升级,是人力资源服务业发展的基石。人力资源服务业作为优化劳动力配置、提高企业效率、促进经济转型升级的支撑性产业,与劳动力市场状况密切相关。

双循环的新发展格局将带来我国劳动力市场供需结构、就业条件等一系列的"变",对人力资源服务业的影响无疑是巨大的。

我国社会主要矛盾已经转化为人民日益增长的美好生活需要和不平衡不充分的发展之间的矛盾,城乡居民生活需求日益广泛,消费结构与层次日益提高。为了满足人民日益增长的美好生活需要,必须调整经济结构,实现经济高质量发展。对供给侧进行纵深扩展,从简单的供需关系扩展到生产、分配、消费、流通的各个方面,在稳定国内基本盘的基础上进一步提升外部需求、国际供应链的掌控能力。

5. 因新乘变,推进新技术新业态新平台

21 世纪以来,技术进步的速度大大提升。在人力资源服务业领域,技术变革也在颠覆着传统的服务交易、提供模式。以招聘业为例,由于移动终端、大数据的运用,已经催生出了微信招聘、视频招聘、社区招聘等多种模式。人力资源服务业市场的复杂多变伴随着网络化、智能化、移动化技术的推陈出新。

新时代人力资源服务业呈现出的产品交互、多元业态、精准订单、智能操作等新局面与双循环新发展格局势必碰撞出"新上加新"的机遇。把握机遇,一方面需要推进人力资源服务业与发展所需的新技术的契合,促使人力资源服务业最大程度地向数字经济、共享经济、社群经济等新业态渗透。另一方面可以借鉴当前"双创"载体和平台建设的经验,以中小企业和民营企业为主要服务对象,搭建人力资源服务产品和基础创新的共性平台,通过税收、财政和科技政策,鼓励人力资源服务企业进行产品创新,为人力资源服务领域的创新创业活动提供有力支撑。

6. 因外为资,探索对外开放更高层次更广领域

双循环新发展格局要求不仅仅是要激发国内市场巨大活力,更是要打通国际国内双循环的市场,这意味着需要进一步培育国际市场竞争优势、深化对外开放程度,充分利用国内国际两个市场两种资源、积极有效利用外资和实施"走出去"战略,推动对外贸易迈上新台阶。

扩大开放,是中国基于自身发展需要作出的时代抉择。实践证明,过去中国经济发展是在开放条件下取得的,未来中国经济实现高质量发展也必须在更加开放条件下进行。深化改革、扩大开放,是中国实现高质量发展的主动作为、既定方针,不会因道路坎坷就半途而废,也不会因外部挑战而打乱节奏。新时代的中国与世界紧密相连、休戚与共,一个更加开放的中国,必将为全球经济增长创造新机遇、增添新动力,让共同繁荣之路越走越宽广。

【本章小结】

中国人力资源服务业发展环境指数研究对指导人力资源服务业的健康发展具有十分重要的意义。制定出一套科学的中国人力资源服务业发展环境评价指标体系,是指数计算的关键。双循环新发展格局的提出意味着人力资源服务业面临的发展环境有了"变化点""新要求"。从"劳动力、土地、资本、技术"等基本点出发,结合"开放"的双循环特点,本章构建起一套评估各地人力资源服务业发展环境和发展潜力的指标体系,并利用2020年的数据与2015—2019年的五年数据进行检验和排序、对比,对各地区的人力资源服务业发展状况和潜力有了一定程度的把握,希望能对未来人力资源服务业与双循环发展格局的有机互动提供一定的思路和借鉴。当然,随着大变局不断变化,新发展格局生发新的要求,指标体系也应该不断再创新、再检验。

第三章　各省区市人力资源服务业发展竞争力评价与排名

【内容提要】

本章根据新的研究对 2020 年度的人力资源服务业发展竞争力评价指标体系进行了修订,在搜集各地有关数据资料基础上,依托新修订的指标体系对各省区市人力资源服务业的发展现状、发展潜力与竞争力进行了分析与评价、排序与分类,并对相关数据结果进行速度和效益的单项分析,纵向和横向的比较分析,最后基于相关分析与总结评价结果提出了相应的政策建议。分析结果发现,我国人力资源服务业整体发展环境持续优化,发展状态稳中向好;各省区市人力资源服务业发展现状、发展潜力与竞争力水平排名相互之间存在差异,不同区域的发展水平仍存在显著差异;区域人力资源服务业发展水平与经济发展间具有相互协同与良性互动作用;政府的政策扶持与宏观调控对人力资源服务业的发展至关重要;人力资源服务业将成为区域经济增长的新引擎。基于以上结果,本章最后针对性地提出了配套的政策建议,包括依据经济发展状况确立本地人力资源服务业的发展目标;应加大各级政府政策扶持力度,助力行业发展;增强各地人力资源服务业发展中的联系与互动,在更高层面上实现产业区域发展的总体布局;建立创新发展的复合型人力资源服务业人才培养机制;利用大数据和"互联网+"技术,加强行业数据库建设;大力推进产业园区建设;等等。

Chapter 3　Evaluation and Ranking of the Development Competitiveness of Human Resources Service Industry in Different Provinces, Districts and Cities

【Abstract】

Based on the new research, this chapter revises the Evaluation Index System of the development level of human resource service industry in 2020. Relying on the newly revised index system, this paper analyzes and evaluates, sorts and classifies the current situation, development potential and competitiveness level of the human resources service industry in various provinces, districts and cities, and the related data results of the speed and efficiency of a single analysis, vertical and horizontal comparative analysis, and finally based on the analysis and summary of the evaluation results of the corresponding policy recommendations. The results show that the overall development environment of human resources service industry in China is continuously optimized and its development status is stable and positive; there are differences among provinces, districts and cities in the development status, development potential and competitiveness ranking, the development level of different regions still has significant difference; the development level of regional human resource service industry and economic development have mutual synergy and positive interaction; government policy support and macroeconomic regulation and control are critical to the development of human resource services; human resource service industry will become the new engine of regional economic growth. Based on the above results, this chapter finally puts forward some corresponding policy recommendations, including setting the development goal of local human resource service industry according to the economic development status; strengthening the support of government policies at all levels to promote the development of local human resources service industry; strengthening the connection and interaction in the development of human resource service industry, and realize the overall layout of the regional development of the industry at a higher level; establishing a mechanism for training talents with innovative and developing human resources services; strengthening the construction of industrial databases with big data and Internet plus technology; vigorously promoting the construction of industrial parks and so on.

人力资源服务业作为现代服务业的重要组成部分,对国民经济的健康快速发展具有重大的战略意义。因此,了解我国人力资源服务业的发展状况,对于未来国家制定合理的产业发展战略规划与政策,统筹地区发展大有裨益。为了帮助人们了解不同省区市人力资源服务业发展状况、发展潜力与发展水平的差异,本章在构建人力资源服务业发展竞争力评价指标体系的基础上,通过宏观数据对各省区市人力资源服务业发展竞争力进行了评价与排名,其目的在于引领与促进全国各省区市人力资源服务业因地制宜与共同发展。

本章有关各省区市人力资源服务业发展竞争力评价指标体系和数据结果,可以更加直面地凸显出人力资源服务业与一系列经济社会发展指标间的密切联系,提供了一种联系而非孤立的视角来看待该行业的发展,使其更好地借助服务业改革的浪潮来推动产业向着纵深方向发展,如建设产业园区、扶植行业龙头企业、促进咨询等高端业态的发展等,在行业不断完善、提升中更好地发挥对整个经济社会发展的推动作用,进而实现经济社会发展与人力资源服务业发展之间的协同效应。

一、人力资源服务业发展竞争力评价体系

(一) 新修订的评价内容与指标

综合往年蓝皮书有关研究和已有的相关文献,本章进行了人力资源服务业发展竞争力评价指标体系的设计,在充分观照行业内部重要指标的基础上,对该行业与整体经济社会发展间的潜在关系进行了把握,以在更深的层面展开实证测度。需要指出的是,服务业发展竞争力评价涉及

多方面信息资源的获取,是一项系统工程,单一指标的评价不足以供研究分析之用,故而本章在遍历多种指标体系建构视角和维度的基础上,力求构建一套相对完整的评价体系,即它至少应当包含三个层级的指标。具体来看,评价内容应该有较大的覆盖面,应该包括条件指标、过程指标与结果指标;指标体系应当分层建构,包括直接绩效指标、间接绩效指标与发展潜力指标;指标体系中要突出能够反映人力资源服务业发展竞争力特点的指标,包括发展规模、发展速度、发展效益与发展潜力等方面。

根据人力资源服务业涵盖的范围,结合蓝皮书往年确立的人力资源服务业发展水平评价指标体系构建的原则,吸取竞争力评价理论中的有关内容,从两个板块来构建人力资源服务业竞争力评价体系,两大板块分别是人力资源服务业发展水平和人力资源服务业发展潜力。每个板块内部都包括了若干细分的维度和指标,具体如表2-3-1所示。

表2-3-1　人力资源服务业竞争力综合评价指标说明

指标			说明
发展水平	发展规模	人力资源服务业增加值比重	人力资源服务业增加值/GDP
		人力资源服务业产值	当年当地人力资源服务业产值
		人力资源服务业机构数量	行业机构总规模
		人力资源服务业从业人数	从业人员总规模
	发展速度	人力资源服务业生产率	人力资源服务业增加值/人力资源服务业从业人员数量
		人力资源服务业增加值增速	当年人力资源服务业增加值/上年人力资源服务业产值-1
		人力资源服务业从业人员数量增速	当年人力资源服务业从业人员数量/上年人力资源服务业从业人员数量-1
	发展效益	人均人力资源服务业增加值	人力资源服务业增加值/总人口
		人力资源服务业产业园区建设情况	国家级人力资源服务产业园区数量
		人力资源服务业对GDP的贡献率	人力资源服务业总产值的增量占国内生产总值的增量的比重

指标		说明
发展潜力	人均国内生产总值	GDP/总人口
	城镇化率	城镇人口数量/总人口
	第二产业增加值比重	第二产业增加值/GDP
	居民人均消费性支出	无特别说明
	利用外资情况	当年实际利用外资总额
	城镇居民储蓄余额	无特别说明

从表 2-3-1 中可以看出,2021 年度指标体系与 2020 年度指标体系相比,有较大变动。一是将指标总标题由发展水平评价指标改为了竞争力综合评价指标,以更好地反映各地区人力资源服务业的综合竞争力;二是将"发展现状"一级指标改为"发展水平",更科学地概括了各地区行业发展的整体情况;三是对二级指标发展规模、发展速度、发展效益下的三级指标进行了针对性的内部调整;四是在三级指标发展效益下新增了"人力资源服务业对 GDP 的贡献率"指标,并以"国家级人力资源服务产业园区数量"来反映人力资源服务业产业园区建设情况,更好地体现对人力资源服务业评价的业绩结果导向。

人力资源服务业发展水平主要反映一个地区现有人力资源服务业发展的总体状况,具体包括三个部分:发展规模、发展速度、发展效益。

人力资源服务业发展规模主要包括人力资源服务业增加值比重、人力资源服务业产值、机构数量和从业人数情况,这些都是对某一地区人力资源服务业静态发展水平的最直接说明。其中又以人力资源服务业增加值占 GDP 比重最为直接,这一指标能清楚地反映出人力资源服务业在当地整个国民经济中所占的比重;当年当地人力资源服务业产值反映了额定期限内行业生产的最终产品和提供劳务活动的总价值量;人力资源服务业机构数量则反映了地区行业机构的规模和发展程度;人力资源服务业从业人数体现了该地区行业从业人员总规模,是行业蓬勃发展的一个有力参照。

人力资源服务业发展速度主要反映了一个地区人力资源服务业的增长情况,有的地区可能因占据先发优势和规模效益而在产业总量有关指标上占有优势,但受制于增长速度低下,后续依然会被后进高增长地区所超越,因此我们也应将人力资源服务业发展速度作为考察产业发展评估的重要方面,并将它看作对一个地区人力资源服务业动态发展水平的最直接说明。具体的,发展速度下的三个指标均为增速指标,其中人力资源服务业生产率反映了一个地区人力资源服务行业从业者的生产效率,是对该地区人力资源服务业服务供给质量的一个直接体现,其余两项分别反映了人力资源服务业增加值和人力资源服务业就业人员数量的增长速度。

人力资源服务业发展效益主要反映该地区人力资源服务业转型升级的效果和其对国民经济的贡献,是本地人力资源服务业发展质量的一个集中体现,细分来看:人均人力资源服务业增加值反映了该地区人均占有人力资源服务产品的情况;人力资源服务业产业园区建设情况主要由当地国家级人力资源服务产业园区数量来体现,国家级人力资源服务业产业园区是经人力资源社会保障部同意,具有功能完善的人力资源社会保障公共服务体系,经营性人力资源服务机构集聚,人力资源服务业及相关产业链集中度高,创新能力强,对全国或区域人力资源服务业及相关产业发展起示范、引领作用的特定区域,能集中反映当地人力资源服务业产业园区建设的成熟情况;人力资源服务业对 GDP 的贡献率指的是人力资源服务业总产值的增量占国内生产总值的增量的比重,反映了上年度人力资源服务业增量对国民经济的综合贡献率,是行业有无正式成长为国民经济支柱产业的有力测度方式。

人力资源服务业发展潜力指标主要反映了一个地区人力资源服务业未来可能的发展水平,这部分指标虽然与人力资源服务业本身不直接相关,但却能较好地说明该地区行业未来的发展潜力。人均 GDP 反映了一个地区的整体经济发展水平,相关经济理论指出区域产业结构和经济发展间有较高关联:随着一个地区国民经济的发展,其产业结构也在相应发生变化,从业人员和社会资源会逐步从第一、第二产业向第三产业转移。从当前国情出发,中国整体经济发展水平正从高速增长向中高速增长转变,从注重"增量"到注重"提质"转变,中国应该处于人口和资源大规模向第二产业转移、部分地区向第三产业转移的阶段,人力资源服务业是第三产业下的重要与主导产业,因此当一个地区人均 GDP 水平较高时,预示着其第三产业将会迎来一个较大的发展空间,人力资源服务业也将从中受益,反之人力资源服务业的发展仍会受到低人口和资源转移的限制。城镇化率是一个反映地区居民结构的指标,城镇化率高说明人口更加集中在少数地区,更加集中的人口会促进包括人力资源服务业在内的现代服务业的发展;此外,城镇化率高意味着更多的农民离开乡土流入城镇,这部分农民流动带来的就业需求,会转变成对人力资源服务的需求。第二产业增加值占 GDP 的比重描述了一个地区产业结构的现状,根据产业迭代规律,当一个地区第二产业较为发达时,意味着这个地区会更早地开始产业升级,大量资源和要素将从第二产业流向第三产业,人力资源服务业将从这个过程中受益;反之,则说明该地区的产业结构偏落后,服务业快速发展的阶段远未到来。居民人均消费性支出反映了一个地区的消费状况,根据生产—消费关系理论,消费旺盛的地区第三产业往往更为发达,居民的有效消费将会刺激包括人力资源服务业在内的现代服务业的发展。利用外资情况反映了一个地区的对外开放程度,总体来说人力资源服务业在国内依然属于朝阳产业,但在发达国家属于比较成熟的产业,向发达国家学习管理模式、制度规章等人力资源服务业发展经验可以帮助国内的人力资源服务企业快速成长并提供专业化的服务,引入外资就是一条很重要的学习途径。城镇居民储蓄余额反映了一个地区的投资潜力,任何行业的长期发展都离不开投资的支持,人力资源服务业的发展也会从一个地区巨大的投资潜力中受益。

（二）数据来源

考虑到数据的时效性和可获得性,本章进行人力资源服务业发展水平评价的数据均为 2021 年的数据,数据来源为国家统计年鉴及有关公报、各地方统计年鉴及有关公报、国家和地方人力资源和社会保障部门官网、国家企业信用信息公示系统网站和其他相关网站。①

---

①　需要说明的是,国家统计局现有的行业分类中是没有人力资源服务业的,人力资源服务业的统计散布于不同行业类别中,例如商业服务业中包含了人力资源服务业的企业管理、咨询与调查及职业中介服务等;教育中包含了人力资源服务业的培训服务等。除少部分省份对于人力资源服务业进行了专项统计外,本书所主要采用的关于人力资源服务业的数据是从相关行业数据中筛选提取出来的,是一种近似的代替。

（三）评价方法

对行业发展状况进行评价的方法较多,比较常见的有综合指数法、聚类分析法、因子分析法等。按照其属性可划分为:定性评价方法、分类评价方法、排序评价方法和操作型评价方法。综合指数评价法是一种指标体系综合评价法[①]。该方法通过选取一定的定性指标以及定量指标,经过无量纲化处理,达到统一量化比较的目的,从而得出具体的综合评价指数。

表2-3-1所呈现的指标体系包含了诸多具体的指标,根据每个单项指标对全国各地进行排名都可以得到一个具体的排序,而综合评价需要通盘考虑所有这些指标对各地人力资源服务业发展水平进行评价和排序。本章在进行各地发展水平和发展潜力评价时将采取降维的思想把多个指标转换成较少的几个互不相关的综合指标,使得研究更简单易操作。具体来看是在对原始数据进行标准化变换之后,以各指标的因子载荷系数为权重,采用回归法估计因子得分系数矩阵,计算各因子得分;并以旋转后的各因子对应的方差贡献率为权数对各因子值进行加权,计算出全国各省区市服务业发展水平、发展潜力和竞争力的指数,进而得出各省区市发展水平评价情况排序表(反映该地本年度现有人力资源服务业发展的总体状况)、各省区市发展潜力评价情况排序表(反映该地区人力资源服务业未来可能的发展水平)和各省区市竞争力评价情况排序表(综合行业发展现状与未来成长前景),并以此作为后续分析的依据。

二、各省区市人力资源服务业发展竞争力评价与排名结果

针对上述指标体系,基于所搜集的2020—2021年度数据进行,对于各省区市的人力资源服务业发展水平、发展潜力和竞争力进行了评价。具体操作过程如前些年的蓝皮书所述相同,在此不再赘述,依据得分情况我们进行了排名与分类。各省区市人力资源服务业发展水平、发展潜力与竞争力评价的排名结果,具体见表2-3-2、表2-3-3和表2-3-4。

---

① 在这里主要采用的综合指数评价法,包括主成分分析法、因子分析法、集对分析法、层次分析法、功效系数法等。

表 2-3-2　各省区市发展水平评价结果及排名

	综合得分	2020—2021 年排名
北京市	1.553579737	1
广东省	1.230219756	2
上海市	0.949614160	3
江苏省	0.894780042	4
山东省	0.752292806	5
浙江省	0.670512606	6
海南省	0.309393163	7
陕西省	0.205903220	8
四川省	0.145055088	9
河北省	0.107151661	10
辽宁省	0.090368603	11
福建省	0.060171790	12
安徽省	0.047101860	13
河南省	0.040852300	14
重庆市	0.005947994	15
湖南省	-0.093686237	16
天津市	-0.139027506	17
广西壮族自治区	-0.163378717	18
江西省	-0.218103155	19
贵州省	-0.226816873	20
吉林省	-0.304347915	21
湖北省	-0.339374985	22
云南省	-0.417810537	23
宁夏回族自治区	-0.451154144	24
山西省	-0.483243596	25
甘肃省	-0.513299716	26
新疆维吾尔自治区	-0.636401609	27
内蒙古自治区	-0.741719711	28
青海省	-0.742474374	29
西藏自治区	-0.746012783	30
黑龙江省	-0.846092929	31

表 2-3-3　各省区市发展潜力评价结果及排名

	综合得分	2020—2021 年排名
广东省	1.904819764	1
北京市	1.818767591	2
上海市	1.791913601	3
江苏省	0.964361119	4
浙江省	0.836175407	5
天津市	0.539022278	6
福建省	0.451358476	7
山东省	0.360655753	8
重庆市	0.018034763	9
辽宁省	0.004974333	10
湖北省	-0.047832341	11
安徽省	-0.095273104	12
湖南省	-0.111075640	13
四川省	-0.161622532	14
内蒙古自治区	-0.210053385	15
河北省	-0.244472652	16
陕西省	-0.263452485	17
海南省	-0.264410436	18
河南省	-0.296117887	19
江西省	-0.318222919	20
黑龙江省	-0.446039410	21
山西省	-0.454028637	22
宁夏回族自治区	-0.497134829	23
吉林省	-0.540533033	24
云南省	-0.543691035	25
青海省	-0.559496216	26
新疆维吾尔自治区	-0.574226623	27
广西壮族自治区	-0.598096854	28
贵州省	-0.695724241	29
甘肃省	-0.736764304	30
西藏自治区	-1.031814522	31

表 2-3-4　各省区市竞争力评价结果及排序

	综合得分	2020—2021 年排名	分类
广东省	1.042157810	1	A
江苏省	1.023095808	2	A
上海市	0.901475813	3	A
浙江省	0.892836865	4	A
北京市	0.776614414	5	A
山东省	0.700107312	6	A
福建省	0.558213498	7	A
天津市	0.389042128	8	B
安徽省	0.193384149	9	B
重庆市	0.154295729	10	B
湖南省	0.043691536	11	B
辽宁省	0.043547461	12	B
江西省	0.016308462	13	B
河南省	−0.018189737	14	C
四川省	−0.040155208	15	C
陕西省	−0.067970668	16	C
河北省	−0.112205205	17	C
海南省	−0.118093624	18	C
湖北省	−0.176186830	19	C
宁夏回族自治区	−0.275220946	20	C
广西壮族自治区	−0.316804634	21	C
内蒙古自治区	−0.339370114	22	C
山西省	−0.380126769	23	C
贵州省	−0.404786376	24	C
吉林省	−0.442706287	25	C
云南省	−0.497639354	26	C
新疆维吾尔自治区	−0.621302634	27	D
青海省	−0.665357841	28	D
甘肃省	−0.712484084	29	D
西藏自治区	−0.723921294	30	D
黑龙江省	−0.822249379	31	D

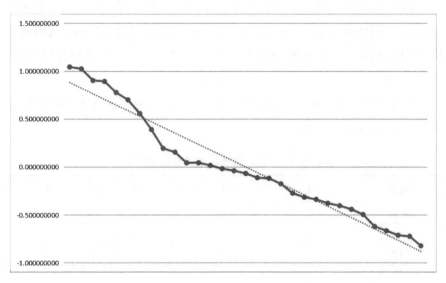

图2-3-1 各省区市竞争力评价结果分布曲线图

表2-3-4显示了各省区市竞争力评价结果具体值,图2-3-1直观地显示了各省区市竞争力评价结果情况。广东省、江苏省、上海市、浙江省、北京市、山东省、福建省等7个省市的评价均在0.5分以上,有18个省市在0分以下,分布呈现出了明显的层次性差异。0分以下说明其发展水平低于全国平均水平,并不说明其竞争力没有发展。从全国看仍然呈现出东高西低的特点,尤其是新疆、青海、甘肃、西藏等地的得分依然落后于其他省区市,位于末端,可以看出这些地区的人力资源服务业发展竞争力虽有进步,但仍落后于全国其他地区。

本书依据评价得分阈值宽度把地区分为四类,其中得分0.5分及以上的为A类,0—0.5分为B类,—0.5—0分为C类,—0.5分以下为D类。表2-3-4第四列显示了这一分类的结果。

广东省、江苏省、上海市、浙江省、北京市、山东省、福建省等7个省市属于A类地区;天津市、安徽省、重庆市、湖南省、辽宁省、江西省等6个省市属于 B 类地区；河南省、四川省、陕西省、河北省、海南省、湖北省、宁夏回族自治区、广西壮族自治区、内蒙古自治区、山西省、贵州省、吉林省、云南省等 13 个省区市属于 C 类地区；新疆维吾尔自治区、青海省、甘肃省、西藏自治区、黑龙江省等 5 个省区市属于 D 类地区。

为便于进一步分析，本书按国家地区划分标准分别统计了不同区位的省区市分类情况①，得到表 2-3-5。

表 2-3-5　不同地区省区市类别情况统计表

地区	A	B	C	D
东部	7	2	2	0
中部	0	3	4	1
西部	0	1	7	4

表 2-3-5 所显示的分布情况可以更为直观地展示排序结果，东部地区的绝大部分省市都属于 A、B 两类，中部地区的省区基本集中于 C 类，西部地区的绝大部分省区都属于 C、D 两类。该表说明我国各地区的人力资源服务业发展竞争力也呈现出明显的东、中、西部水平差异，东部地区省市的人力资源服务业发展竞争力明显优于其他地区。这种竞争力优势不仅体现在人力资源服务业发展的水平上，而且体现在人力资源服务业发展的潜力上。相较之下，中部地区省区的竞争力大多处于中等的水平，而西部省区的人力资源服务业发展竞争力就比较落后了，这种东中西部地区的人力资源服务业强弱格局与各地区在中国经济发展中的现实状况是相契合的。

三、各省区市人力资源服务业发展情况排名变化与原因分析

前面评价结果表明，同上一年的分类结果相比，从划档角度看：A 类地

---

① 依据《中国卫生健康统计年鉴》东、中、西部地区的划分：东部地区包括北京、天津、河北、辽宁、上海、江苏、浙江、福建、山东、广东、海南 11 个省、直辖市；中部地区包括山西、吉林、黑龙江、安徽、江西、河南、湖北、湖南 8 个省；西部地区包括内蒙古、重庆、广西、四川、贵州、云南、西藏、陕西、甘肃、青海、宁夏、新疆 12 个省、自治区、直辖市。

区作为第一梯队,其数量和结构均保持了相对稳定(有一个从 B 类上升至 A 类);B 类地区数量有小幅下跌(主要是由 B 类上升至 A 类);C 类地区数量有较大提升(有 B 类下跌至 C 类,也有 D 类上升至 C 类,尤其是去年东西两个区域位于 D 类的均有代表地区进入 C 类),这也在一定程度上显示了我国人力资源服务行业正在朝一个更具均衡性的方向发展;而 D 类地区在数量明显减少的同时,显现出了其内部结构的某些固化(D 类五个地区均为上年排名后五位的地区)。从区域角度看,三大经济板块行业发展状态较去年总体保持稳定。东部地区整体保持稳定的同时取得了小幅进步,依旧显示了其在人力资源服务行业中稳健的引领导向作用;中部地区无论在数量还是结构上均保持了高度稳定,但发展后劲有所不足;西部地区依然处于相对落后的位置,但各地区间的发展差异有所减少,发展势头较去年有小幅上升。

表 2-3-6 显示了近两年各省区市人力资源服务业发展水平排名的变化情况。

表 2-3-6 近两年各省区市人力资源服务业发展水平排名变化

地区	综合得分	2020—2021 年度排名	分类	2019—2020 年度排名	两个年度的排名变化①
广东省	1.042157810	1	A	1	0
江苏省	1.023095808	2	A	3	1
上海市	0.901475813	3	A	2	-1
浙江省	0.892836865	4	A	4	0
北京市	0.776614414	5	A	5	0
山东省	0.700107312	6	A	7	1
福建省	0.558213498	7	A	6	-1
天津市	0.389042128	8	B	10	2
安徽省	0.193384149	9	B	11	2

① 此处的排名变化,是排序运算而非代数运算,意义上是 2020 年相对于 2019 年的排名变化(上升+,下降-),但在计算上则体现为"2019 年排名—2020 年排名"。如广东省 2020 年排名为 1,2019 年排名为 2,则 2020 年与 2019 年排名变化为 2-1=1,即上升 1 名。以此类推。

续表

地区	综合得分	2020—2021 年度排名	分类	2019—2020 年度排名	两个年度的排名变化①
重庆市	0.154295729	10	B	8	-2
湖南省	0.043691536	11	B	14	3
辽宁省	0.043547461	12	B	13	1
江西省	0.016308462	13	B	16	3
河南省	-0.018189737	14	C	9	-5
四川省	-0.040155208	15	C	18	3
陕西省	-0.067970668	16	C	15	-1
河北省	-0.112205205	17	C	17	0
海南省	-0.118093624	18	C	26	8
湖北省	-0.176186830	19	C	12	-7
宁夏回族自治区	-0.275220946	20	C	21	1
广西壮族自治区	-0.316804634	21	C	22	1
内蒙古自治区	-0.339370114	22	C	19	-3
山西省	-0.380126769	23	C	20	-3
贵州省	-0.404786376	24	C	25	1
吉林省	-0.442706287	25	C	23	-2
云南省	-0.497639354	26	C	24	-2
新疆维吾尔自治区	-0.621302634	27	D	27	0
青海省	-0.665357841	28	D	28	0
甘肃省	-0.712484084	29	D	30	1
西藏自治区	-0.723921294	30	D	31	1
黑龙江省	-0.822249379	31	D	29	-2

一般情况下,由于受到数据统计口径与指标体系调整等因素的影响,3个位次以内的变化我们都可以将之视作是正常的排名波动。因此根据表2-3-6的结果,2020—2021 年,河南、海南、湖北均有较大的排名波动,而其余省区市的排名大都保持相对稳定,波动地区数量较去年大幅减少。与2020 年相比,人力资源服务业"第一集团"总体稳定,但出现了局部变动,主要体现在山东凭借小幅进步跻身其中。而广东、江苏、上海、浙江、北京、福

建均保持极小变动或不变,稳居人力资源服务业发展水平的"第一梯队",从侧面反映出评价指标的科学性和合理性,也在一定程度上凸显了人力资源服务业是依托于经济发展水平和市场发展环境的新兴产业,在某种程度上具有相对稳定性,短期内难以实现跨越式发展;但在短期区域内部的经济社会形势也能在一定程度上影响行业发展。除上述六省市外,在2021年的评价结果之中,山东省也跨入"第一梯队",这可能与山东省近年来良好的产业发展形势和省政府对于山东人力资源服务业发展的政策支持力度日趋加大密切相关。省政府新闻办召开的新闻发布会指出了过去一年省政府在着力提升本省产业素质、助推山东省人力资源服务业加速成长方面取得的进步和作出的努力。近年来,山东省加强统筹谋划,创新思路举措,全力攻坚突破,有力促进了人力资源服务业高质量发展,提高了人力资源配置市场化水平,2020年,全省人力资源服务业营业收入迈向千亿,达到987亿元,同比增长39%,比"十二五"末增长2.7倍。同时在2020年,山东省强化了行业发展的制度供给,制定了《山东省人力资源市场条例》,成为全国第三个出台行业地方性法规的省份。注重行业领军企业的培育,从2018年以来,每年遴选20家左右规模较大、发展前景较好的人力资源服务机构,通过以大带小、精准施策,努力形成大企业顶天立地、小企业铺天盖地的良好产业生态,目前全省年营收过亿元的人力资源服务机构达129家。在打造平台载体方面,建成烟台、济南2家国家级产业园区和21家省级产业园区,省级以上园区进驻机构近800家,其中规模以上企业137家,有效促进了资源整合和产业集聚发展。从行业发展延续性看,"十三五"以来,山东省人力资源服务业年均增速保持在28%以上,超过全国平均水平。目前山东省共有人力资源服务机构7615家、从业人员9.6万人,较2014年翻了两番,其中民营性质机构7043家,占92%。除了产业规模迅速壮大,企业实力也在逐步增强,服务业态也更加丰富。从行业发展具体效益看,山东省人力资源服务机构充分发挥市场化、专业化优势,提供精准高效的招才引智服务,助力新旧动能转换、稳就业保就业、双招双引、脱贫攻坚等工作。2020年,山东省人力资源服务机构为1869万人次劳动者、88万家次用人单位提供服务,帮助实现就业和人员流动466万人次;通过高级人才寻访(猎头)服务,推荐选聘高级人才3.7万多人。接下来,山东省将加强行业标准化建设,制定省级人力资源服务产业园评估指标体系和人力资源服务机构等级评价标准,提升行业标准化水平;探索设立产业发展引导基金,扶持人力资源服务业高端业态发展;推进服务创新,举办人力资源服务创新创业大赛和第九届中国人才测评分会年会等,鼓励发展高级人才寻访、人力资源服务外包和管理咨询等高端业态,提升行业发展层次,为推动高质量发展提供更为坚实的人力资源服务支撑。

在 2021 年的评价结果中,海南省呈现了良好的发展态势,排名有大幅上升。海南排名大幅跃升得益于海南自由贸易试验区的落成与发展,近年来对外开放步伐不断加大,经济运行总体平稳,发展态势持续向好,国民生产总值小幅提高,增速高于全国平均水平,第三产业增加值也有所上涨,产业结构调整、经济转型升级的速度加快。与此同时,海南省政府先后发布《百万人才进海南行动计划》《关于认真做好"海南自贸港面向全球招聘人才活动"岗位征集工作的通知》《海南自由贸易港外籍"高精尖缺"人才认定标准(2020—2024 年试行)》等政策文件,提出"到 2020 年吸引各类人才 20万人左右;重大人才工程项目成效明显;重要人才平台载体建设进展顺利;人才公共服务保障体系更加健全",落实百万人才集聚计划、大师级人才/杰出人才引进计划、千名领军人才引进计划、"银发精英"汇聚计划、党政机关千人招录计划、事业单位人才延揽计划等人才引进政策,实施"南海名家""南海英才""南海工匠"等战略性特色人才培养政策,开展特色高效农业创新创业人才、优秀科技创新创业人才、旅游和文体企业创新创业人才等高层次人才的评选和认定工作,同时加强创新载体建设和创业支持、放开人才落户限制,不断加大柔性引才引智力度和荐才引才奖励力度。在产业规范化发展方面,省政府积极贯彻中央精神,出台《海南省开展清理整顿人力资源市场秩序专项执法行动实施方案》,通过专项行动加强人力资源市场法制宣传,有效遏制了职业中介领域的违法犯罪活动,规范了职业中介机构的中介活动和用人单位的招工行为,改善了本省人力资源市场秩序,为促进劳动者就业营造了良好的社会环境。此外,全省首个自治县级人力资源服务产业园——陵水人力资源服务产业园也于 2020 年 9 月在陵水挂牌成立,标志着地区人力资源服务业的发展向基层纵深推进。由此可见,过去一年海南省多措并举大力推进区域人才队伍和人力资源服务建设,为将海南打造成"全面深化改革开放试验区、国家生态文明试验区、国际旅游消费中心、国家重大战略服务保障区"提供人才人力支持。这一系列努力有利于培育市场主体、推进业态创新、加快开放合作,进一步改善了海南的人力资源服务业的发展环境。除政府大力支持外,海南省人力资源服务业发展规模指标和发展潜力指标也整体增长迅速,如人均人力资源服务业增加值、人均国内生产总值等指标均已达到或将达到全国中游水准,市场环境日趋成熟,产业基础逐渐完善。但不能否认,当前海南人力资源服务业发展水平与"第一梯队"仍有一定差距,现有发展水平与跨越式发展目标仍不协调,发展的质量有限,这不仅与海南本省经济发展的客观实际有关,还受制于行业从业人员的素质偏低和高层次人才紧缺因素。

在排名下跌的省份之中,湖北和河南均下滑较大。湖北省下跌的原因较为明晰,即2020年新冠肺炎疫情导致湖北面临封城、复工复产困难、人力资源短缺等,这对湖北省的国民经济造成了重创,使得其在一系列行业发展评价重点指标上的表现大幅下滑。具体表现在湖北人力资源服务业从业人员数量增量为负,即出现了明显的负增长(全国第二)。从业人员数的较多流出造成了湖北省人力资源服务业增加值比重、人力资源服务业增加值增速等指标在全国范围内排名的相对下滑,这和湖北前几年行业的高速发展形成了明显的对比。作为人力资源服务业发展水平评价指标体系中发展规模和发展速度的三个重要指标值,这直接反映出一个地区人力资源服务业的发展和增长状态,在这些关键指标上的疲软表现,说明2020年湖北人力资源服务业的总体发展活力、速度的确受到了客观经济社会形势的较大影响。然而,湖北人力资源服务业生产率较上年并未出现明显下降,保持稳定,反映出湖北在疫情控制攻坚期和疫后重振关键期内对行业发展的投入和努力,如在疫情控制攻坚期期间全省人力资源服务机构大力开展网络招聘、线上服务,保障了"停不得"企业近5万人用工需求。其中,湖北省人才市场、创新人力等公司组织2000余人投入火神山、雷神山医院建设。在疫后重振关键期期间,湖北省人力资源服务机构又举行了高端人才引进、百日千万网络招聘活动,推动复工复产,并深度参与"6+1"劳务协作行动,向浙江、广东等沿海省份输送劳动力,助力脱贫攻坚。在国家层面,中央支持湖北省加大对疫情防控一线专业技术人才关心关爱力度。如专家学术休假中增加湖北疫情防控一线专家的邀请数量;在2020年专业技术人才知识更新工程高级研修项目、国家级专业技术人才继续教育基地、专家服务基地、高技能人才培训基地和技能大师工作室建设中,给予湖北政策倾斜;指导湖北加大事业单位面向高校毕业生的公开招聘力度。这些措施对遏制湖北人力资源服务业发展的颓势起到了关键作用。从发展趋势看,湖北人力资源服务业自2020年末以来呈稳中向好态势发展,截至2021年6月底,全省各类人力资源服务机构有2465家,从业人员近4万人,预计全年营业总收入将超过900亿元,将向千亿级发起冲刺,行业规模和2015年的180亿元相比,也可实现连续五年近25%的增长,未来值得期待。

河南省的排名下跌了五位。河南省排名下跌主要有以下两方面原因:一是在经过前些年的较快发展后,人力资源服务业发展速度指标增长趋于放缓。具体来看,河南省上年人力资源服务业增加值增速为2.9%,虽然受疫情因素影响较上年有大幅下降,但在全国范围内已从2020年的全国第9位下跌到了2021年的全国第14位;上年人力资源服务业从业人数增速为-1%,也在全国中下游水平。二是反映人力资源服务业发展水平和发展潜力的部分指标排名已相对落后,如反映发展规模的人力资源服务业增值加比重、反映发展效益的人均人力资源服务业增加值,以及反映发展潜力的人均国内生产总值、城镇化率、居民人均消费性支出等指标均处于全国中等或中等偏后的水平,发展后劲有所不足。加之河南作为身处内陆的传统农业大省,农业人口占比高,工业和服务业无法给农业人口提供足够的工作岗位,城市化和工业化步伐相对落后,现代化的法治环境、营商环境、人文环境和管理方式亟待进步,也让河南失去了部分的产业发展机会。此外,河南的相对下滑也与近年来其他地区行业的强势崛起有关,特别是在京津冀、长三角、粤港澳一体化等区域集聚效应的影响下,全国各地的人才要素也在加速汇集上述地区,且中部崛起战略尚未显示出应有的辐射效力,河南的区域协同发展效果尚不明显,致使其人才流出状况较为严重。在这里我们看到,一个产业的发展不能只关注发展的速度,产业发展的基础以及未来发展的潜力等均是产业水平的重要组成部分,短期内发展速度指标的快速提升确实能带来短期排名的上升,但若想真正取得长期的进步并跻身于全国前列,还应注重产业发展的健康性、长期性和持续性积累。

考虑到 2020—2021 年度的评价指标体系与 2019—2020 年度相比,无论内容还是结构,都发生了一定的变化,因此以上分析与解释,仅供参考。

四、评价总结与政策建议

人力资源服务业在中国属于朝阳产业,现代知识经济对人才的重视使得这一产业在国民经济中的地位迅速提升,并引起人们的广泛关注和重视。国家、政府和社会都希望这一行业能健康、快速发展,为整个国民经济的持续健康发展作出应有的贡献。因此,了解人力资源服务业在不同地区的发展水平就成为实现这一期许的前提。中国幅员辽阔,南北差异巨大,这种差异既包括了社会文化的差异,也包含了内在经济发展水平的不一致,大部分产业在中国的地域差异是巨大的,人力资源服务业也不例外。了解这种地域差异是了解这个行业整体发展状况的重要组成部分,它对政府制定统筹发展的经济产业政策以及私人部门的投资决策有着巨大参考价值。

(一) 结果总结

本章通过设计人力资源服务业发展水平评价指标体系,在搜集 2021 年全国 31 个省区市的相关数据基础上,依托这一指标体系对各地区人力资源服务业发展水平进行了排序、分类,并对相关的数据结果进行了阐释与说明。通过这一研究过程,并综合对比前些年的排名结果,我们可以总结出以下认识。

1. 我国人力资源服务业整体发展环境持续优化,发展状态稳中向好

2020 年初的新冠肺炎疫情对全国各地的国民经济发展都造成了不小的负面影响,好在进入疫情防控常态化以来,国内整体经济发展环境趋于稳定,我国各地区人力资源服务业运转重新走上正轨。根据人力资源和社会保障部《2020 年度人力资源和社会保障事业发展统计公报》数据显示,2020 年末,人力资源服务机构 4.58 万家,人力资源服务业从业人员 84.33 万人;全年共为 4983 万家次用人单位提供人力资源服务,帮助 2.90 亿人次劳动者实现就业、择业和流动。就整年看,机构数量进一步增长、行业规模进一步扩大、高端业态快速发展、人力资源服务业产业园区持续铺开、人力资源

市场配置能力进一步提高,人力资源服务业总体发展水平稳中有进,发展环境不断改善,日益成为现代服务业和生产性服务业的重要组成部分,成为实施创新驱动发展战略、就业优先战略和人才强国战略的关键举措,成为构建人力资源协同发展产业体系的重要力量,成为经济社会长效健康发展的有力推手。

2. 我国人力资源服务业区域发展水平仍存在显著差异

从 2021 年人力资源服务业区域发展水平评价结果来看,我国人力资源服务业区域发展水平仍存在显著差异,且相对差距趋于稳定,中西部地区行业发展空间依然广阔。与我国经济发展水平的区域性差异类似,我国东部、中部和西部地区的人力资源服务业发展水平差距仍然明显。这种差异在相当一段时期内依旧会存在,但会随着不断发展而逐渐缩小。通过对比 2021 年和 2020 年我国各地区人力资源服务业发展水平的排名可以发现,2021 年 C 类省区的总数有了明显增加,D 类省区的总数有了明显减少(尤其是西部省区已有三分之二分布到 B 类、C 类),这也可以从一定程度上看出西部省区市人力资源服务业的发展水平在整体上有了提升。未来我们一方面不能忽视中西部省区市在行业发展中作出的努力,采取多方措施为人力资源服务业发展创造更好的环境与空间,不断提升其发展速度,发挥中西部行业后发优势;另一方面也要总结东部省市在人力资源服务业发展中的经验教训,注重行业的可持续性发展与长期积累,追求行业发展数量与质量的统一。

3. 应正确理解地区人力资源服务业发展与经济发展间的相互协同关系,重视两者间的良性互动

经济发展主要体现为经济水平和产业基础。经济水平是人力资源服务业发展的基础,而成熟的产业条件则是人力资源服务业发展的前置条件。具体来看,经济水平为人力资源服务业的发展提供了诸如资源、市场、基建等基础性条件,而产业积累则为人力资源服务业的发展提供了平台和依托。也即人力资源服务业的发展并不是孤立的,一个地区的经济发展水平可以反衬出产业发展的未来潜力,反映在本书中就是指标体系中人力资源服务业发展现状和人力资源服务业发展潜力两部分指标相辅相成,缺一不可。因此,人力资源服务业的发展在空间上并不是孤立的,需要地区整体经济建

设和产业发展的支撑;在时间上并不是能够短期速成的,需要长期性的经验积累和要素沉淀。反过来讲,人力资源服务业的不断发展也会促进地区产业结构的优化调整,繁荣地区的就业,提升企业运行效益,促进地区整体经济发展。这启示地方政府要兼顾人力资源服务业发展的速度和效益,打好产业发展的基础,注重产业发展的长期性、健康性和持续性积累。

4. 政府及时积极的政策扶持与宏观调控对人力资源服务业的发展至关重要

政府若大力完善相关产业政策、优化环境、增强监管、提升服务,如明确产业发展目标、具体扶持政策和监管措施,推动人才队伍建设和地方标准化的实施,搭建供需平台,引进人才等一些具体措施的推行,对于一个地区人力资源服务业的发展(尤其是发展速度指标)能起到极大的促进作用。2021 年海南省排名的迅速提升和河南省排名的大幅下滑,可以从很大程度上证明这一点。

5. 人力资源服务业将成为区域经济增长的新引擎

根据《中国统计年鉴》的数据显示,我国适龄劳动力人口占总人口比重逐年下降,已从 2013 年的 73.9%降至 2019 年的 70.6%;与此同时,人口抚养比从 2013 年的 35.3%上升到 2019 年的 41.5%。在这一人口结构性变化大背景下,企业的人力成本势必不断增加,倒逼人力资源需求从数量向质量转变,招聘、培训等人力资源环节应发挥更加大的人才人力合理配置作用,对人力资源服务业的需求也会更加旺盛。因此,人力资源服务业的发展对地区产业结构的优化与调整意义重大,对于增加地区人口的就业数量、提升企业运行效率具有更积极的影响。特别是在当前我国多个区域经济一体化进程如火如荼的情况下,人力资源服务业将成为加强区域智慧联结、促进区域经济发展的新推手。

(二) 政策建议

基于本章所构建的人力资源服务业发展水平评价指标体系以及以此为依托而计算出的近些年各地区人力资源服务业发展水平排名结果,吸取排名靠前地区人力资源服务业发展的先进经验与做法,在综合考虑产业发展与区域发展相结合的背景下,本章提出以下政策建议。

1. 依据经济发展状况确立本地人力资源服务业的发展目标

各省、自治区、直辖市人力资源服务业的发展目标应依据其经济发展状况而定,产业发展的相关政策也应与当地整体的社会经济发展政策相吻合,不能脱离现实而盲目追求产业发展的高速度。自 2014 年《关于加快发展人力资源服务业的意见》首次从国家层面对发展人力资源服务业作出全面部署以来,各省也相继出台了关于加快人力资源服务业发展的实施意见,支持人力资源服务业的发展。从近两年各地区人力资源服务业发展水平的实际排名结果来看,一些省区市在科学的发展目标和政策支撑下产业发展取得了长足的进步。总结其经验,重要的一点在于地方政府在发展人力资源服务业时,不能孤立地只从产业出发制定发展目标与发展政策,还应综合考虑地方的经济社会发展水平以及相关的发展政策,不能单单追求产业发展的高速度。《中国人力资源服务业蓝皮书 2020》一书也基于实证研究发现,各地区人力资源服务业发展水平与其经济社会发展水平密切相关。人力资源服务业作为现代服务业的组成部分,其主要意义就是服务于经济社会的发展。在当代中国,人力资源服务业作为新兴产业还不能起到显著的引领经济社会发展的作用,这就更应将其发展融于经济社会发展的大环境中,避免跨越式的产业推进带来的低效与资源浪费。这启示各地区在发展的过程中,应因地制宜地制定人力资源服务业发展规划,各地政府应通过系统调研,厘清人力资源服务业的现状,摸清机构、从业人员、服务内容等基本情况,全面了解经济社会发展对人力资源服务业的需求状况以及业务完成情况,拟定不同阶段的发展规划,确定整个区域的人力资源服务业的战略目标。

2. 加大各级政府政策扶持力度,助力行业发展

各省、自治区、直辖市政府应在政策层面大力扶持人力资源服务业的发展,不断实现政策的完善化、精准化,保持政策的延续性和平稳性,因地制宜地保证政策实施落地,避免各省间政策条文的相互模仿。首先,政府应积极转变职能,积极做好本地区人力资源服务业引导者与推进者的角色工作。充分发挥市场的主体作用,改善人力资源服务业发展的市场环境,鼓励和引导各类人力资源服务机构参与市场中的有序竞争,不断提升人力资源服务机构的竞争力以及相关从业者的素质水平。其次,重视顶层设计,要构建和完善支持人力资源服务业发展的政策体系,在因地制宜的基础上明确人力资源服务业的发展目标、具体的扶持政策以及配套的监管措施。再次,根据"放管服"改革要求,提升和创新监管服务能力,如进一步深化行政审批改革、推进诚信体系建设、推进行业标准化实施、加强行业队伍建设等,不断提升公共服务的供给能力和供给效率。最后,重视人才的作用,以政策优惠为吸引,依托各类人力资源服务机构搭建供需平台开展各类招才引智活动。

3. 增强各省、自治区、直辖市人力资源服务业发展中的联系与互动,在更高层面上实现产业区域发展的总体布局

尽管本章以省为单位对各地区人力资源服务业发展水平进行了排名,但是这并不意味着各地区人力资源服务业的发展是相互割裂的,反而彼此间存在着很强的联动性。本章研究的意义之一在于可以让各地区直观了解目前人力资源服务业的发展状况,摆正位置,更好地树立学习标杆,向行业发展较好的地区借鉴与学习,实现各地区人力资源服务业在发展中的优势互补;同时人力资源服务业发展水平较高地区应发挥好辐射带动作用,这样才能实现人力资源服务业的有效整合,实现行业的发展壮大。我国东部地区目前仍保有经济、科技、人才等多重优势,作为我国现代人力资源服务业的发源地扮演着产业领头羊的角色。中西部地区虽然目前发展水平处于弱势,但具有较大发展空间和后发优势。未来要持续调动东部地区对中西部地区产业发展的带动拉动作用,形成对中西部地区产业拉动和资源输入的影响效应,通过政策优惠等方式进一步推动其开拓中西部市场,以产业发展的先进经验带动中西部地区的产业结构转型升级。与此同时,中西部地区尚处于跨越发展阶段,在多数领域并不具备领跑能力,应采取跟跑策略。但跟跑并不是保守的,因为它要求始终贴近行业前沿、快速跟进创新业态,通过模仿创新、再创新和集成创新等手段,形成自己的成长模式和竞争优势,充分把握自身"后发优势",积极主动地学习东部地区先进经验,尽可能规避东部地区在产业发展中的弯路岔路,降低发展成本。如2021年排名大幅上升的海南省在制定本省《海南自由贸易港外籍"高精尖缺"人才认定标准(2020—2024年试行)》等政策文件时,便深度借鉴了上海自贸区、天津自贸区等的人才政策设计方案,在人力资源服务机构对外合作方面优化了相关条例,取得了明显成效。

　　然而从全国范围看,各地区人力资源服务业在发展中的联动效应尚未凸显,人力资源服务业发展水平较高地区的辐射带动作用尚未充分发挥。若想实现这种联动和辐射效应,应从以下三个方面着手。第一,以产业集聚为基础,在更高层面上实现产业区域发展的总体布局。目前来看,各省均在积极推进人力资源服务产业园的建设,试图依托已形成的产业发展优势,发挥产业集聚效应。然而依托人力资源服务产业园而形成的产业集聚目前看仍仅局限在某一个城市或者区,尚未在某个区域范围内以点带面形成合力,这就需要未来在更高层面上实现产业区域发展的总体布局,这里的区域选择可以是京津冀、长三角、珠三角、成渝经济圈、中部六省经济圈等。围绕某个区域,合理规划布局,形成集聚优势,提升溢出效应,可成为产业未来发展的重要路径选择。第二,完善各地区间人力资源服务业沟通与协调机制,加强相互间的资源要素共享,发挥行业协会在地区间合作交流中的作用。第三,为各地区间人力资源服务业发展的联系与互动配套以相应的制度保障。

　　4. 建立人力资源服务业创新发展的复合型人才培养机制

　　人力资源日益成为经济社会发展的第一资源,任何行业的发展都离不开专业人才,人力资源服务业的发展也不例外。基于人力资源服务业高技术含量、高人力资本、高成长性和辐射带动作用强等特点,其在识人、选人、用人、育人、留人、送人都各环节都有其特定的专业要求,因而人力资源服务业的繁荣更需要创新发展的复合型人才。同时,人力资源服务业志在促成百业兴旺,其服务对象具有跨行业的特点,要为各行各业的管理者提供岗位配备、人才激励等各种形式的人才管理服务。因而,人力资源服务业人才不仅要拥有人力资源管理专业的理论知识,还要掌握所服务行业机构的用人标准和模式,唯其如此才能提供有的放矢的高品质服务。此外,从企业成长角度看,小型人力资源服务业机构往往从事低层次的人才服务,中型人力资源服务业机构的主营业务往往依托于特定的某类行业,大型综合实力强的人力资源服务业机构才能提供更广、更深、更多层次的业务服务,因而创新发展的复合型人才也是人力资源服务业机构实现跨越成长的必要条件。

　　培养创新发展的复合型人力资源服务人才需要建立理论与实践相结合的培训机制。首先,以培养人力资源服务人才为主的人力资源管理学科要做到理论素养和实践技能深度融合,如构建人力资源管理专业专家学者参与实务的机制。离开现场谈管理知识是空中楼阁,必须加强行业理论派的实践意识和技能。在此基础上构建产学研三合一教学模式,增设实务类课程,培养学生的实践技能,推进构建创新发展的复合型人才培养机制。其次,加强行业培训。行业培训不仅要充分对接国家和各地人社部,做好行业服务标准的学习和解读工作,还要充分发挥行业协会在行业代表、行业自律、行业协调等方面的功能,以学术论坛、技能大赛等形式促进行业技术经验的交流。总之,要夯实人力资源服务业发展的基石,培养更多创新发展的复合型人才,从而促进各地人力资源服务业的发展。

5. 利用大数据和"互联网+"技术,加强行业数据库建设

利用大数据和"互联网+"技术发展人力资源服务业是落实国家"互联网+"发展战略的要求。发展人力资源服务业要推动人力资源服务和互联网的深度融合,积极运用大数据、云计算、移动互联网、人工智能等新技术,促进人力资源服务业创新发展、融合发展。加强人力资源服务信息化建设,构建人力资源信息库,实现数据互联互通、信息共享,是促进人力资源优化配置的基础,是未来人力资源服务业发展的基石。智能化人力资源服务正在兴起,一些互联网背景的人力资源服务公司,依托人才大数据库,可以做到智能化人岗匹配。然而,谙熟大数据和"互联网+"技术的现代人力资源服务业机构并不多,大部分企业还停留在传统的人工技术操作层面。因此,加强IT精英加盟人力资源服务行业是突破行业发展瓶颈的有效途径。

此外,大数据和人工智能也有助于解决我国人力资源服务业行业数据库统计不完善的问题。目前人力资源服务业相关实证研究中所面临的最大困难在于统计数据严重不足,仅有的一些统计数据还存在着各省间统计口径差异的问题。制定人力资源服务业发展政策应基于对行业发展状况的精准认识和把握,而目前人力资源服务业相关统计数据的缺乏使得决策者在制定相关政策时更多地依赖自己的主观经验和主观判断,这种对于行业发展认识的模糊性直接降低了决策的科学性和准确性。因此,未来将人力资源服务业作为一个独立的行业门类,纳入国民经济统计的范畴,定期公布相关统计数据就显得尤为重要。一方面这有利于相关研究者在深入处理相关数据信息的基础上构建更为科学合理的行业发展水平/竞争力评价体系和机制,深入了解行业发展状况;另一方面可以为人力资源服务机构制定自身

的发展规划、人力资源服务业主管部门制定和优化政策提供依据。

6. 大力推进产业园区建设,扶持新机构可持续发展

国家要继续大力推进人力资源服务产业园建设。一个产业园区能搭建起一个行业集聚发展的实体平台,有利于加快市场主体的培育,促使新机构的产生,促进行业规范有序发展,激发人力资源服务业市场有序竞争,从而激发服务创新、完善服务链条,提升服务能力和水平。国家现有 23 个国家级人力资源服务业产业园,涉及 19 个省市,广东省、浙江省和上海市人力资源服务业发展一直名列前茅,与三地人力资源服务业产业园区建设密不可分。上海市拥有全国第一家国家级人力资源服务产业园,广东拥有广州、深圳两个国家级人力资源服务产业园,浙江也拥有杭州、宁波两个国家级人力资源服务产业园。三地产业园区的发展为其他各行业的发展提供了强有力的人才支撑,落实满足了经济社会发展产生的人力资源服务需求,促使当地人力资源服务业成为现代服务业发展的增长点。

要根据各地人力资源服务业发展水平,建立国家级、省级、县域级的产业园区,以适应当地经济社会发展对人才的需求,因地制宜地扶持人力资源服务业的发展。例如 2021 年人社部新批复将济南市和沈阳市的省级人力资源服务业产业园转为国家级人力资源服务业产业园,足以证明这两个地方产业园区对山东省和辽宁省的人力资源服务业起到的极大促进作用。

促进品牌人力资源服务机构发展,扶持新机构可持续发展。人力资源服务业作为新兴产业,其机构实体层次多样,不乏实力雄厚、成立较早的机构,还有一些中小型新机构,这些新机构是人力资源服务业的有机组成部分,其可持续发展值得关注。据国家企业信用信息公示系统和企查查网站显示,2020 年,我国以"人力资源"冠名的注册企业有 45236 家,其中在业/存续企业有 40840 家,有 4396 家企业存在吊销、迁出、停业等经营异常情况,占总注册企业的 9.72%,这表明新建机构在人力资源服务业存活很不容易。尽管中小型人力资源服务业运营成本低,但如果没有固定的客户源和稳定的效益收入,维持运营也很艰难,因而国家有必要加大对中小人力资源服务业机构的扶持力度,以满足各类企业对人力资源服务的不同层次需求。

机构的发展人才是关键。人力资源服务业更应践行人才是第一社会资

源的理念,做好全国人力资源服务行业人才的配置,鼓励东部发达地区的人力资源服务业机构主体开拓中部、西部市场,打破专业人才流动的壁垒,促使东部人力资源服务业精英到中西部人力资源服务业市场创业,发掘促进中西部人力资源服务业市场潜力;结合西部大开发战略,弥补发展的不均衡,才能促进全国人力资源服务业实现快速普惠发展。

2017年,十九大报告把区域协调发展上升为国家七大战略之一。中国是发展中大国,各个区域具有各自比较优势,发展呈现差异性是必然的,但区域差距不能过大,应打破区域分割、各自为政的状况,按照优势互补、互利共赢的原则,加强区域合作,不断缩小区域差距。人力资源服务业作为一种服务人力资源与人才的创新创业以及促进人力资源协同发展的产业,对增加地区人口的就业数量、优化与调整地区产业结构有显著的推动作用,凸显了其在实现区域协调发展目标中的战略性意义。

【本章小结】

本章所做的中国各省区市人力资源服务业发展情况评价及政策建议,有利于更加直观地把握人力资源服务业发展的阶段性特征和区域性差异。一方面可以为未来国家实现更高视角和层次的产业布局和规划打下基础,在制定产业政策时能够更加注重统筹发展、提升政策制定的针对性和有效性;另一方面亦可以为各地区未来进一步展开行业监管、制定行业规范提供借鉴与参考,基于自身情况制定出更为合理的发展目标与产业政策,进而推动整个产业的均衡协调发展,为实现我国区域协调发展和现代化的目标助力。

第四章 人力资源服务行业十大事件

【内容提要】

《中国人力资源服务业蓝皮书2021》记载的大事件,较好地覆盖了人力资源服务业发展的各个维度,与2020年蓝皮书相比,本章既有延续,又有创新:"延续"体现在评选方法、流程、标准、述评框架以及事件分类上,继续以先进性、开拓性、推动性、典型性和影响性为评选标准与述评框架,遵循事件搜集与征集、公开评选和专家评审的程序评选出十大事件;此外,继续将事件分为政策、著作、行业、会议四个类别。"创新"体现在事件及其述评内容上,本年度事件完全更新,因此本章述评的内容也是全新的。

此次评选出的十大事件中,政策事件2件,著作事件4件,行业事件2件,会议事件2件。政策类的第一个事件为《网络招聘服务管理规定》,该规定是我国网络招聘服务领域第一部部门规章;第二个事件为人力资源和社会保障事业发展"十四五"规划,是"十四五"期间人力资源服务业发展的基础性、指导性文件。著作类的第一个事件为《中国人力资源服务业蓝皮书2020》,客观、深入、系统、完整地反映了我国人力资源服务业的发展现状;第二个事件为《人力资源市场蓝皮书:中国人力资源市场分析报告(2020)》,其中第五部分为人力资源服务业专题;第三个事件为《中国人力资源服务产业园发展报告(2021)》,全面总结了我国人力资源服务产业园的发展现状;第四个事件为《中国人力资源服务业发展报告(2019—2020)》,基本涵盖人力资源服务行业的所有内容,是一个综合性的业务指南。行业类的第一个事件为人力资源社会保障部新批复设立中国石家庄、中国沈阳、中国济南人力资源服务产业园,至此,全国国家级人力资源服务产业园数量已达 22 家;第二个事件为上海外服 A 股上市,成为沪市 A 股主板人力资源第一股以及 A 股市场第二个人力资源标的。会议类的第一个事件为 2021 中国人力资源服务业高层论坛暨研究成果发布会,聚焦人力资源服务业"助推双循环经济格局,促进高质量发展战略";第二个事件为第一届全国人力资源服务业发展大会,是首次全国性人力资源服务行业大会。

Chapter 4　Top Ten Events of Human Resource Service Industry

【Abstract】

The top events in the *2021 Blue Paper for Human Resource Service Industry in China* have covered almost all the aspects of the development of China's Human Resource Service Industry in 2021. Compared to the *2020 Blue Paper*, this chapter is both successive and innovative. The successive side is reflected in the appraisal method, procedure, criteria, framework of review and comment, and classification, in the light of the previous selecting criteria and framework of review by the five attributes of being advanced, enterprising, impelling, typical and influential, following the procedure of events collecting, public appraisal and then experts review, to select the 10 top events of the year. In addition, the classification of policy, publication, industry and conference is retained. The innovative side is reflected in the events and the content of review and comment.

The content is virtually completely updated because of the totally new 10 top Events, which are comprised of 2 policy events, 4 publication events, 2 industry events and 2 conference events. The details are as following: In the policy category, the first event is "Management Regulation on the Network Recruiting Service", which is the first regulation on the sphere of network recruiting service in China; the second event is the "14th Five-Year Plan for Human Resource and Social Security Development", which is the fundamental guidebook of the development of human resource service industry during the period of 14th five years.

In the publication category, the first event is "2020 Blue Paper for Human Resource Service Industry in China", which reflects the de facto of the development of human resource service industry in China, objectively, profoundly, systematically, and thoroughly; the second event is "Analysis Report on Human Resource Market in China(2020)", the fifth part of which is the special topic on human resource service industry; the third event is "Annual Report on the Development of Human Resource Service Zone in China (2021)", which comprehensively summarizes the current and on-going development of the human resource service zones in China; the fourth event is "Annual Report on the Development of China's HR Service Industry(2019-2020)", which almost covering all the contents of human resource service industry, as a general handbook. In the industry category, the first event is the "Department of Human Resource and Social Security newly approved to establish three human resource service zones of the national level in Shijiazhuang, Shenyang, and Jinan", and then there are 22 human resource service zones of national level in China by now; the second event is "Shanghai Foreign Service(Group)Co.,Ltd, went public at Shanghai A Share", so as to be the first stock of human resource at A Share Mainboard and the second underlying stock of human resource at A Share market. In the conference category, the first event is the "2021 High-level Forum on Human Resource Service Industry and Release Conference of Research Achievements", with the theme of human resource service industry "boosting dual-circulation economic pattern, advancing high-quality economic development strategy"; the second event is the "1st National Conference on the Development of Human Resource Services", which is the first, national industry conference on human resource service.

2020 年 7 月至 2021 年 7 月,我国人力资源服务业发展迅猛,行业发展规模和水平不断提升,服务领域和服务内容多元化,逐渐进入高质量发展阶段。本章延续以往蓝皮书相关章节,继续记载中国人力资源服务业的发展历程,旨在让公众深入了解 2020—2021 年期间中国人力资源服务业在政策、会议、著作和行业这四个方面所取得的突破性进展。

本章首先介绍大事件评选的指导思想、评选目的与意义、评选的原则与标准以及评选的流程；然后对评选出来的十大事件分别进行述评。

一、行业大事件评选概述

2020年7月至2020年7月期间，中国人力资源服务行业继续呈现迅猛发展态势，逐渐进入高质量发展阶段。

为了圈点中国人力资源服务业在这一年度所取得的突破性进展，进一步厘清并记录中国人力资源服务业的发展历程，我们对发生在2020年7月至2021年7月这一阶段、与人力资源服务业相关的事件进行了搜集和征集。为了保持本书的延续性，事件的筛选基本延续了往年《中国人力资源服务业蓝皮书》中大事件评选的指导思想、选拔的目的和意义、评选原则与标准，同时结合时代要求和阶段性特征，在指导思想、评选方式等方面进行了一定的开拓和创新。此外，因为疫情防控的缘故，此次评选采用了以网络评选为主、线下发放为辅的方式，将搜集、征集进而筛选出的大事件制作成问卷，发给全国及地方的各专业机构、协会、学会，邀请行业专家及从业人员进行评选，最后由专家委员会进行研究评定，最终确定了年度人力资源服务业十大事件。

（一）指导思想

全面贯彻习近平新时代中国特色社会主义指导思想，以邓小平理论、"三个代表"重要思想、科学发展观为指导，围绕贯彻实施就业优先战略和人才强国战略，充分发挥市场在人力资源配置中的决定性作用、更好地发挥政府作用，以产业引导、政策扶持和环境营造为重点，健全管理制度，完善服务体系，提高服务质量，推进人力资源服务业标准化、品牌化建设，推动人力资源服务业快速发展，为实现充分就业和优化配置人力资源，促进经济社会发展，提供优质高效的人力资源服务保障。

（二）评选目的与意义

人力资源是推动经济社会发展的第一资源，人力资源服务业是生产性服务业和现代服务业的重要组成部分,对推动经济发展、促进就业创业和优化人才配置具有重要作用。近年来,我国的人力资源服务业快速发展,新模式、新业态不断涌现,服务产品日益丰富,服务能力进一步提升。"十一五"以来,党和国家高度重视人力资源特别是人力资源服务业。党的十九大明确提出,在人力资本服务等领域培育新增长点、形成新动能。《国家中长期人才发展规划纲要》《关于加快发展服务业的若干意见》《人力资源和社会保障事业发展"十三五"规划纲要》《人力资源服务业发展行动计划》等文件对发展人力资源服务业提出了明确要求,要大力发展人力资源服务业,坚持"市场主导,政府推动""融合创新,集聚发展""促进交流,开放合作"的基本原则,到 2020 年,基本建立专业化、信息化、产业化、国际化的人力资源服务业体系,实现公共服务有效保障、经营性服务逐步壮大,服务就业创业与人力资源开发配置能力显著提高,人力资源服务业对经济增长贡献率稳步提升。

经过多年的努力,我国的人力资源服务业发展取得了长足的进步。根据人力资源和社会保障部《2020 年度人力资源和社会保障事业发展统计公报》,截至 2020 年底,人力资源服务机构 4.58 万家,人力资源服务业从业人员 84.33 万人;全年共为 4983 万家次用人单位提供人力资源服务,帮助 2.90 亿人次劳动者实现就业、择业和流动。人力资源服务业助力经济高质量发展,助力促进就业创业、优化人力资源配置,实现了良好的社会效益、经济效益和人才效益。

因此,《中国人力资源服务业蓝皮书 2021》编委会延续传统,组织开展了 2020—2021 年促进人力资源服务业发展的十大事件评选活动(以下简称"十大事件"),重点描述和刻画中国人力资源服务业在过去一年的快速发展,以期让更多的人了解和认识中国人力资源服务业的发展动态,进一步提高全社会对人力资源服务业的关注,从而为我国人力资源服务业未来的高速发展打造良好的内外部环境。

(三) 评选原则与标准

本次评选活动遵循"严格筛选、科学公正、公平合理、公开透明"的原则,在人力资源服务业蓝皮书编委会和相关顾问的指导下进行,整个评选活动严格按照预定的流程进行规范操作。此次大事件评选的标准如下：

1. 先进性，反映出行业发展的新趋势，能带动全行业朝向世界先进水平发展；

2. 开拓性，在行业的发展历程中具有里程碑式的意义；

3. 推动性，对行业的未来发展与变革起到了推动性的作用；

4. 典型性，与行业发展直接、高度相关，在行业发展中发挥了表率作用；

5. 影响性，具有广泛的社会影响力，以及积极的社会反响。

（四）评选方式与程序

因为疫情防控的原因，本年度大事件的评选是在事件筛选的基础之上，采用以线上评选为主、线下评选为辅的方式。经历事件采集与分类、评选、研究评定三个阶段，最终选出了本年度中国人力资源服务业十大事件。

第一阶段，事件采集与分类。我们一方面通过学术搜索、新闻检索、政府网站、行业网站、期刊、报纸等渠道对人力资源服务业的相关事件进行广泛的、粗放的、持续的搜集与整理，然后按照前述原则与标准对搜集到的所有事件进行初步的筛选；另一方面邀请了与人力资源服务业直接相关的政府机构、行业协会、企业以及从业人员等组织或个人对行业事件进行推荐与补充，充分听取意见与建议。在此阶段，编委会初步确定了2020年7月至2021年7月的人力资源服务业重大事件共88个，建立起备选事件库。备选事件库中的事件分为四类，分别是政策类36件、著作类15件、行业类9件、会议类28件。为了确保最终上榜事件与备选事件比例不低于1∶3，编委会按照先进性、开拓性、推动性、典型性、影响性的标准又对初选事件进行了更加细化、深化的排名与筛选，最终筛选出37件事件进入第二阶段的评选，其中政策类13件、著作类7件、行业类6件、会议类11件，事件名称及内容详见表2-4-1。

表 2-4-1　备选事件库中的事件及其相关说明

类别	事件名称	事件介绍
政策类	人力资源社会保障部关于开展人力资源服务行业促就业行动的通知	要求聚焦疫情防控常态化条件下促就业工作的现实需要,充分发挥人力资源服务机构的职能优势和专业优势,创新方式,精准施策,为促进稳就业保就业、维护经济发展和社会稳定大局、决战决胜脱贫攻坚、全面建成小康社会,提供坚实有力的人力资源服务支撑。
政策类	中国共产党第十九届中央委员会第五次全体会议通过《中共中央关于制定国民经济和社会发展第十四个五年规划和二〇三五年远景目标的建议》	该建议提出加快发展现代服务业。推动各类市场主体参与服务供给,加快推进服务业数字化。推动生活性服务业向高品质和多样化升级。推进服务业标准化、品牌化建设。
政策类	人力资源社会保障部《关于实施职业技能提升行动创业培训"马兰花计划"的通知》	实施"马兰花计划",健全并完善政府引导、社会参与、创业者自主选择的创业培训工作机制。创业培训机构突破5000家,并结合高技能人才培训基地建设,发展一批更高水平、更具影响力的创业培训示范基地。
政策类	人力资源社会保障部办公厅关于进一步做好人才公共服务机构市场供求信息发布工作的通知	指出高度重视市场供求信息发布工作。开展人才公共服务机构定期发布市场供求信息工作,是人力资源市场建设的重要内容,是健全完善人力资源市场体系的重要举措,是分析研判就业形势、促进人才合理流动的客观需要。
政策类	人力资源社会保障部发布《网络招聘服务管理规定》	是我国网络招聘服务领域第一部部门规章,对网络招聘服务活动准入、服务规范、监督管理、法律责任等作出规定。
政策类	人力资源和社会保障部印发《人力资源和社会保障事业发展"十四五"规划》	该规划提出要建设高标准人力资源市场体系,实施人力资源服务业高质量发展行动。
政策类	人社部部署实施 2021 年西部和东北地区人力资源市场建设援助计划	援助计划旨在深入贯彻落实中央巩固拓展脱贫攻坚成果和全面推进乡村振兴决策部署,主要开展促进劳动力就近就地就业、东西部劳务协作、高校毕业生专场招聘、结对帮扶、筑巢引凤和人力资源市场供求信息监测等活动。
政策类	国务院办公厅《关于服务"六稳""六保"进一步做好"放管服"改革有关工作的意见》	提出进一步推动优化就业环境。梳理压减准入类职业资格数量,持续动态优化国家职业资格目录。建立职业技能培训补贴标准动态调整机制。进一步推动减轻市场主体负担。

类别	事件名称	事件介绍
政策类	人力资源社会保障部国家发展改革委 财政部 农业农村部 国家乡村振兴局关于切实加强就业帮扶巩固拓展脱贫攻坚成果助力乡村振兴的指导意见	推进公共就业服务向乡村地区延伸,把就业服务功能作为村级综合服务设施建设工程重要内容,将公共就业服务纳入政府购买服务指导性目录,支持经营性人力资源服务机构、社会组织提供专业化服务。
政策类	人力资源社会保障部办公厅关于《加强新职业培训工作的通知》	提出加快新职业标准开发,组织开展新职业培训,加强新职业培训基础建设,有序开展新职业评价,强化政策待遇落实等措施。
政策类	人力资源社会保障部关于印发《人力资源社会保障部在全国范围内推行"证照分离"改革全覆盖实施方案》《人力资源社会保障部在自由贸易试验区进一步加大"证照分离"改革力度试点实施方案》的通知	涉及经营性中外合作职业技能培训机构设立、分立、合并、变更、终止审批,人力资源服务许可,劳动派遣经营许可,以技能为主的国外职业资格证书及发证机构资格审核和注册。
政策类	人力资源社会保障部《关于印发"技能中国行动"实施方案的通知》	提出发挥市场在人力资源配置中的决定性作用。健全完善"技能中国"政策制度体系,实施"技能提升"行动,实施"技能强企"行动,实施"技能激励"行动,实施"技能合作"行动等。
政策类	人力资源社会保障部办公厅关于发布《电子劳动合同订立指引》的通知	加快建设电子劳动合同业务信息系统和公共服务平台,及时公布接收电子劳动合同的数据格式和标准,逐步推进电子劳动合同在人力资源社会保障政务服务中的全面应用。
著作类	《中国人力资源服务产业园发展报告(2019—2020)》	报告总结了近年来国家人力资源服务产业园的新发展情况,分别从产业园发展现状、政策制度建设等多方面阐述了产业园的创新发展经验成果,分析了目前产业园建设发展中存在的问题和改进方向,展望了人力资源服务产业园未来发展趋势。
著作类	浙江省人力资源和社会保障厅在杭州发布《2020浙江省人力资源服务业发展白皮书》	是全国首个人力资源服务业发展白皮书。白皮书涵盖2020年浙江省人力资源服务业发展报告、2019年度浙江省人力资源服务机构榜单、浙江省人力资源服务产业园基本情况、人力资源协同指数构建报告等内容。

类别	事件名称	事件介绍
著作类	人力资源市场蓝皮书：中国人力资源市场分析报告（2020）	对人力资源市场供给与需求、就业与失业、薪酬、人力资源服务等方面进行了系统分析。全书包括总报告、宏观分析、区域人力资源市场、薪酬状况、人力资源服务五个专题，共28篇报告组成。
著作类	《中国人力资源服务业蓝皮书2020》	北京大学人力资源开发与管理研究中心发布《中国人力资源服务业蓝皮书2020》，该书紧紧把握时代的脉搏，通过对2019—2020年度中国人力资源服务业的发展状况进行深入调查与系统梳理，运用理论归纳、事实描述、数据展现、案例解读等方式，全面展现了当代中国人力资源服务业的发展状况、特色亮点和新进展。
著作类	《中国人力资源服务产业园发展报告（2021）》	该书全面总结了人力资源服务产业发展和产业园的基本情况、政策制度、管理运营、服务体系、抗击疫情和助力脱贫攻坚等方面情况，展望了"十四五"我国人力资源服务产业园发展方向。
著作类	36氪研究院发布《2021年中国人力资源服务行业研究报告》	分析了在新的宏观形势下，"以人为本"的人力资源服务行业面临新的机遇与挑战，并对人力资源服务行业发展趋势进行了展望。
著作类	《中国人力资源服务业发展报告（2019—2020）》	这是第五次编写人力资源服务业发展报告，宣传了人力资源服务业的新发展，宣传了人力资源服务业在促进就业创业方面的重要作用，分析了行业发展的新形势新任务。
行业类	北京大学人力资源开发与管理研究中心、上海市对外服务有限公司联合发布《中国各省市区人力资源服务业发展水平排行榜（2020）》	榜单显示，上海、广东、江苏、浙江、北京、天津、湖北、山东这8个省市的得分均在1以上。上海独占鳌头，且领先优势较为明显；广东、江苏、浙江、北京紧追其后且得分较为接近；天津、湖北、山东3省、市在这8个地区中排名相对靠后。
行业类	稳就业促就业 人力资源服务业在行动	这是国家层面首次部署开展人力资源服务行业促就业行动。
行业类	2020中国人力资源服务业年度十大人物榜单发布	此榜单由HR价值网和杂志《HR领袖》联合发布，本次评选以"谁将赢得中国人力资源服务业尊重"为主题，发布本年度人力资源服务业最具影响力的十大人物。
行业类	人力资源社会保障部新批复设立中国石家庄、中国沈阳、中国济南人力资源服务产业园	至此，全国国家级人力资源服务产业园数量已达22家。国家级产业园在推动人力资源服务业高质量发展、促进就业、优化人力资源配置及打造当地经济社会发展新引擎等方面，发挥了积极作用。

续表

类别	事件名称	事件介绍
行业类	全国工商联人力资源服务业委员会启动	全国工商联人力资源服务业委员会共有成员119人,在人力资源服务行业内均具有一定代表性。
行业类	强生控股收到《关于核准上海强生控股股份有限公司重大资产重组及向上海东浩实业(集团)有限公司发行股份购买资产并募集配套资金的批复》核准	东浩实业下属的上海外服作为国内人力资源服务行业的领先企业,有望通过登陆资本市场巩固行业领先地位。
会议类	中国国际服务贸易交易会举办"2020年服贸会人力资源服务主题活动"	本届服贸会为人力资源服务企业首次参展,体现了人力资源服务业蓬勃发展的态势。
会议类	中国人力资源服务业发展论坛	论坛立足人力资源服务行业先进模式和资源,共同探讨领先的人力资源服务和管理理念、人力资源技术创新产品和创新服务,助力企业实现人力资源变革与升级,推动人力资源服务产业行业发展,全面提升企业人力资源管理和行业发展水平。
会议类	2021中国人力资源服务业创新大会	本次大会以"人力资源服务业跨界怎么玩"为主题,围绕人力资源行业如何跨界、突破创新及人力资源行业产业升级等话题展开讨论。
会议类	中国人力资源服务产业园峰会暨中国上海人力资源服务产业园区十周年系列活动	回顾产业园发展历程,研讨新发展格局下人力资源服务发展策略。
会议类	2021年中国人力资源协同发展交流会暨2020年中国人力资源服务业十大创新案例及企业优秀案例发布研讨会	《中国人力资源社会保障》理事会与中国劳动学会企业人力资源管理与开发专委会在京联合举办,会上公布了获奖案例。
会议类	2021中国人力资源服务业高层论坛暨研究成果发布会	助推双循环经济格局,促进高质量发展战略。中国人力资源服务业高层论坛暨人力资源服务业高质量发展环境指数评价研究成果发布会在北京大学举行。来自政界、企业界、学界等的代表30余人出席论坛,线上收看人数逾4000人。

类别	事件名称	事件介绍
会议类	2021 首届人力资源行业数字化赋能创新论坛	数字化是信息化发展的新阶段,近年来,数字化在人力资源服务领域方兴未艾,数字化转型是人力资源服务机构提升核心竞争力、实现弯道超车的必然选择。
会议类	第十七届中国人力资源服务业高峰论坛、首届中国(青岛)RCEP 人力资源服务产业发展峰会、2021 亚太人力资源开发与服务博览会	大会以"乘风破浪——寻找人力资源服务的蓝海"为主题,集聚全国各省市有关部门和行业协会、知名人力资源机构负责人等近 300 人,共同探讨 RCEP 视角下人力资源服务行业面临的机遇与挑战。
会议类	2021 中国(鞍山)首届人力资源服务业发展大会	本次大会以"做强人力资源服务业,打造经济发展新引擎"为主题,集聚全国各省市有关部门和行业协会、知名人力资源机构负责人等 200 余人,共同探讨人力资源服务行业面临的机遇与挑战。
会议类	2021 世界人工智能大会人才交流高峰会	本届高峰会发布 500 余家企业的 2000 余个 AI 相关岗位需求,链接海内外 50 余所人工智能专业相关高校学子,覆盖美国、加拿大、新加坡、日本、德国、英国、法国、中国香港等 8 个以上国家和地区的专业 AI 类人才社群。
会议类	第一届全国人力资源服务业发展大会	本届大会由中华人民共和国人力资源和社会保障部、重庆市人民政府主办,以"新时代、新动能、新发展"为主题,集中展示人力资源服务业发展成果,加强供需对接,促进行业交流,推动新时代人力资源服务业快速健康发展。

第二阶段,评选。本阶段的主要目标是通过线上投票和线下投票结合的形式,对 37 个大事件进行进一步的筛选。编委会依据第一阶段的结果在问卷星上制作了问卷,在相关协会、企业的网站以及北京大学人力资源开发与管理研究中心网站发布。此外,还向参与第一阶段事件推荐的各单位通过微信公众号、专业微信群进行了广泛而又集中的投放,包括中国对外服务协会、上海对外服务协会、各地人力资源服务行业协会以及中国人力资源研究会测评专业委员会等。网络投票开始于 2021 年 7 月 16 日,该通道保持持续开放,问卷的最后一项邀请参与投票的人员补充他们认为重要的事件进入备选事件库,旨在防止出现遗漏重大事件的情况。在此阶段,我们还通

过电话的方式与行业的一流专家学者进行了一对一的沟通,请他们补充、推荐事件。网络投票开始之后,编委会也在与人力资源服务业相关的线下会议上集中发放了纸质问卷。通过回收和统计,对37个大事件按照得票率高低进行排序,最终结果如表2-4-2所示。

表 2-4-2　37 个候选事件得票比例汇总表

排序	事件名称	总得票率
1	人民出版社出版《中国人力资源服务业蓝皮书2020》	66.41%
2	《人力资源市场蓝皮书:中国人力资源市场分析报告(2020)》62.6%	
3	《中国人力资源服务产业园发展报告(2021)》	56.49%
4	第一届全国人力资源服务业发展大会在重庆国际博览中心举办	55.73%
5	人力资源和社会保障部印发《人力资源和社会保障事业发展"十四五"规划》	54.96%
6	人力资源社会保障部新批复设立中国石家庄、中国沈阳、中国济南人力资源服务产业园	49.62%
7	2021中国人力资源服务业高层论坛暨研究成果发布会在北京大学举行	46.93%
8	《中国人力资源服务业发展报告(2019—2020)》	45.82%
9	人力资源社会保障部发布《网络招聘服务管理规定》	42.75%
10	强生控股收到《关于核准上海强生控股股份有限公司重大资产重组及向上海东浩实业(集团)有限公司发行股份购买资产并募集配套资金的批复》核准	41.98%
11	中国人力资源服务产业园发展报告(2019—2020)	41.22%
12	人力资源社会保障部 国家发展改革委 财政部 农业农村部 国家乡村振兴局关于切实加强就业帮扶巩固拓展脱贫攻坚成果助力乡村振兴的指导意见	40.46%
13	北京大学人力资源开发与管理研究中心、上海市对外服务有限公司联合发布《中国各省市区人力资源服务业发展水平排行榜(2020)》	38.93%
14	第十七届中国人力资源服务业高峰论坛、首届中国(青岛)RCEP人力资源服务产业发展峰会、2021亚太人力资源开发与服务博览会在青岛举行	38.93%
15	2021世界人工智能大会人才交流高峰会在上海举行	38.17%

排序	事件名称	总得票率
16	稳就业促就业 人力资源服务业在行动——人社部人力资源流动管理司负责人答记者问	36.64%
17	全国工商联人力资源服务业委员会启动	33.59%
18	2021中国(鞍山)首届人力资源服务业发展大会在辽宁举办	29.77%
19	36氪研究院发布《2021年中国人力资源服务行业研究报告》	27.9%
20	人力资源社会保障部《关于印发"技能中国行动"实施方案的通知》	27.9%
21	国务院办公厅《关于服务"六稳""六保"进一步做好"放管服"改革有关工作的意见》	27.48%
22	中国共产党第十九届中央委员会第五次全体会议通过《中共中央关于制定国民经济和社会发展第十四个五年规划和二〇三五年远景目标的建议》	27.48%
23	2021首届人力资源行业数字化赋能创新论坛在扬州举办	25.19%
24	人力资源社会保障部部署实施2021年西部和东北地区人力资源市场建设援助计划	24.43%
25	人力资源社会保障部关于印发《人力资源社会保障部在全国范围内推行"证照分离"改革全覆盖实施方案》《人力资源社会保障部在自由贸易试验区进一步加大"证照分离"改革力度试点实施方案》的通知	24.43%
26	中国人力资源服务业发展论坛在济南举办	23.66%
27	人力资源社会保障部办公厅关于发布《电子劳动合同订立指引》的通知	20.61%
28	人力资源社会保障部关于开展人力资源服务行业促就业行动的通知	20.61%
29	2020中国人力资源服务业年度十大人物榜单发布	20.61%
30	中国国际服务贸易交易会举办"2020年服贸会人力资源服务主题活动"	19.08%
31	2021年中国人力资源协同发展交流会暨2020年中国人力资源服务业十大创新案例及企业优秀案例发布研讨会在北京会议中心隆重举行	16.03%
32	人力资源社会保障部办公厅关于进一步做好人才公共服务机构市场供求信息发布工作的通知	16.03%
33	浙江省人力资源和社会保障厅在杭州发布《2020浙江省人力资源服务业发展白皮书》	13.74%

续表

排序	事件名称	总得票率
34	人力资源社会保障部《关于实施职业技能提升行动创业培训"马兰花计划"的通知》	13.74%
35	中国人力资源服务产业园峰会暨中国上海人力资源服务产业园区十周年系列活动在上海举行	10.69%
36	2021中国人力资源服务业创新大会在苏州举办	10.69%
37	人力资源社会保障部办公厅关于《加强新职业培训工作的通知》	5.04%

第三阶段,研究评定。本阶段的主要目标是对第二阶段的投票结果进行研究评定,在尊重公开投票结果的基础之上,咨询人力资源服务业领域的资深专家的意见与建议,最终推选出2件政策类、4件著作类、2件行业类、2件会议类事件,作为2020—2021年度中国人力资源服务业十大事件。表2-4-3总结归纳了十大事件的名称、入选理由以及影响力指数。

表2-4-3　中国人力资源服务业2020—2021年度十大事件

事件类型	事件名称	影响力指数
政策类	人力资源社会保障部发布《网络招聘服务管理规定》	★★★★★
	人力资源和社会保障部印发《人力资源和社会保障事业发展"十四五"规划》	★★★★★
著作类	《中国人力资源服务业蓝皮书2020》	★★★★★
	《人力资源市场蓝皮书:中国人力资源市场分析报告(2020)》	★★★★★
	《中国人力资源服务产业园发展报告(2021)》	★★★★★
	《中国人力资源服务业发展报告(2019—2020)》	★★★★★

续表

事件类型	事件名称	影响力指数
行业类	人力资源社会保障部新批复设立中国石家庄、中国沈阳、中国济南人力资源服务产业园	★★★★★
	强生控股收到《关于核准上海强生控股股份有限公司重大资产重组及向上海东浩实业(集团)有限公司发行股份购买资产并募集配套资金的批复》核准	★★★★★
会议类	第一届全国人力资源服务业发展大会在重庆国际博览中心举办	★★★★★
	2021 中国人力资源服务业高层论坛暨研究成果发布会在北京大学举行	★★★★★

二、十大事件述评

为了贯彻大事件评选过程中秉持的先进性、开拓性、推动性、典型性、影响性这五大标准,编委会以这五个标准为框架对十大事件分别进行述评,每个类别下以事件发生的时间先后为序。

(一) 政策类事件

1. 人力资源社会保障部发布《网络招聘服务管理规定》

事件提要:

2020 年 12 月 18 日,人社部发布《网络招聘服务管理规定》(以下简称《规定》),自 2021 年 3 月 1 日起施行。

《规定》制定的基本思路是:一是坚持问题导向。针对当前网络招聘服务存在的突出问题,《规定》围绕招聘信息的真实性、合法性和安全性,明确了招聘信息审核、网络安全、信息保护、收费管理等规范。二是坚持以上位法为依据。《规定》细化了就业促进法和人力资源市场暂行条例有关规定,明确了网络安全、信息保护等法律法规在网络招聘服务领域的适用,进一步增强网络招聘服务规范的可操作性。三是坚持规范与发展并重。《规定》在规范网络招聘服务的同时,也对支持鼓励网络招聘服务作了规定,以保障网络招聘服务规范有序健康发展。四是坚持与现实需要紧密结合。针对实践中出现的通过平台方式提供网络招聘服务现实情况,《规定》对网络招聘服务平台作了规范,及时反映现实需要。

《规定》适用于人力资源服务机构在我国境内从事网络招聘服务的行为。网络招聘服务是指人力资源服务机构通过互联网等信息网络,为劳动者求职和用人单位招用人员提供的求职、招聘服务。人力资源服务机构包括公共人力资源服务机构和经营性人力资源服务机构。网络招聘服务方式包括网络招聘服务平台、平台内经营、自建网站或者其他网络服务方式。

根据《就业促进法》《人力资源市场暂行条例》等法律法规的规定,《规定》明确了从事网络招聘服务活动应具备的资质条件:一是明确从事网络招聘服务的条件;二是强调了网络招聘服务许可。

《规定》明确了网络招聘求职信息提供、网络招聘信息审查、网络安全、信息保护、收费管理等服务规范。一是明确了网络招聘求职信息规范;二是明确了网络招聘信息审查规范;三是明确了网络安全与信息保护规范;四是明确了服务收费规范。

《规定》明确了对网络招聘服务的监管措施,主要包括准入管理和事中事后监管等,构建起事前行政审批与事中事后监管相结合、职能部门间信息共享与协同配合的监管体系。一是规定了网络招聘服务准入;二是规定了对网络招聘服务的事中事后监管;三是规定了信息共享协同监管;四是规定了违反《规定》的法律责任。

事件述评:

从先进性来看,《规定》出台的背景源于互联网技术与人力资源服务深度融合所带来的网络招聘市场发展迅猛,网络招聘成为劳动者求职和用人单位招聘的主渠道。随着"放管服"改革深入推进,市场准入门槛降低,市场主体不断攀升,市场活动形式也日益丰富。同时,网络招聘服务中出现的一些问题,如未经许可擅自从事网络招聘服务、对用人单位资质和招聘信息真实性与合法性审核把关不严、非法使用个人信息、违规收取费用、监管方式不足等,亟须通过立法规范管理网络招聘服务活动。《规定》的颁布实施是强化政府监管、健全人力资源市场法规体系、规范和保障网络招聘服务活动的重要举措,为推进网络招聘服务业健康发展提供了依据,对加强人力资源市场建设管理、更好促进就业和人力资源流动配置具有重要作用,能够促进网络招聘服务业态健康有序发展。

从开拓性来看,《规定》是在《人力资源市场暂行条例》《人力资源社会保障部关于进一步规范人力资源市场秩序的意见》的基础之上,着眼于网络招聘服务的规范化、标准化发展,而制定的我国网络招聘服务领域的第一部部门规章。《规定》对网络招聘服务活动的准入条件、业务范围、信息变更等各个方面进行了全方位的规定,明确了网络招聘求职信息提供、网络招聘信息审查、网络安全、信息保护、收费管理等服务规范,以及对网络招聘服务的监管措施,主要包括准入管理和事中事后监管等,构建起事前行政审批与事中事后监管相结合、职能部门间信息共享与协同配合的监管体系,有利于提升网络招聘服务监管精准化、智能化水平,推动网络招聘服务实现高质量发展。

从推动性来看,《规定》细化了就业促进法和人力资源市场暂行条例有关规定,明确了网络安全、信息保护等法律法规在网络招聘服务领域的适用,进一步增强了网络招聘服务规范的可操作性,在规范网络招聘服务的同时,也对支持鼓励网络招聘服务作了规定,以保障网络招聘服务规范有序健康发展。此外,针对实践中出现的通过平台方式提供网络招聘服务现实情况,《规定》对网络招聘服务平台作了规范,及时反映现实需要。《规定》明确从事网络招聘服务的人力资源服务机构应当建立完备的网络招聘信息管理制度,依法对用人单位提供材料的真实性、合法性进行审查,不得泄露、篡改、毁损或者非法出售、非法向他人提供其收集的个人信息和用人单位经营状况等信息。《规定》的出台有利于加强人力资源服务业整个行业的自律,推进行业诚信建设、提升行业发展的规范化、法治化水平。

从典型性来看,《规定》是我国网络招聘服务领域第一部部门规章,对网络招聘服务的基本问题、基本内容、基本规范等作了规定,为人力资源服务机构从事网络招聘服务提供了基本遵循。《规定》的出台,是继《人力资源市场暂行条例》后国家健全人力资源市场法规体系的又一举措,有利于进一步培育和发展网络招聘服务,进一步完善人力资源服务体系,实现更加充分高质量就业,推动经济社会高质量发展。

从影响性来看,《规定》的出台具有广泛的社会影响力,引起了积极的社会反响。《规定》发布以后迅速成为社会热点,在搜索引擎上以《网络招聘服务管理规定》为关键词进行搜索,获得约 39900 条结果。2020 年 12 月 24 日,人力资源与社会保障部流动管理司负责人就《规定》有关问题回答了记者提问。人民网、新华网、中国新闻网等媒体对规定的出台进行了报道,人力资源服务机构、相关领域的专家和学者对其作出了较为详尽的解读。此外,《规定》印发后,各地区各部门结合实际制定了相应的政策措施予以贯彻落实。

2. 人力资源和社会保障部印发《人力资源和社会保障事业发展“十四五”规划》

事件提要:

《人力资源和社会保障事业发展“十四五”规划》(以下简称《规划》)根据中央“十四五”规划建议和国家“十四五”规划纲要编制,是深入贯彻十九届五中全会精神,细化落实国家《“十四五”规划纲要》中关于人力资源和社会保障领域战略任务制定的综合性、基础性、指导性文件。《规划》坚持立足新发展阶段,贯彻新发展理念,构建新发展格局,展望了 2035 年人社事业发展远景目标,提出了“十四五”人社事业发展的主要目标、量化指标,部署了一系列具有创新性、突破性的重大政策和改革举措,同时聚焦补短板、强弱项,明确了务实、可操作的专栏项目。

《规划》提出坚持党的领导、坚持以人民为中心、坚持新发展理念、坚持深化改革、坚持系统观念、坚持依法行政 6 条基本原则。《规划》分为 8 章 37 节,提出了“十四五”时期人力资源和社会保障事业发展指导思想和基本原则,明确了事业发展的 6 大主要目标和 19 项具体指标,部署了就业、社会保障、人才队伍建设、工资收入分配、劳动关系和基本公共服务 6 个方面的重点任务和重大举措,设置了 13 个专栏,对重大政策、重大项目、重大工程进行了统筹安排,同时提出了规划实施的保障措施。

专栏是重大政策、重大行动计划、重大工程项目的集中体现,是《规划》的重要组成部分。根据需要,《规划》设置了 13 个专栏。具体包括:2 个指标专栏,分别为“十三五”规划主要指标完成情况、“十四五”时期主要目标;

8 个行动计划专栏,分别为就业创业促进计划、职业培训专项行动、人力资源服务业高质量发展行动、专业技术人才系列支持计划、技能中国行动、企业薪酬指引计划、劳动关系"和谐同行"能力提升行动、农民工市民化行动;1 个制度建设专栏,即社会保险制度建设;2 个基础建设专栏,分别为人力资源社会保障政务服务信息化工程、国家乡村振兴重点帮扶地区职业技能提升工程。

事件述评:

从先进性来看,《规划》阐明了"十四五"时期推进人力资源和社会保障事业高质量发展的总体思路,明确主要发展目标、重大政策举措和重点工作任务,是未来五年人力资源和社会保障事业发展的重要指导文件。《规划》指出"十四五"时期,我国发展仍然处于重要战略机遇期,但机遇和挑战都有新的发展变化。我国已转向高质量发展阶段,制度优势显著,治理效能提升,继续发展具有多方面优势和条件。同时我国发展不平衡不充分问题仍然突出,重点领域关键环节改革任务仍然艰巨,创新能力不适应高质量发展要求,人力资源和社会保障事业发展面临较大压力,例如劳动力供求深度调整、就业压力依然存在、结构性矛盾将成为就业领域的主要矛盾等问题。《规划》明确了 2035 年远景目标和"十四五"时期主要目标,并提出了相应的举措。《规划》描绘未来五年人力资源和社会保障事业发展蓝图,对于在新发展阶段引领人力资源和社会保障事业高质量发展具有重要作用,为人力资源服务业在"十四五"时期和 2035 年的远景发展指明了目标和方向,为人力资源服务业设定了未来发展的趋势。

从开拓性来看,《规划》坚持立足新发展阶段,贯彻新发展理念,构建新发展格局,明确指出要推动实现更加充分更高质量就业,强化就业优先政策,健全就业创业公共服务体系,完善重点群体就业支持体系,促进创业带动就业、多渠道灵活就业;全面提升劳动者就业创业能力,广泛开展新业态新模式从业人员职业技能培训,有效提高培训质量,大力开展新职业培训特别是数字经济领域人才培养,实施职业培训专项行动;建设高标准人力资源市场体系,深入实施人力资源服务业高质量发展行动,加快建设统一规范、竞争有序的人力资源市场,推动人力资源服务创新发展。《规划》坚持目标导向和问题导向,坚持改革意识和创新精神,针对"十四五"时期人力资源和社会保障事业发展重点任务,提出一系列新举措,实现了许多政策性突破,体现了人力资源和社会保障领域对新发展阶段、新发展理念、新发展格局的整体把握、系统贯彻和一体落实。《规划》凸显了人力资源服务业的行业特征与社会影响力,为人力资源服务业在未来一段时期的发展提出了新的要求,人力资源服务业的发展由此将迈开新的步伐。

从推动性来看,"十四五"时期,人力资源服务业发展面临的新形势包括信息技术、人工智能等新发展,经济发展动能转化、结构调整与转型升级,人力资源禀赋的变化等诸多方面,这之中既有挑战,也蕴藏机遇。《规划》为人力资源服务业走上高质量发展之路指明了道路,"人力资源服务业高质量发展行动"专栏项目包括人力资源市场建设计划、骨干企业培育计划、产业园区建设计划、"一带一路"人力资源服务行动、促进就业创业行动。这一系列具有创新性、突破性同时又务实、可操作的专栏项目,有利于充分发挥人力资源服务的核心职能,在精准匹配、顺畅流动等方面全面发力,有助于拓展产业空间,形成以人力资源服务为主轴的现代生产性服务集群,为产业发展营造良好环境,切实提升人力资源服务业水平,为经济建设和民生事业进步提供强有力的支持。同时有助于人力资源服务机构通过技术提升、行业人才培养、品牌塑造等方式来打造核心竞争力,以自身的高质量发展融入经济社会事业的大循环之中。

从典型性来看,《规划》专门提出"建设高标准人力资源市场体系",并制定了"人力资源服务业高质量发展行动"专栏,其内容涵括了人力资源服务业的多个方面,例如"建设高标准人力资源市场体系,促进就业创业,服务人才流动,推动乡村振兴。实施国家级人力资源市场建设计划。完善人力资源市场供求信息监测发布和市场统计制度。推动人力资源服务与实体经济、科技创新、现代金融协同发展,加强人力资源服务标准化、信息化、品牌化建设,促进行业协会建设。加大人力资源服务业高层次人才培养力度,提高从业人员专业化、职业化水平。推动人力资源服务和互联网深度融合。组织开展形式多样的诚信服务活动,选树一批诚信人力资源服务示范典型。探索创新网络招聘等领域监管手段,严厉打击就业歧视、非法职介等侵害劳动者权益的违法行为"。《规划》还指出了未来一段时期行业发展的战略重点,包括5项专项行动。《规划》直接为人力资源服务行业的发展指明了方向、目标和路径,对人力资源服务业的未来发展提出了挑战,也带来了机遇,有助于进一步提高行业的发展质量。

从影响性来看,《规划》是"十四五"时期人力资源和社会保障领域的纲要性文件,对于在新发展阶段引领人力资源和社会保障事业高质量发展具有重要作用。在《规划》的制定过程中,坚持开门编规划,广泛听取各方面意见,提高规划的科学性,先后多次组织召开人社系统座谈会、专家论证会,并征求了有关部门的意见。另外,首次通过人社部官网、微信公众号和公共邮箱三种方式面向社会各界广泛征求意见建议。各地区、各部门、专家以及社会公众对规划提出了许多宝贵意见和建议。根据《规划》的要求,各省市也逐渐出台了相应的人社规划。

(二) 著作类事件

1.《人力资源市场蓝皮书:中国人力资源市场分析报告(2020)》

事件提要:

2020 年 12 月,社会科学文献出版社出版了由余兴安主编的《人力资源市场蓝皮书:中国人力资源市场分析报告(2020)》(以下简称"市场蓝皮书2020")。该书以国家统计局、人力资源和社会保障部、相关部门、知名高校及人力资源服务机构等统计和调查数据为基础,对人力资源市场供给与需求、就业与失业、薪酬、人力资源服务等方面进行了系统分析。全书包括总报告、宏观分析、区域人力资源市场、薪酬状况、人力资源服务 5 个专题,共28 篇报告。

总报告分析了我国人力资源市场供需的规模、区域分布、能力素质结构等状况,人力资源供需匹配在城乡、区域、行业等维度上的表现和特点,以及分区域、分行业、分单位性质的劳动者收入状况等。

宏观分析篇围绕新发展理念下的劳动力市场地域空间重构、网络招聘需求、人才需求规模与结构、五大城市群之间城镇劳动者流动趋势、保险行业教育培训发展等内容,对中国人力资源市场的空间布局、流动、培训等问题进行了系统分析。

区域人力资源市场篇以各地区的调查和统计数据为基础,对上海市、江西省、乌鲁木齐市、成都市、青岛市、昆山市人力资源市场的人才供需、流动以及劳动者求职行为等进行了研究。

薪酬状况篇以调查数据为基础,分别从行业和地域两个方面对薪酬状况进行了分析。在行业层面,以高科技、金融、医疗健康行业以及智能制造产业从业者为对象,对其薪酬水平和变化趋势进行了分析;在地域层面,对北京市、广东省劳动者的薪酬水平进行了分析和研究。

人力资源服务篇从行业和区域两个维度对当前我国人力资源服务行业的发展进行了分析。在行业层面,对新冠肺炎疫情下人力资源服务行业发展、区域人力资源服务业集聚发展、上市人力资源服务公司经营状况、人力资源大数据与分析应用、新业态下的财税服务市场趋势、石油企业海外人员的人力资源需求特点等进行了分析;在区域层面,对上海、重庆、广西、云南、雄安新区的人力资源服务行业发展和人才现状进行了分析和探讨。

事件述评:

从先进性来看,"市场蓝皮书2020"从宏观到微观对人力资源市场的发展状况进行了系统的研究:使用国家统计局和人社部门、部分人力资源服务机构以及高校等科研机构的统计和调查数据,对我国的人力资源市场运行状况进行了系统分析;论述了新发展理念下劳动力市场地域空间重构;基于大数据视角,从宏观和微观两个方面,探求劳动力市场需求的运行规律,发现网络招聘需求将成为劳动力流向的风向标;对区域人力资源市场的人才供需、流动以及劳动者求职行为等进行了研究;从行业和地域两个方面对薪酬状况进行了分析;从行业和区域两个维度对当前我国人力资源服务行业的发展进行了分析。"市场蓝皮书2020"凸显了人力资源和社会保障事业发展"十四五"规划的战略重点,展现了我国人力资源市场发展的全貌,既有宏观分析,又有微观研究,既有助于人力资源服务业从业人员、专家学者了解我国人力资源服务业的现状,又有助于他们把握未来发展的趋势,带动行业进一步创新、增长。

从开拓性来看,"市场蓝皮书2020"有一半的篇幅在阐释人力资源服务业的相关背景,还有一半的篇幅专门对人力资源服务业进行了阐释,既有行业维度,也有区域维度。中国对外服务工作行业协会开展了"疫情对会员单位生产经营活动的影响"专项问卷调研活动,并在此基础上撰写了新冠肺炎疫情对人力资源服务机构的影响调研分析报告;对各类组织在人力资源大数据与分析应用方面进行跟踪研究,调查不同类型组织中人力资源大数据与分析应用的现状、面临的问题,分析发展制约因素及未来需求;从市场需求、产品趋势等多个角度,分析新经济业态下人力资源行业财税服务市场发展趋势;分析了区域人力资源服务业集聚发展的现状与特征;对上海、重庆、云南、广西等地的人力资源服务业发展进行了分析。帮助人力资源服务业机构、从业人员、专家学者、公众从更加宏观的角度来评价人力资源服务业取得的成就,思考未来面临的挑战和机遇,共同努力提高人力资源服务业发展水平和质量。

从推动性来看,"市场蓝皮书 2020"具有代表性和权威性,以国家权威的统计数据或者行业机构取得的统计数据为依据,在此基础上,对人力资源市场供给与需求、就业与失业、薪酬、人力资源服务等方面进行了系统分析。总报告和专题报告的撰写人均为行业知名专家、学者,他们从宏观分析、区域人力资源市场、薪酬状况、人力资源服务等专题总结和分析了人力资源市场发展的成就、特征、优势以及存在的问题,提出了相应的建议与思考。该书有助于我国人力资源服务机构和从业人员从宏观上把握我国人力资源市场发展状况,预测其未来发展趋势,以应对"十四五"时期建设高标准人力资源市场体系的要求和挑战,推动人力资源服务创新发展;有助于社会公众全面、系统地了解人力资源市场、人力资源服务业的发展轨迹和未来趋势,提升人力资源服务业的社会认知度,显现行业特征以及社会影响力。

从典型性来看,"市场蓝皮书 2020"的前半部分内容(第 1—283 页,总报告、宏观分析、区域人力资源市场、薪酬状况)涵括在人力资源服务业的几大业态之内,后半部分内容(第 284—478 页)则为人力资源服务专题,具体包括新冠肺炎疫情对人力资源服务机构影响的调查分析、人力资源大数据与分析应用现状及趋势、2020 年新业态下人力资源行业财税服务市场趋势分析、上海人力资源服务行业发展分析、重庆市人力资源服务业发展分析、云南省人力资源服务行业发展分析、广西人力资源服务业发展现状与展望、中国企业领导层及其管理能力研究、区域人力资源服务业集聚发展分析、我国上市人力资源服务公司经营现状分析、我国石油企业海外人员的人力资源需求分析。"市场蓝皮书 2020"的内容与行业发展直接、高度相关,其内容与观点代表了人力资源服务业的研究学者与从业人员对中国人力资源市场的现实和未来最高水平的解读与分析。

从影响性来看,"市场蓝皮书2020"引起了广泛关注,在搜索引擎上以新增"人力资源市场蓝皮书:中国人力资源市场分析报告(2020)"为关键词进行搜索,获得约436000条结果。该书对2020年的人力资源市场进行年度监测,以专业的角度、专家的视野和实证研究方法,针对人力资源市场现状与发展态势展开分析和预测,具备前沿性、原创性、实证性、连续性、时效性等特点。此外,"市场蓝皮书2020"属于皮书系列,是社会科学文献出版社的著名图书品牌和中国社会科学院的知名学术品牌,列入"十三五"国家重点出版规划项目和中国社会科学院承担的国家哲学社会科学创新工程项目。"市场蓝皮书2020"的主编余兴安,是全国政协委员,中国人事科学研究院院长、研究员;副主编田永坡,是中国人事科学研究院人力资源市场与流动管理研究室主任。中国人事科学研究院隶属于中华人民共和国人力资源和社会保障部,是我国干部人事改革、人才资源开发、人力资源管理和公共行政学研究的唯一国家级专业研究机构,是中央人才工作协调小组办公室命名的"人才理论研究基地"。

2.《中国人力资源服务业蓝皮书2020》

事件提要:

2021年2月,人民出版社出版了萧鸣政等编著的《中国人力资源服务业蓝皮书2020》。该书编写指导单位为人力资源和社会保障部人力资源流动管理司,编写组织单位为北京大学人力资源开发与管理研究中心。

为了全面贯彻党和国家关于大力发展服务业的精神,进一步助力人力资源服务业的健康发展,提高人力资源服务业对实施人才强国战略的助推作用,在国家人力资源和社会保障部人力资源流动管理司的大力支持与指导下,北京大学继续推出《中国人力资源服务业蓝皮书2020》(以下简称"蓝皮书2020"),秉承推动人力资源服务业更好更快发展的宗旨,对2019年8月1日至2020年7月31日中国人力资源服务业的发展状况进行了深入调查、系统梳理,并结合专业前沿理论对年度内行业实践的状况进行了主要政策法规概述、发展状况与成就描述、先进经验介绍;对于全国各地人力资源服务业发展的政治环境、社会环境、经济环境与实际发展水平进行了量化评价与分析,进行年度十大事件评选,尤其对于新中国成立70年来中国人力资源服务业的发展进行了初步探索与总结,力图更加全面地展现新中国过去、当前中国人力资源服务业的发展现状、重点、亮点、问题和最新进展。

"蓝皮书 2020"分为三个部分:第一部分为年度报告篇,共分为三章。第一章主要展示和分析了 2019 年 8 月至 2020 年 7 月中国人力资源服务业有重大影响的法律法规政策及其新变化;第二章的主要亮点在于较为客观与全面地反映了 2020 年度我国人力资源服务业发展的现状、问题及趋势;第三章选取了中智集团与江西人力资源与社会保障厅作为先进经验予以介绍。第二部分是专题报告篇,包括五章。第一章是各省区市人力资源服务业重视程度与发展度排行;第二章论述了全国各省区市人力资源服务业发展水平的评价指标体系及评价结果分析,并在总结分析的基础上,提出了促进人力资源服务业发展的政策建议;第三章是人力资源服务业发展环境指数与各省区市水平排名;第四章是年度十大事件评选;第五章是中国人力资源服务业发展 70 年概况。第三部分是 2019 年 8 月至 2020 年 7 月中国大陆出版发表的有关人力资源服务业方面的研究成果名录,其中还专门收集了人力资源服务业研究方面的博士硕士学位论文。

事件述评:

从先进性来看,"蓝皮书 2020"持续关注并深入分析了中国人力资源服务业整体变化的特点与发展趋势,持续关注我国人力资源服务业政策法规发展的新内容、业态发展的新亮点和新机遇。同时对我国各地人力资源服务业发展环境、发展水平的量化评价指标体系进行了创新和补充,依据相关数据进行了评价,并继续从公众、政府、非政府组织三大群体的视角出发,通过大数据方法和文本分析方法对主流社交媒体、纸质媒介、网站、各省政府工作报告以及相关政策法规、规划文件进行数量统计和内容分析,揭示我国各省区市对人力资源服务业的重视程度及发展情况。此外,还首次对新中国人力资源服务业 70 年发展的历程与成就进行概述、分析与展示。"蓝皮书 2020"充分、全面、深入地总结和反映了人力资源服务业的发展历程与趋势,为人力资源服务行业未来的政策分析和学术研究提供了宝贵的参考资料。

从开拓性来看,与"蓝皮书 2019"相比,"蓝皮书 2020"对结构进行了创新性的调整,并对内容进行了全面的更新与丰富,内容更新率约为 75%;揭示了 2019 年 8 月至 2020 年 7 月对我国人力资源服务业有重大影响的法律法规政策及其新变化,还收集整理了在抗击新冠肺炎疫情期间出台的相关典型性政策,对这些政策背景进行了阐释,对政策内容进行了解读,使读者能够深刻理解并及时把握人力资源服务业政策发展变化的新趋势和新动向;对疫情中人力资源服务业的发展困难、技术创新、政策法规进行了较为详尽的梳理和汇总,对"新基建""云服务""脱贫攻坚""疫情""复工复产"等年度重大事件与人力资源服务业的关系进行了梳理,展现了人力资源服务业的协同发展作用;创新了评价指标体系,在人力资源服务业发展水平评价中增加了业绩结果导向,在评价指标体系中增加了发展效益的二级指标,并把产业园区和产业效益作为发展效益的三级指标,体现了发展的成果导向,以新的指标体系对全国各省区市人力资源服务业发展水平进行了评价;扩展和完善了人力资源服务业发展环境指数,指标数量从 2019 年 10 个扩展到 2020 年的 21 个,并加强与以往蓝皮书内容的联动。"蓝皮书 2020"一方面确保了与以往蓝皮书、白皮书之间的一致性,另一方面又不断创新与发展,力图更加全面、深刻、科学地展现我国人力资源服务业的发展脉络与发展特点。

从推动性来看,"蓝皮书 2020"在"人力资源服务业的先进经验与案例"中,基于人力资源服务业的专业化、信息化、产业化、国际化和人力资源服务业有特色、有活力、有效益的标准,从全国范围内选取了优秀且有代表性的人力资源服务业管理部门与机构——江西省人力资源与社会保障厅、中国国际技术智力合作有限公司,对它们的先进经验和突出贡献进行了介绍,以期为人力资源服务机构、人力资源市场建设以及相关政府部门提供参考借鉴;在各地人力资源服务产业园发展情况中,增加了各地国家级人力资源服务产业园发展情况的介绍与总结,并对特色人力资源服务产业园进行了介绍,把握了人力资源服务业的发展重点;此外,在各地人力资源服务业相关社会组织的发展概况中,对各地人力资源服务业行业协会发展情况及其具体的举措进行了概括。"蓝皮书 2020"对我国人力资源服务业所进行的全面、科学的总结与梳理有助于读者更加深入系统地了解行业发展的历程、成就和特征,理解行业未来发展的机遇和挑战。作者立足"十四五"规划对人力资源服务的战略定位,推动人力资源服务业立足"十四五"规划对人力资源服务的战略定位,走好高质量发展之路。

从典型性来看,"蓝皮书 2020"以人力资源服务业为唯一的研究对象,聚焦人力资源服务业。对人力资源服务业的发展状况进行了深入全面的调查与系统梳理,结合前沿理论对行业的实践进行了分析;采用量化工具对人力资源服务业发展环境、重视程度、发展水平进行了客观、科学的评价与分析。在对发展水平的评价上,蓝皮书根据地区的人力资源服务业发展规模、发展速度、发展效益和发展潜力四个主要指标进行综合评判,广东最终以 1.66 的综合得分领跑全国。广东省、上海市、江苏省、浙江省、北京市、福建省等 6 个省市的评价均在 0.5 分以上,18 个省区市在 0 分以下。其中,广东省、上海市、江苏省、浙江省、北京市均保持极小变动或不变,稳居人力资源服务业发展水平的"第一梯队"。从顶层设计、经济转型、分类帮扶、推进新业态、区域联动五个方面出发,结合数据结果,对各省区市人力资源服务业环境的优化与改进提出了针对性的建议,对人力资源服务业 2020 年度十大事件进行了介绍与述评,对我国人力资源服务业 70 年的发展历程、发展趋势、重要人物及事件进行了回顾与梳理,同时展望与指引行业未来的发展。

从影响性来看,"蓝皮书 2020"由北京大学人力资源开发与管理研究中心组织编著,中心主任萧鸣政教授是我国人力资源领域的知名学者,自2006 年开始,北京大学人力资源开发与管理研究中心团队与上海市对外服务有限公司合作,共同进行中国人力资源服务业发展问题研究,自 2007 年11 月发布我国第一部《中国人力资源服务业白皮书》至今,已连续 14 年出版《中国人力资源服务业白(蓝)皮书》。"蓝皮书 2020"的出版引起了广泛的社会关注,在搜索引擎上以新增"中国人力资源服务业蓝皮书 2020"为关键词进行搜索,获得约 288000 条结果,人民网、新京报等媒体对此进行了专题报道。此外,蓝皮书的顾问委员会、专家委员会汇聚了我国人力资源服务业的顶级专家、学者,在编写过程中吸收了来自国家人力资源社会保障部人力资源流动管理司孙建立司长等领导对该书及未来研究提出的一系列指导性意见,以及中外对外服务行业协会秘书长张艳珍女士、北京人力资源服务协会张宇泉书记与秘书长沈志歆、上海市对外服务有限公司原总经理顾家栋先生、中国人事科学研究院任文硕研究员提出的宝贵建议,凝聚思想共识,汇聚发展合力。该书的出版有助于推动人力资源服务业继续向前实现高质量发展,助力实施人才强国战略。

3.《中国人力资源服务产业园发展报告(2021)》

事件提要:

2021 年 4 月,社会科学文献出版社出版了由莫荣主编的《中国人力资源服务产业园发展报告(2021)》(以下简称"产业园报告 2021")。该书是中国劳动和社会保障科学研究院、中国人力资源服务产业园联盟各成员单位、中智现代人力资源管理研究院等共同完成的研究成果。书中全面总结了人力资源服务产业发展和产业园的基本情况、政策制度、管理运营、服务体系、抗击疫情和助力脱贫攻坚等方面情况,展望了"十四五"期间我国人力资源服务产业园发展方向,为各地人力资源服务产业园建设、运营和发展提供理论创新引领、政策实践指导,为推动新时代人力资源服务产业高质量发展、推动我国从人口大国走向人力资本强国贡献智慧力量。

事件述评:

从先进性来看,"产业园报告 2021"是中国人力资源服务产业园联盟发布的第四部人力资源(产业园)蓝皮书,汇集了政府政策研究机构、国家级产业园、人力资源服务行业协会和大型人力资源服务企业在推动人力资源服务业和产业园建设方面的优秀做法和经验。全书分为总报告、区域篇、协会篇、产业篇共 4 部分 31 篇报告。总报告以《加快推进"十四五"人力资源服务产业园高质量发展》为题,全面总结人力资源服务产业园的基本情况、政策制度、管理运营、服务体系、抗击疫情和助力脱贫攻坚等方面情况;区域篇包括目前 22 家国家级人力资源服务产业园的发展报告;协会篇包括中国对外服务工作行业协会发展报告、北京人力资源服务行业协会发展报告、上海人才服务行业协会发展报告;产业篇包括新经济环境下人力资源产业园的发展对策探讨、人力资源服务产业园的第三方运营管理、江西宜春人力资源服务产业市场调研报告、县域人力资源服务产业园发展分析报告、全球私营就业服务行业发展情况共 5 篇报告。该书对人力资源服务产业园的发展进行了全方位、多角度的剖析与研究,总结了人力资源服务产业园的发展状况和经验,凸显了人力资源服务产业园的意义和作用,也为未来人力资源服务产业园的建设和发展提供了思路和建议。

从开拓性来看,"产业园报告 2021"全面总结了人力资源服务业产业园在服务国家和地方战略、发挥行业集聚辐射效应、实现营收税收逆势增长、社会效应同步攀升、政策制度体系更加完备、营商环境不断优化、运营管理精细化、服务体系更加完备及抗击疫情和助力脱贫攻坚等方面取得的显著成效,为深入实施人力资源服务业高质量发展行动,推动人力资源服务创新发挥积极作用。

从推动性来看,2021 年是中国共产党建党 100 周年,是"十四五"开局之年,也是全面建设社会主义现代化国家新征程开启之年,我国实现了决战脱贫攻坚、决胜全面建成小康社会的全面胜利。人力资源服务业作为现代服务业和生产性服务业的重要组成部分,为维护经济发展和社会稳定大局、全面建设社会主义现代化国家提供了坚实有力的人力资源服务支撑,是实施创新驱动发展战略、就业优先战略和人才强国战略的重要抓手,是构建人力资源协同发展产业体系的重要力量。人力资源服务产业园作为人力资源服务业规模化、集约化发展的平台,经过十余年的积极探索取得了显著成绩。目前国家级产业园 22 家,集聚国内外人力资源机构 3747 家,2020 年全面实现营业收入 2568 亿元,纳税额达 82 亿元,有效促进了行业集聚发展、就业创业和人力资源优化配置,成为人力资源服务的新动能和新增长点。在这个关键时期,"产业园报告 2021"全面、系统地总结了产业园的建设情况、集聚情况、经济社会指标、制度建设情况、运营发展情况、服务体系优化情况、抗击疫情和助力脱贫攻坚情况,预测了产业园未来的发展趋势及主要任务,从而为产业园未来的发展提供了指导,助力产业园迈上提质增效新阶段,从加强顶层设计、完善服务体系、优化政策保障、促进协同发展、推动园区国际化等方面着力,加快推进产业园建设,为推动新时代人力资源服务业高质量发展发挥积极作用。

从典型性来看,"产业园报告 2021"以人力资源服务产业园为研究对象,围绕着人力资源服务产业园的整体发展、区域发展、协会发展、产业发展四个方面对产业园进行了广泛而又深入的研究。总报告指出"十三五"时期,我国人力资源服务产业园建设在服务国家地方战略、发挥行业集聚辐射效应、实现营收税收逆势增长、社会效应同步攀升、政策制度体系更加完善、营商环境不断优化、运营管理精细化、服务体系更加完备、抗击疫情和助力脱贫攻坚等方面取得了显著成效;总报告为区域篇提供了基本分析框架,介绍了行业协会在人力资源服务业所作的工作,并对行业和产业园的未来发展提出了建议;产业篇探讨了新经济环境下人力资源产业园的发展对策探讨、人力资源服务产业园的第三方运营管理等内容。"产业园报告2021"对全国或区域人力资源产业园的未来发展提供了参考借鉴和思路,有助于推进人力资源服务业向专业化、信息化、产业化、规范化方向发展。

从影响性来看,"产业园报告2021"属于社会科学文献出版社出版的皮书系列,是对人力资源服务产业园目前发展状况最高水平的解读与分析。该书是在人力资源和社会保障部人力资源流动管理司指导下,由中国劳动和社会保障科学研究院、国家级人力资源服务产业园、人力资源服务行业协会、中智现代人力资源管理研究院等有关单位专家共同调研撰写完成。此外,"产业园报告2021"的撰写得到了人力资源和社会保障部有关部门的支持与指导,得到了有关专家的支持。

4.《中国人力资源服务业发展报告(2019—2020)》

事件提要:

2021年6月,中国人事出版社出版了由中国人才交流协会王建华会长主编的《中国人力资源服务业发展报告(2019—2020)》(以下简称《行业报告》)。《行业报告》分为综述篇、业态篇、管理篇、协会篇、专题篇、地方篇、活动篇,共7篇36章,立足于2018—2019年我国人力资源服务业的新数据、新变化,重点展现2019年我国人力资源服务业发展的重要成果、重大举措和亮点特色,同时体现各地在2020年上半年抗击新冠肺炎疫情方面所做的工作和其他有关工作。

在2021年7月29日召开的第一届全国人力资源服务业发展大会上,中国人才交流协会发布了该书。

事件述评:

从先进性来看,《行业报告》总结了人力资源服务业的新发展,即行业规模迅猛发展、政策体系持续完善、市场环境不断优化;充分凸显了人力资源服务行业在促进就业创业方面的重要作用,即为促进稳就业保就业、维护经济发展和社会稳定大局、决战决胜脱贫攻坚、全面建成小康社会,提供坚实有力的人力资源服务支撑;分析了行业发展的新形势新任务,即后疫情时期行业发展新挑战,经济高质量发展新要求,就业新形态新机遇,向数字化、智能化转型的新技术新模式,深化人才发展体制机制改革,回应人才引进的新诉求,持续优化市场化法治化国际化营商环境的"放管服"新环境。该书是具有权威性、工具性、前沿性的高质量的行业发展报告,可以为各地人力资源服务业主管部门加强行业的有效管理和引导行业科学发展提供借鉴和参考。

从开拓性来看,人力资源服务业蓬勃发展,保持高速增长,人力资源服务业已成为一个重要的经济增长点,为经济社会发展提供重要支撑,在这一背景下,中国人才交流协会组织编撰了《行业报告》,旨在加强对人力资源服务行业的调查研究,汇总分析人力资源服务行业的发展现状:对我国人力资源服务业发展的新进展、新成效、新举措、新要求进行了详细的总结与归纳;对人力资源服务业主要业态发展情况分别进行了阐释;并从人力资源市场规范、人力资源服务机构、国家级人力资源服务产业园建设、聚焦疫情防控等方面分析了人力资源服务业的管理状况;对中国人才交流协会和地方行业协会的建设新发展进行了介绍;专题报告了人力资源服务产业园区发展情况、新技术在人力资源服务领域的应用、人力资源服务业助力"一带一路"建设情况;介绍我国二十多个省区市在人力资源服务业方面的基本情况和主要做法;并对二十多项具有代表性的人力资源服务活动的情况进行了介绍。《行业报告》确保了时效性,是一部高质量的权威行业报告,为我国人力资源服务业的蓬勃发展贡献一份力量。

从推动性来看,《行业报告》体现了四个特点:一是专业性强。组建了专业的报告编写组,成员涵盖人力资源服务领域的政府领导、专家学者、机构负责人等,数据源自权威统计,具有很强的参考和指导价值。二是内容全面。基本涵盖人力资源服务行业所有内容,是一个综合性的业务指南,具有较强的指导作用和学习价值。三是体现关键事件。2020 年年初新冠肺炎疫情发生,为体现行业报告的时效性,《行业报告》特别收录了 2020 年上半年各地人力资源服务机构抗击疫情方面所做的工作和其他相关工作。四是力求创新。首次尝试对各业态发展情况进行抽样调查,了解各业态发展特点和趋势,为业态篇的撰写提供数据及依据,补充完善了行业报告的数据统计体系,增强了行业报告的参考性。该书能为行业提供及时、专业、权威的指导,助力人力资源服务行业高质量发展。

从典型性来看,《行业报告》以体现 2018—2019 年人力资源服务业发展为主线,立足于 2018—2019 年我国人力资源服务业的新数据、新变化,聚焦人力资源服务业的发展成果。综述篇综合介绍了 2018—2019 年我国人力资源服务业发展的总体情况,阐述行业发展的新进展,总结新成效,提炼新举措,研判新要求;业态篇选取了招聘、高级人才寻访、培训、测评、咨询、派遣、外包和信息化服务 8 个主要业态,介绍和阐述了各业态的新变化、新模式;管理篇从行业主管部门角度介绍了加强国家级人力资源服务产业园建设、助力脱贫攻坚等方面的内容;协会篇主要介绍中国人才交流协会和地方行业协会的重点工作、品牌活动和创新举措;专题篇主要介绍 2018—2019 年及未来行业发展中需要引起重点关注的一些新情况;地方篇介绍 24 个省区市的人力资源服务业发展情况;活动篇介绍了在 2018—2019 年人力资源服务业比较有影响力的服务活动;附录汇总了 2018—2019 年行业大事件以及重要政策文件名称等。聚焦人力资源服务业的现在与未来,《行业报告》将在引导人力资源服务行业科学发展、加强行业有效管理方面提供权威性、工具性、前沿性的借鉴和参考。

从影响性来看,《行业报告》在编撰的过程中,得到了人力资源和社会保障部有关部门的支持与指导,得到了行业一流专家学者以及人力资源服务机构的支持。《行业报告》的主编王建华是中国人才交流协会会长,中国人才交流协会成立于 2001 年 11 月,是民政部批准注册、中央和国家机关工委管党建、人力资源和社会保障部进行业务指导和监督的全国性、行业性、非营利性的国家级人力资源服务行业社会团体,现有会员单位 600 余家。《行业报告》编委会以及编写组成员均为国内人力资源服务行业一流的专家学者,《行业报告》在第一届全国人力资源服务业发展大会上的发布和宣传,引起了广泛关注,进一步提升了行业影响力。

(三) 行业类事件

1. 人力资源社会保障部新批复设立中国石家庄、中国沈阳、中国济南人力资源服务产业园

事件提要:

2021 年 2 月,人力资源和社会保障部新批复设立中国石家庄、中国沈

阳、中国济南人力资源服务产业园。自 2010 年以来，人力资源和社会保障部与相关省市陆续建立了上海、重庆、中原、苏州、杭州、海峡、烟台、长春、南昌、西安、成都、北京、天津、广州、深圳等 15 家国家级人力资源服务产业园；2019 年 8 月新建了长沙、合肥、武汉、宁波 4 家产业园，加上 2021 年批复设立的 3 家，至此，全国国家级人力资源服务产业园数量已达 22 家。

国家级人力资源服务产业园是经人社部同意，具有功能完善的人力资源社会保障公共服务体系，经营性人力资源服务机构集聚，人力资源服务业及相关产业链集中度高，创新能力强，对全国或区域人力资源服务业及相关产业发展起示范、引领作用的特定区域。国家级人力资源服务产业园旨在促进人力资源服务业规模化、集约化发展，规范国家级人力资源服务产业园建设与管理工作，有效促进就业创业、人力资源优化配置和高质量发展提供更好服务，提高人力资源服务经济社会发展能力。

建设人力资源服务产业园是中国人力资源服务业发展的积极探索和成功实践，国家级产业园在推动人力资源服务业高质量发展、促进就业、优化人力资源配置及打造当地经济社会发展新引擎等方面，发挥了积极作用。据不完全统计，2020 年各国家级人力资源服务产业园已有入园企业超 3000 家，全年园区营业收入 2048 亿元，服务各类人员 2700 万人次，为超过 80 万家次用人单位提供了人力资源服务，为抗击疫情、服务就业和助力企业复工复产作出积极贡献。

事件述评：

从先进性来看，新批复设立 3 家国家级人力资源服务产业园充分体现出党中央、国务院高度重视人力资源服务业发展及产业园建设工作。国务院印发的《"十三五"促进就业规划》明确提出，要加强顶层设计，建设一批有特色、有规模、有活力、有效益的人力资源服务产业园，充分发挥园区集聚发展和辐射带动作用。人力资源和社会保障部印发的《人力资源服务业发展行动计划》明确要求实施"产业园区建设计划"，大力培育建设一批有规模、有辐射力、有影响力的国家级人力资源服务产业园。《人力资源和社会保障事业发展"十四五"规划》提出要实施"产业园区建设计划"，加强国家级人力资源服务产业园规划和建设，新建一批国家级园区。截至 2021 年 6 月，据不完全统计，我国现有人力资源服务产业园 150 余家，成为各地人力资源服务业及相关现代服务业发展的集聚平台,成为人力资源服务业创新发展的新高地。

从开拓性来看,2019年8月人力资源和社会保障部发布《国家级人力资源服务产业园管理办法(试行)》以来,2019年8月批准挂牌长沙、合肥、武汉、宁波4家产业园,2020年没有新增国家级产业园,2021年批复设立的这3家国家级产业园,均位于东部地区,体现了国家级人力资源服务产业园建设遵循国家区域发展战略布局,也充分说明石家庄、沈阳、济南这三个城市符合《国家级人力资源服务产业园管理办法(试行)》所强调的"人力资源丰富、经济发展水平较高、产业优势明显"的要求,开启了三个城市以及三个城市所属省份人力资源服务业发展的新起点,为经济建设与社会发展提供有力的人力资源保障。

从推动性来看,获批的3家国家级人力资源服务产业园将以获批为契机,充分发挥其作为人力资源服务业集聚发展高地的优势,努力探索有效的经营模式,出台更加超前、更加具有引领和推动作用的产业规划和扶持政策,集聚全国乃至全球知名人力资源服务机构,大力推进人才测评、管理咨询、服务外包等业态发展,从而以领先的、国际化的服务理念集全国的乃至全球的人力资源服务以形成产品服务体系,服务于区域产业;此外,还围绕产业功能区和区域发展的需求对人力资源服务及产品进行了整合,从而建设起以人力资源服务业为主轴的现代生产性、智能性服务集聚平台,促进人力资源服务业向专业化高端化价值链延伸,发挥人力资源服务业在推动形成实体经济、科技创新、现代金融、人力资源协同发展的产业体系方面的带动作用。

从典型性来看,自中国上海人力资源服务产业园2010年正式挂牌开园运营以来,我国人力资源服务产业园在集聚产业、创新行业发展模式、培育新经济增长点等方面进行了有益探索。在石家庄、沈阳、济南三个城市建立国家级人力资源服务产业园,将有利于充分发挥各地产业优势,引领人力资源服务产业园有序发展,促进区域性人力资源合理流动和优化配置,促进就业创业,集聚区域内主要的人力资源服务机构,为劳动者、用人单位和人力资源服务机构"各尽所能"提供发展机会,从而引领各区域就业创业新热潮;将有利于培育国际化、专业化的人力资源服务品牌,提供国际化、专业化的人力资源服务,打造人力资源高地,充分发挥国家级人力资源服务产业园的规模效应和引领示范作用。

从影响性来看,新批复成立的 3 家国家级人力资源服务产业园将在人力资源与社会保障部及其所在省区市的共同建设下,充分发挥国家级园区的引领示范作用,加快人力资源服务业模式创新,完善政策体系,强化管理服务,加强产业园建设,为更好服务就业创业、人才开发和高质量发展作出新探索,奋力推进人力资源服务业实现高质量发展,为推动国家和地区经济社会高质量发展作出积极贡献。在搜索引擎上以"人力资源社会保障部新批复设立中国石家庄、中国沈阳、中国济南人力资源服务产业园"为关键词进行搜索,获得约 328000 条结果,人民网、光明网、中国政府网等主流媒体对此均进行了报道。

2. 强生控股收到《关于核准上海强生控股股份有限公司重大资产重组及向上海东浩实业(集团)有限公司发行股份购买资产并募集配套资金的批复》核准

事件提要:

2021 年 6 月 4 日,上海强生控股股份有限公司收到中国证券监督管理委员会《关于核准上海强生控股股份有限公司重大资产重组及向上海东浩实业(集团)有限公司发行股份购买资产并募集配套资金的批复》。

2021 年 6 月 5 日,上海强生控股股份有限公司发布《关于重大资产置换及发行股份购买资产并募集配套资金暨关联交易事项获得中国证券监督管理委员会核准批复的公告》。据公告,本次交易完成后,上市公司强生控股的控股股东将变更为东浩实业,上市公司主营业务将变更为综合人力资源服务。作为国内最早一批切入人力资源综合服务赛道的企业,上海外服积累了雄厚的客户资源和丰富的服务经验,服务规模持续位居行业领先地位。此外,根据重大资产重组交易方案,强生控股拟向东浩实业非公开发行股票募集配套资金 9.61 亿元,用于置入资产上海外服"数字外服"转型升级项目。至此,上海外服成为我国沪市 A 股主板人力资源第一股,也是我国人力资源服务业的第七家上市机构,此前有前程无忧、同道猎聘、科锐国际、人瑞人才、万宝盛华大众化、趣活这六家人力资源上市公司,其中北京科锐国际人力资源股份有限公司是 A 股首家人力资源公司(创业板)。

事件述评：

从先进性来看，强生控股拟向东浩实业非公开发行股票募集配套资金9.61亿元，用于置入资产上海外服"数字外服"转型升级项目。该项目募投资金将用于数字外服创新技术中心建设、信息系统能级提升建设及数字科技应用、新产品和新商业模式研发等方面。上海外服凭借前瞻性发展理念，聚焦人力资源专业服务领域，率先在人力资源专业服务领域进行信息化、数字化布局，持续打造外服云平台、HRally（聚合力）行业委托交易平台、业务后援服务平台三大生态平台，以加快业务运营数字化转型进程；自主研发HRight（简人力）企业人力资源SaaS平台，赋能企业人力资源管理，并积极引入SAP的ERP系统，着力提升数字化管理能级。综合来看，上海外服已具备了良好的数字化发展基础，随着募投项目的逐步实施，将不断加码数字化建设，给企业发展注入科技力量，引发"质"的改变，打造行业标杆，持续推动数字技术赋能行业发展，进而促进人力资源服务业创新发展、融合发展。

从开拓性来看，上海外服成立于1984年，是上海市第一家市场化涉外人力资源服务机构，在中国人力资源服务行业排名领先。公司聚焦"人事管理、薪酬福利、招聘及灵活用工和业务外包"四项核心主营业务，形成了覆盖中国大陆及亚太地区的服务网络，以"咨询+技术+服务"高附加值业务模式为各类企业提供融合本土智慧和全球视野的全方位人力资源解决方案。在公司党委书记、董事长李栋的领导下，上海外服积极拓展人力资源服务新业态，在行业创新发展、企业并购重组、国内外市场拓展、业务转型提升等方面积极探索，有效实现了公司的高质量与跨越式发展，并通过公司管理与业务的发展推动了中国人力资源服务业的发展。随着本次重大资产重组的落地，强生控股的主营业务将成功转型为人力资源综合服务，发展潜力和发展动能或将得到大幅提升。

从推动性来看，上海外服作为国内人力资源服务行业的领先企业，有望通过登陆资本市场增强资本运营能力、建立市场化体制机制、拓展新兴业务板块、加快科技和业务创新，以抓住行业快速发展的机遇，实现营业收入、净利润的进一步增长，巩固行业领先地位。基于上海外服内生业务增长及并购业务收入增长的需求，上海外服亟需通过借助资本市场，拓宽直接融资渠道,充实公司资本实力和行业整合竞争力,丰富公司收购兼并行业内资源的支付手段,提升公司整合行业资源的能力,助力公司全球业务飞速发展、实现成为世界领先的人力资源服务企业的发展目标。以人力资源服务行业内上市公司为首的行业龙头企业由于在资金、人才、品牌等方面具有的优势,将能够占据更大的市场份额,继而带来行业集中度的提升,推动行业的未来发展与变革。

从典型性来看,在国家的高度重视下,人力资源服务行业的市场活力不断被激发。同时,随着人口红利消退、产业升级及结构转型,企业对高端人才的需求与日俱增,人力资源服务业不断发展和进化,人力资源服务机构规模持续扩大。近年来中国人力资源服务市场规模快速增长,未来企业端对于专业人力资源服务的需求将不断释放。政策利好支持以及社会、经济的全面发展对人才获取及管理需求的增加为人力资源服务行业带来快速发展机遇。2019 年 9 月 5 日,上海市发布了《上海市开展区域性国资国企综合改革试验的实施方案》,要求着力推动混合所有制改革,明确到 2022 年在国资国企改革发展重要领域和关键环节取得系列成果,形成符合高质量发展要求的国资布局,国企主业核心竞争力明显增强。东浩兰生集团是上海国资国企改革中推进混合所有制改革的重点,上海外服作为集团核心业务资产,实施资产证券化是回应国家经济社会发展需要以及响应上海国资国企改革最新要求的重要举措。

从影响性来看,上海外服是最早开始规划和执行全国人力资源综合性服务的公司,也是目前国内业务最全、营收规模最大的综合性人力资源服务商。上海外服在国内市场拥有 170 余个直属分支机构和覆盖全国的 450 余个服务网点,在亚太和欧洲拥有 15 个国家和地区的服务网络;上海外服的客户企业数近 50000 家,其中约 70% 为外企、约 30% 为国企和民企,服务在岗员工人数近 300 万人,其中主要为管理层、白领阶层或专业技术人员。在华世界 500 强企业中的 85% 都有和上海外服合作。2020 年实现归母净利润 4.93 亿元,而同行业上市公司(A 股、港股)与上海外服的服务体量存在较大差距。因此,上海外服正式登陆 A 股后将成为综合人力资源服务业龙头股。同时,随着募集资金的逐渐到位,借助国有企业数字化转型的东风,上海外服将以科技和人才赋能主业发展,向专业领先、数字驱动、全球布局的综合性人力资源服务商大跨步迈进,实现其在 2035 年成为世界领先的人力资源服务企业的长期发展愿景。此外,继科锐国际(SZ300662)之后,上海外服将成为 A 股市场第二个人力资源标的,同时也是沪市 A 股主板人力资源第一股,有望增加市场对人力资源服务行业的关注度。

(四) 会议类事件

1. 2021 中国人力资源服务业高层论坛暨研究成果发布会在北京大学举行

事件提要:

2021 年 3 月 29 日,2021 北京大学中国人力资源服务业高层论坛暨人力资源服务业高质量发展环境指数评价研究成果发布会(以下简称"高层论坛")在北京大学政府管理学院成功举办。

国家人力资源和社会保障部人力资源流动管理司副处长栾冬,北京大学社会科学部副部长王周谊,北京大学政府管理学院副院长黄璜,北京大学人力资源开发与研究中心主任萧鸣政教授,中国人才交流协会会长王建华,北京人力资源服务行业协会创会会长、书记张宇泉,北京大学人力资源开发与管理研究中心副主任、北大方正集团总裁及首席执行官谢克海,锦绣前程人才服务集团有限公司党委书记、创始人、董事长周文皓,北京人力资源服务行业协会秘书长沈志歂,国家人社部人力资源流动管理司干部张妍妍,汉哲商学院副院长何承长,以及北京大学人力资源开发与管理研究中心项目组部分研究人员等来自企业界、学界与媒体界的领导、学者与同仁出席会议,会场同步线上直播。会议由谢克海主持。

受国家人力资源和社会保障部人力资源流动管理司张文森司长委托,栾冬代表人力资源流动管理司为论坛暨发布会致辞。王周谊代表北京大学社会科学部对此次论坛予以高度评价,对参与本次论坛的各界人士致以真诚的感谢和欢迎。黄璜代表北京大学政府管理学院充分肯定了北京大学人力资源开发与管理中心对于中国人力资源服务业发展水平与环境指数评价问题的深入系统研究,并介绍中心在人力资源问题研究领域为国家培养与指导博士、硕士研究生 11 位,其中已毕业博士 4 位,强力助推了学院学科建设和学生培养工作。萧鸣政系统回顾了北京大学人力资源开发与管理研究中心自 2007 年以来对于中国人力资源服务业教学与研究所做的工作。王建华、张宇泉、周文皓等优秀机构代表对萧鸣政代表项目组发布的人力资源服务业研究成果,分别予以评议,同时各抒己见,深入探讨了新发展格局下人力资源服务业高质量发展的路径与方法。会议发布了北京大学人力资源开发与研究中心组织编写的《中国人力资源服务业蓝皮书 2020》。

事件述评:

从先进性来看,党的十九大报告指出,要"着力加快建设实体经济、科技创新、现代金融、人力资源协同发展的产业体系"。在起草"十四五"规划和 2035 年远景目标建议的过程中明确提出:"高质量发展不能只是一句口号,更不是局限于经济领域"。这意味着在国民经济与社会事业全面实现高质量发展之际,以人为本的人力资源服务业更是要走在高质量发展的前端。新时代需要高质量人力资源,高质量人力资源需要高质量人力资源服务。人力资源是推动质量变革、动力变革、效率变革的重要支撑。"高层论坛"顺应国家的大政方针、回应时代发展的呼声,以国家战略为引领,以"助推双循环经济格局,促进高质量发展战略"为主题,汇聚国内外知名人力资源服务机构代表、各级行业协会代表、行业专家学者、央企和骨干企业代表等,充分研讨人力资源服务业发展方向,有助于凝聚共识、形成合力,以更先进的理论、更开放的姿态助力人力资源服务业高质量发展。

从开拓性来看,"高层论坛"聚焦中国人力资源服务业高质量发展与经济发展的关系,剖析中国各地人力资源服务业的发展水平和发展潜力,探索中国人力资源服务业发展战略,具有重要的理论与实践意义。北京大学联合人力资源服务行业发展协会与领军企业,持续加大对行业发展、新业态融合、市场需求开发等领域研究力度,不断推动行业理论创新、管理创新和产品创新。以萧鸣政教授为代表的北大人,为中国人力资源服务业发展和创新作出了卓有成效的努力。与会政界、企业界、学术界和媒体代表各抒己见,深入探讨了新发展格局下人力资源服务业高质量发展的路径与方法,成为政府与企业界、学术界就人力资源服务业发展的重大问题进行高层交流和研讨的重要渠道和平台,为加强行业研究与创新、推动人力资源服务业的交流与合作作出了积极贡献。

从推动性来看,北京大学人力资源开发与管理研究中心一直秉承推动人力资源服务业更好更快发展的宗旨,组织专家与相关研究人员致力于人力资源服务业评价与战略发展课题研究,每年发布一部白(蓝)皮书、举办高层论坛 1—2 次。人力资源是第一资源,人力资源服务业是现代服务业中的第一服务业,人力资源服务业是双循环经济与高质量发展中重要增长点与驱动点。基于高质量发展理念,研究一套人力资源服务业发展评价指标体系与发展环境指数,科学进行评价实践探索,是引领中国人力资源服务业高质量发展的基础与关键。研究结果发现,各地人力资源服务业发展水平变化与政府颁布的政策与举措调整密切相关。因此,政府对于人力资源服务业高质量发展大有作为,有能力作为,也当继续积极作为。研究成果充分显示出北京大学对发展新趋势保持敏锐洞察力,对相关理论保持明晰思辨力,博采众长,开拓创新,有助于推动人力资源服务业立足新发展阶段、贯彻新发展理念、服务构建新发展格局、实现高质量发展。

从典型性来看,"高层论坛"以人力资源服务业为主题,聚焦人力资源服务业"助推双循环经济格局,促进高质量发展战略"。与会嘉宾来自于与人力资源服务业密切相关的政府机构、企业界、学界与媒体界,会议交流研讨的内容紧紧围绕着人力资源服务业的发展和创新,既肯定了人力资源服务业对于国民经济与社会事业全面实现高质量发展的重大意义,肯定了北京大学在人力资源服务业领域的研究成果,又充分深入地探讨了新发展格局下人力资源服务业高质量发展的路径与方法,强化人力资源服务业的提质增效,指出人力资源服务业未来的发展势必跳出"服务",兼具设计与引导的功能;并指出行业协会应进一步发挥积极作用,倡议行业内应进一步加强交流合作,有助于引领各省区市的政府与社会高度重视人力资源服务业发展环境的建设与服务业质量的提升,以产业引导、政策扶持、环境营造为重点,深化"放管服"改革,加快构建适应形势、面向未来的产业政策体系,在更高水平上推动人力资源协同发展。

从影响性来看,在"高层论坛"上,萧鸣政教授介绍了《中国人力资源服务业蓝皮书 2020》项目组通过大数据评选出中国人力资源服务业学术研究类重要贡献者 10 人,主要涉及发表人力资源服务业相关论文、教材、专著的研究人员,包括顾家栋、萧鸣政、余兴安、莫荣、陈力、侯增艳、李德志、汪怿、杨伟国、赵改书;实务实践类重要贡献者 11 人,主要涉及举办人力资源服务业交流活动、发表行业调查报告、推动行业标准形成的协会人员,创办人力资源服务业公司、提供具体人力资源服务的企业人员,包括王旭东、王一谔、王建华、张锦荣、张宇泉、朱庆阳、樊进生、高勇、李栋、李震、彭剑锋。"高层论坛"汇聚了来自政府机构、企业界、学界与媒体界的领导、学者 30 余人,线上收看人数超 4000 人;在搜索引擎上以"2021 北京大学中国人力资源服务业高层论坛暨研究成果发布会"为关键词进行搜索,获得约 382000 条结果;中国网、北京大学新闻网等媒体对"高层论坛"进行了详尽的报道。

2. 第一届全国人力资源服务业发展大会在重庆国际博览中心举办

事件提要:

第一届全国人力资源服务业发展大会(以下简称"大会")于 2021 年 7 月 28 日至 29 日在重庆国际博览中心举办。本届大会由中华人民共和国人力资源和社会保障部、重庆市人民政府主办,以"新时代、新动能、新发展"为主题,集中展示人力资源服务业发展成果,加强供需对接,促进行业交流,推动新时代人力资源服务业快速健康发展。

此次大会是改革开放以来举办的首次全国性人力资源服务行业大会,设置"会、赛、展、论"四大板块活动,主要包括人力资源服务业成果产品展示会、人力资源服务供需对接洽谈会、人力资源服务业高质量发展论坛、"一带一路"人力资源服务合作发展峰会、中国人力资源服务业博士后学术交流会、全国人力资源服务大赛等多项活动。大会汇聚各级政府主管部门领导、各级行业协会代表、行业专家学者、国内外知名人力资源服务机构代表、央企和骨干企业代表等,是人力资源服务业发展的全国性、高层次平台,有助于推动人力资源服务业高质量发展,为促进就业创业、优化人才流动配置,助力经济高质量发展发挥重要作用。

中共中央政治局常委、国务院总理李克强作出重要批示,中共中央政治局委员、国务院副总理胡春华发表视频致辞。

事件述评:

从先进性来看,大会是改革开放以来举办的首次全国性人力资源服务行业大会,主办单位层次规格高,由人力资源和社会保障部、重庆市人民政府主办,以"新时代、新动能、新发展"为主题,集中展示我国人力资源服务业发展成果。大会的召开回应了我国人力资源服务业的迅猛发展态势:行业规模不断扩大,水平不断提升,模式越发多元,服务领域和服务内容越发丰富,形成了包括招聘服务、人事代理、职业培训、劳务派遣、人力资源外包、人才测评、人力资源管理咨询、高级人才寻访等完整业态的产业链。大会的召开标志着人力资源服务业发展到了一个新的阶段,有助于加强供需对接、促进行业交流,推动新时代人力资源服务业快速健康发展、高质量发展,充分发挥我国人力资源优势,服务经济社会发展。

从开拓性来看,大会是我国人力资源领域改革开放以来首次举办的全国综合性行业盛会,大会展览面积约 6.9 万平方米,共设置四大板块活动:首次举办人力资源服务业成果产品展,全面展示改革开放以来行业发展历程和创新产品,31 个省份及新疆生产建设兵团人力资源社会保障厅(局)及1000 多家人力资源服务机构和用人单位参会参展,近万名业界人士现场观摩交流;集中举办三项高层次峰会论坛,上百名专家学者、领军人才、骨干企业家汇聚一堂,谋划发展蓝图,探讨发展思路,为行业发展贡献了思想智慧和创新理念;人力资源服务供需对接积极踊跃、成果丰硕,158 个创新产品路演宣讲,150 个人力资源服务供需对接项目达成合作意向,签约总金额超166 亿元,充分展现了行业发展的巨大活力;大会还同步开展第一届全国人力资源服务大赛,从全国 6 万多名参赛人员中,层层选拔出 96 名行业人才同台竞技。通过"会展赛论"等形式多样的活动,大会将促进人力资源服务业培育新增长点,形成新动能。

从推动性来看,中共中央政治局常委、国务院总理李克强对大会作出重要批示。批示指出:发展人力资源服务业对于促进社会化就业、更好发挥我国人力资源优势、服务经济社会发展具有重要意义。要坚持以习近平新时代中国特色社会主义思想为指导,认真贯彻党中央、国务院决策部署,以实施就业优先战略、人才强国战略和乡村振兴战略为引领,进一步提高人力资源服务水平。大力支持劳动力市场、人才市场、零工市场建设,更好促进就业扩大和优化人力资源配置,更大激发亿万劳动者和各类人才的创业创新活力,带动新动能成长,为提高我国经济综合竞争力、持续改善民生、促进高质量发展提供有力支撑。中共中央政治局委员、国务院副总理胡春华发表视频致辞。他强调,要认真学习贯彻习近平总书记重要指示精神,落实李克强总理批示要求,扎扎实实做好人力资源服务业发展工作,为就业大局稳定和经济社会发展作出新的贡献。人力资源和社会保障部副部长李忠在会上表示,将研究制定推进新时代人力资源服务业高质量发展的政策,开展"互联网+人力资源服务"行动,推动人力资源服务业高质量发展,为全国近9亿劳动力、1亿多市场主体和数以亿计的各类人才服务。这都体现了中央政府对人力资源服务业的重视与支持,同时也为人力资源服务业未来的发展指明了方向,指出了重点,寄予了更高的期望,将极大促进人力资源服务业创新发展。

从典型性来看,大会主题为"新时代、新动能、新发展",设置多个环节,对人力资源服务业进行全方位对接展示。成果产品展示会,全面展示全国及各地人力资源服务业发展成果和创新产品,提升行业知名度和影响力;供需对接洽谈会,汇聚各地主要人力资源服务机构和各类骨干企业等用人单位,对接人力资源服务供需,搭建洽谈合作、交易签约的平台,促进项目落地、成果转化;人力资源服务业高质量发展论坛,邀请行业精英、企业高管和专家学者,围绕新时代人力资源服务业高质量发展主题,研讨发展思路,交流新理念新技术新措施;"一带一路"人力资源服务业合作发展峰会,邀请知名服务机构、龙头企业和相关领域专家学者,聚焦"一带一路"人力资源服务合作发展,开展专题研讨和业务交流,提升行业开放水平;中国人力资源服务业博士后学术交流会,邀请人力资源管理专业博士后等高层次人才开展学术交流和协商共建,推出一批科研成果,发现一批青年人才;全国人力资源服务大赛,组织各地人力资源服务机构从业人员和骨干企业 HR(人力资源)管理人员,开展人力资源服务业综合业务知识竞赛,促进从业人员业务技能提升等。大会为人力资源服务业的发展提供了新的全国性、高层次平台,有助于推动人力资源服务业高质量发展,为促进就业创业、优化人才流动配置、助力经济高质量发展发挥重要作用。

从影响性来看,此次大会共有近700家国内外人力资源服务机构、企事业用人单位参展。此次大会共有展位近700个,其中全国展1个、地方展32个、国家级人力资源服务产业园展19个、人力资源服务机构500余家。此外还有中央企业展9个和骨干企事业用人单位展近70个。大会汇聚各级政府主管部门领导、各级行业协会代表、行业专家学者、国内外知名人力资源服务机构代表、央企和骨干企业代表等。在搜索引擎上以"第一届全国人力资源服务业发展大会"为关键词进行搜索,获得约5530000条结果;大会设有专门的网站与新闻中心,新华网、人民日报、央视网、人民网重庆频道、重庆广电第1眼、重庆日报等渠道媒体对大会进行及时的追踪报道。会上宣布了全国人力资源服务大赛获奖选手和组织单位名单,宣读了人力资源社会保障部关于同意建立中国重庆人力资源服务产业发展研究院的批复函,举行了人力资源服务供需对接项目签约仪式。

【本章小结】

中国人力资源服务行业十大事件包括政策类2件、著作类4件、行业类2件、会议类2件。"十大事件"一方面反映了2020年7月至2021年7月这一时间段内我国人力资源服务业立足新发展阶段、贯彻新发展理念、服务构建新发展格局,硕果累累、成就显著,充分体现了人力资源服务业发展的行业特征与社会影响力,展现出行业蓬勃发展的现状;另一方面也为人力资源服务业在未来一段时期的发展提出了新的要求,激励人力资源服务业从业人员坚持以习近平新时代中国特色社会主义思想为指导,认真贯彻党中央、国务院决策部署,以实施就业优先战略、人才强国战略和乡村振兴战略为引领,进一步提高人力资源服务水平。

第五章 粤港澳大湾区人力资源服务业发展状况分析

【内容提要】

本章共分为三部分。第一部分主要概述粤港澳大湾区各地市人力资源服务业的发展情况,分别从人力资源服务业发展现状、人力资源服务产业园的建设情况、人力资源服务业发展战略三个方面介绍与分析大湾区各地市人力资源服务业的发展。第二部分主要以大湾区各地市人力资源服务业扶持政策为研究对象,从人力资源服务业产业、人力资源服务机构、人力资源服务业人才三类扶持政策分析大湾区各地市对人力资源服务业的重视程度。第三部分使用了人力资源服务业发展环境指标等数据,经统计分析得出大湾区人力资源服务业发展环境指数排名,进而论述大湾区人力资源服务业的发展潜力,并提出建议。

Chapter 5 Analysis on the Development of Human Resource Service Industry in Guangdong-Hong Kong-Macao Greater Bay Area

【Abstract】

This chapter is divided intothree parts. The first part mainly summarizes the development of human resource service industry in the Guangdong-Hong Kong-Macao Greater Bay Area.It reflects and analyzes the development of human resource service industry in the Guangdong-Hong Kong-Macao Greater Bay Area from three aspects: the development of human resource service industry, the construction of human resource service industrial park and the development strategy of human resource service industry. The second part mainly introduces the support policies of the human resource service industry in the cities of the Greater Bay Area. The support policies of the human resource service industry, human resource service institutions and human resource service talents respectively reflect the importance of the human resource service industry in the cities of the Greater Bay Area. The third part uses the data of human resource service industry development environment index, obtains the ranking of human resource service industry development environment index in the Greater Bay Area through statistical analysis, and then discusses the development potential of human resource service industry in the Greater Bay Area and puts forward suggestions.

2019 年 2 月,中共中央、国务院发布《粤港澳大湾区发展规划纲要》。在中央政府和广东省、港澳特区等各地政府部门、商界、社会机构的努力之下,粤港澳大湾区已超越国家发展战略和建设方案中的概念名词和地区称号,俨然走在了成为国际一流湾区、世界第一湾区的征程上。近年,粤港澳大湾区一体化交通规划、医疗、教育、政务服务、跨境理财等建设率先落地,打造粤港澳大湾区一体化发展的同时,与上海等国内其他重要城市、"一带一路"贸易发展的合作以逐步扩大粤港澳大湾区的影响力。

粤港澳大湾区包括 9 个珠三角城市与 2 个港澳特区,有 8000 多万人口,面积 5.6 万平方公里。粤港澳大湾区 2020 年经济总量超 11 万亿元,其中广东珠三角经济总量近 9 万亿元人民币、香港约 2.7 万亿港元、澳门约 1944 亿澳门元,占全国 12% 的 GDP,经济总量可入列全球十强。[①] 粤港澳大湾区的建设对我国发展有重要意义,人力资源服务业的发展可为大湾区的建设提供强大的动力。近 3 年,大湾区内珠三角城市群的人力资源服务业进入高速发展阶段,随着与港澳地区的深化合作,大湾区的人力资源服务

---

① 参见新华社:《湾区潮涌千帆竞——写在〈深化粤港澳合作 推进大湾区建设框架协议〉签署 4 周年前夕》,2021 年 5 月 16 日,见 https://baijiahao.baidu.com/s? id = 169989917-4138556148&wfr=spider&for=pc。

业发展逐渐往生命力旺盛、灵活性强的体系前进。在"一国两制"、多种货币与关税政策等综合环境下,粤港澳大湾区是探寻中国特色人力资源服务业发展路径的关键环节,具有非常高的研究价值。

一、大湾区各地市人力资源服务业发展概述

（一）大湾区人力资源服务业发展整体情况

广东省人力资源服务业发展迅猛,潜力巨大,位列全国人力资源服务业排名的第一位。截至 2020 年底,广东省人力资源服务行业营收超过 2000 亿元,有近 4000 家人力资源服务机构,7 万余名从业人员。[①] 粤港澳大湾区建设对广东省人力资源服务业的推动作用、广东省人力资源服务业对粤港澳大湾区建设的推动作用,实为一体两面。

人力资源的配置是粤港澳大湾区高效建设的重要内核。作为广东省经济活力的主要来源,珠三角城市群经济实力稳固,科技力量领先。香港与澳门 2 个特区实行"一国两制",国际金融都市与国际博彩旅游城市为其经济繁荣打下扎实的基础。珠三角的 9 个城市各有地区优势,营造了广东省长盛不衰的市场和经济活力,其人力资源服务业也凸显出各放异彩的地区特色。香港特别行政区有着高度专业化的服务业体系,其全球金融与商业枢纽中心之一的国际地位是发展关键,由此吸引了国际知名的咨询服务公司到港开展业务;此外,香港特区政府向来十分重视香港人力资源配置系统的需求供应平衡和人力资源质量提升等问题。因此,香港是粤港澳大湾区中人力资源服务业专业水平最高的城市,但是制度和历史发展等问题导致珠三角城市的人力资源服务业发展与香港的人力资源服务业是不同的两个体系,而粤港澳大湾区人力资源服务业的发展需要两个体系的高度协同。

（二）大湾区各地市人力资源服务业发展的规模

1. *广州*

广州为广东省省会,位于粤港澳大湾区的中心区域,发挥着带动、联动、

---

① 参见南方网:《高质量！广东持续推动人力资源服务业发展》,2021 年 7 月 30 日,见 https://static.nfapp.southcn.com/content/202107/30/c5580360.html。

促进省内其他城市的资源链接与互补融合的核心引擎作用。根据 2021 年广州市政府报告,2020 年广州市生产总值突破 2.5 万亿元,五年年均增长 6%,在广东省生产总值排名第二位。截至 2020 年底,广州共有人力资源服务机构 2013 家,从业人员 49206 名。2020 年广州市人力资源服务业营收 1095.4 亿元,比上年增长 9.5%,产业发展规模、质量继续保持全省首位、全国前列的地位。① 广州市的经济活力、人才吸引力得益于累积多年的产业基础和优质的营商环境。广州在全国率先形成人力资源服务业商圈,其中猎头服务、人才测评等高端业态占商圈产值 70% 以上。在 2018 年中国服务业企业 500 强评选中,广州红海、广东南油外服等入选,全国仅有 4 家人力资源服务企业入选。② 在广州"十四五"规划纲要中,科技创新被放在重要位置,科技创新的基础是人才资源,现代服务业是科技创新与经济发展相互促进的强大动力。广州"十四五"规划纲要强调构建实体经济、科技创新、现代金融、人力资源协同发展的现代产业体系,明确提出现代服务业优质高效发展,包括提升会计、法律、人力资源等高端专业服务业发展水平,培养高级技工,围绕"一江两岸、双核驱动、多点支撑"规划布局,加快推进中国广州人力资源服务行业发展与人力资源产业园建设,建设现代服务业强市。目前广州已在南沙区创建国际化人才特区,接轨国际的人才发展环境,吸引粤港澳、海内外的基础研究、技术研发、创业家和创业投资等领域高端人才和国际顶级科学家。中国广州人力资源服务产业园南沙园区以 3 万平方米的国际人才港为依托,建有粤港澳大湾区人力资源产业研究院,人才一站式政务服务大厅,为国际人才提供高端领军人才认定、人才公寓、共有产权人才住房等 262 个人才服务事项。

2. 深圳

深圳是广东省副省级市和粤港澳大湾区四大中心城市之一,承担着国家物流枢纽、国际性综合交通枢纽、国际科技产业创新中心、中国三大全国性金融中心的角色,并正在全力建设综合性国家科学中心。据 2021 年深圳

---

① 参见南方网:《高质量！广东持续推动人力资源服务业发展》,2021 年 7 月 30 日,见 https://static.nfapp.southcn.com/content/202107/30/c5580360.html。

② 参见广州市人力资源与社会保障局:《广州获批设立国家级人力资源服务产业园》,2018 年 11 月 21 日,见 http://rsj.gz.gov.cn/zwdt/gzdt/content/post_2401523.html。

市政府工作报告,2020 年深圳地区生产总值达 2.77 万亿元,经济总量位居亚洲城市第五位,五年年均增长 7.1%。深圳人力资源服务业发展快速,人力资源服务机构经营的业务形态多样化,除劳务派遣、就业推介、招聘服务等传统业态继续保持稳步发展之外,高级人才寻访、服务外包、人力资源管理咨询以及培训服务等高端业态发展加快。深圳作为全国领先的科技城市,科技、互联网的发展可在相当程度上助力人力资源服务业的发展。人力资源服务由过去的传统型转化成现在的科技型、平台型,离不开科学技术的支持。深圳可依靠粤港澳大湾区内大型企业的人力资源科技中心、政府科技中心,利用 5G 技术、人工智能、VR 等科技手段创建更多新型的人力资源科技应用产品,并且把相应产品转化成专利或应用到平台经济、零工经济和共享经济中,构成"科技—服务"闭环模式,推动粤港澳大湾区发展。2020年深圳市人力资源机构有 1197 家,年营收额 566 亿元,年纳税额 38 亿元,近五年年均增长率超过 40%。[①] 深圳都市圈内的大湾区城市包括深圳、东莞、惠州。根据《中共深圳市委关于制定深圳市国民经济和社会发展第十四个五年规划和二〇三五年远景目标的建议》,深圳围绕"新发展阶段、新发展理念、新发展格局"要求,打造原始创新策源地、关键核心技术发源地、科技成果产业化最佳地、科技金融深度融合地、全球一流科技创新人才向往集聚地。由于深圳现代服务业的快速发展,深圳将进行现代服务业能级提升工程,并且树立到 2025 年现代服务业增加值占服务业增加值比重达 77%的目标。

3. 佛山

佛山地处珠江三角洲腹地,东倚广州,毗邻深圳、香港、澳门,是粤港澳大湾区的重要节点城市、珠三角地区西翼经贸中心,与广州共同构成"广佛都市圈"和粤港澳大湾区三大极点之一。佛山高质量的营商环境、活跃的民营经济和开放的合作格局,都给这座历史悠久的城市带来新的活力和机遇。据佛山市 2020 年国民经济和社会发展计划执行情况与 2021 年计划草案的报告,2020 年佛山现代服务业增加值 2823.1 亿元,占第三产业比重达

---

① 参见《前海国际人才港:打造深圳人才和产业集聚新地标》,新华网,2021 年 7 月 6日,见 http://www.gd.xinhuanet.com/newscenter/2021-07-26/c_1127696544.htm。

62%，先进制造业与现代服务业加快融合发展。佛山市人力资源市场规模不断扩大，2019年全市人力资源服务企业和机构总数200多家，人力资源服务产业形成初步规模。在佛山"十四五"规划纲要的三大目标定位中，粤港澳大湾区极点城市居于首位。广佛同城建设已打造多年并逐渐成体系，国内首条跨越地级市的广佛地铁线自2010年11月3日开通运营。历经多年的广佛同城发展，已为广州与佛山共建粤港澳大湾区极点城市打下扎实的基础。佛山"十四五"规划纲要提出，佛山与广州共建大湾区广佛极点，规划建设"1+4"广佛高质量发展融合试验区；以"深圳创新+佛山产业"合作模式，与深圳建设先行示范区、深圳科技园佛山科创园等平台；构建"香港+佛山""澳门+佛山"合作机制，建立佛港澳青年三大交流合作基地。

4. 东莞

东莞是中国珠江三角洲东岸中心城市，为"广东四小虎"之首，号称"世界工厂"，是广东重要的交通枢纽和外贸口岸。作为粤港澳大湾区中心城市之一，东莞凭借多年积累的制造业基础，为粤港澳大湾区经济发展增添稳定发展动力。毗邻深圳和广州的地理位置加深了东莞与两个一线城市的经济、科技、教育等多方面的联动。东莞市利用便捷交通、近海口岸的优势在跨境电商、外贸等领域独树一帜。东莞市经济实力强劲、潜力大、产业体系齐全。根据2021年东莞市统计局发布的国民经济和社会发展统计公报，2020年东莞市生产总值达9650.19亿元，居广东省生产总值排名第四位。根据智汇东莞2020年12月23日发布的数据，东莞市全市人力资源服务机构达到316家，从业人员1.16万人，2019年服务用人单位14.3万家次，服务人员700多万人次，营收54.36亿元，纳税1.15亿元。[①] 2021年5月31日，东莞市人民政府发布的《东莞市国民经济和社会发展第十四个五年规划和2035年远景目标纲要》中提出建设粤港澳大湾区综合性国家科学中心先行启动区，共建粤港澳大湾区国际科技创新中心和广深港澳科技创新走廊，加快建设创新型城市。同时，东莞市明确提出以服务先进制造、智能制造为核心，大力推动人力资源服务业发展。但是由于东莞市生产性服务业

---

① 参见《东莞推动人才供给侧改革，为实验区建设注入强大动力》，2020年12月24日，见 https://webzdg.sun0769.com/web/news/content/150947? share=1。

发展滞后,因此在"十四五"规划纲要中仍以建立健全人力资源服务产业为主,例如人力资源服务产业配套政策、人力资源服务产业园、人力资源服务业"一会一赛六平台"等。

5. 中山

中山地处粤港澳大湾区几何中心,北连广州,毗邻港澳,是珠江东西两岸融合发展的支撑点、沿海经济带的枢纽城市,在"东承西接"上起着重要作用,是粤港澳大湾区重要一极。2020 年中山市地区生产总值为 3151.59亿元。"十三五"期间,中山 GDP 年均增速 3.0%,经济持续稳定增长。截至 2019 年底,中山市共有经营性人力资源服务机构 107 家,比上年增长20%,机构数量占广东省人力资源服务机构总量的 17%,全省排名第 5;人力资源服务机构全年营收为 47.97 亿,比上年增长 243%,全年营收占广东省人力资源服务机构全年营收的 2.61%,全省排名第 6,人力资源服务业的整体发展态势良好。① 据中山市"十四五"规划纲要,中山明确提出打造现代服务高地,构建"2+3+4"现代服务体系,做强做优现代金融、商贸流通两大支柱型现代服务业,打造"双核支撑、多区联动"的现代服务业发展新格局。在集聚创新创业人才方面,实施"雏鹰归巢""333"紧缺急需人才引育和海外高层次人才引进计划,谋划建设大湾区国际人才港、留学人员创业园,发展人力资源服务业,建设线上人力资源服务产业园。

6. 珠海

珠海是广东省省域副中心城市,是中国最早成立的经济特区之一,享有全国人大赋予的地方立法权,被誉为"浪漫之城""幸福之城",区位优势明显,是广东省唯一连通港澳的内陆城市,不仅设有八个国家一类口岸,城市自身还是通达粤东西南北的交通中枢。珠海市经济动力十足、发展前景可观,政策优势大,科技研发氛围浓厚。根据珠海市统计局发布的国民经济和社会发展公报显示,2020 年珠海市地区生产总值为 3481.94 亿元,同比增长 3.0%,居广东省生产总值排名第 6 位。根据珠海市人社局发布的《2020 年珠海市通过年度报告人力资源服务机构名单》,市内共有 101 家人力资源服务机构。珠

---

① 参见中山市人力资源和社会保障局政务网:《百家企业中山"论剑",中山首本人力资源服务业蓝皮书出炉》,2021 年 3 月 30 日,见 http://hrss.zs.gov.cn/rsdt/mtjj/content/post_1925016.html。

海市在硬件上建立了港珠澳大桥、横琴自贸片区、港澳青年创业孵化中心,加快建设横琴人力资源服务产业园、珠海技工(职业)院校等;在软件上则依靠珠海与澳门政府政策上的联动、珠海的人才吸引力、创新能力等,共同打造粤港澳大湾区人才高地,成为粤港澳大湾区内地与港澳深度合作的先锋。珠海近年大力推动对于创新创业人才、技能人才、港澳人才的引进和培养,已实行的措施包括较大程度放宽人才落户条件、"珠海英才计划"、企业与澳门城市大学共建"粤港澳青年创新创业实践基地"、横琴自贸片区累计落地500余项改革创新成果,其中近100项创新经验在全国和全省范围复制推广,打造趋同港澳的国际化营商环境。港澳旅游、建筑等领域专业技术人才可在横琴认定执业,目前超过700名来自港澳地区人员获得横琴跨境执业资格。① 除此以外,珠海首创内地赴澳门务工人员在横琴参加职工基本养老保险、政务事项实现"湾区通办"、澳门企业在珠海横琴跨境办公等举措,都在彰显珠澳规则制度的衔接。2020年6月29日成立的横琴新区人力资源服务产业园是珠海市首个人力资源服务领域的专业产业园区,将为横琴开发建设和服务澳门经济适度多元发展提供充足的人才保障和智力支撑。

7. 惠州

惠州地处粤港澳大湾区东岸,是一座国家历史文化名城,同时也是珠江三角洲中心城市之一;海湾和岛屿众多,被称为"海洋大市",设有大亚湾和仲恺两个国家级开发区。惠州市是珠江三角地区面积最大的城市,在陆地上与广深莞接壤,地理位置的优势有助于惠州与广深莞进行经济交流,更具备接纳广深莞产业外移的机会。惠州市经济以高端制造业为主,大亚湾石化区石化产业基地是惠州传统石化产区和工业重镇,电子信息行业是惠州市的优势支柱产业,生命健康产业充分利用了惠州中草药资源优势。惠州市发展潜力大,自身优势明显,根据惠州市统计局发布的国民经济和社会发展公报显示,2020年惠州市地区生产总值为4221.79亿元,同比增长1.5%,居广东省生产总值排名第5位。惠州市市直人力资源服务机构2020年度报告公示,市直共有经营性人力资源服务机构12家。2020年9月26

---

① 参见南方财经网:《广东"十四五"规划:强化珠海横琴先导作用促进要素跨境流动》,2021年1月4日,见 http://www.sfccn.com/2021/1-4/4MMDE0MDVfMTYxNzc4MQ.html。

日,惠州市首个人力资源服务产业园建成,开园仪式当天共有 12 家人力资源机构签约入园。目前,惠州市人力资源服务业刚起步,尚未制定关于加快人力资源服务业的政策,仅有针对 2020 年刚建设好的人力资源服务产业园的管理办法试行意见。在 2021 年惠州市政府工作报告中,针对产业人才引进机制的探索,提了了高水平推进人力资源服务业产业园、港澳青年创新创业基地、留学人员创业园建设,以及推动职业教育务实创新发展,实施职业技能提升行动,培育更多高水平的惠州工匠。

8. 江门

江门是珠江三角洲西部地区的中心城市之一,广府文化的代表城市,有着"中国第一侨乡"的美誉,地域广阔,土地资源丰富,建港条件优良,是连接珠三角地区与粤西地区重要的门户枢纽。江门市具有良好的工业基础,不仅门类完备,而且兼具规模和技术,其中先进制造业是江门的重点产业。作为全国的重点侨乡,丰富的侨胞资源不仅帮助江门市在外贸经济等领域稳定发展,同时也不断促进粤港澳融合认同。江门市经济发展稳中向好,制造业和旅游业发展迅速,根据江门市统计局发布的国民经济和社会发展公报显示,2020 年江门市地区生产总值为 3200.95 亿元,同比增长 2.2%,居广东省生产总值排名第 8 位。根据江门市人社局 2021 年发布的《江门市人力资源机构名录》,市内共有 64 家人力资源机构。截止到 2021 年 4 月,江门市人力资源服务产业园已引进 41 家国内外优秀人力资源服务机构,2020 年园区运营规模达 5 亿,税收超过 500 万。2021 年 2 月 17 日,广东省人社厅同意江门人力资源服务产业园评定为省级人力资源服务产业园,授牌"广东江门人力资源服务产业园"。① 江门对人力资源服务产业的规划是依托人力资源服务产业园"一园多区、离岸服务"总体布局,构建"市场化、专业化、信息化、产业化、国际化"人力资源服务体系,建立健全人力资源服务产业园扶持政策体系,引进国内外知名人力资源产业服务机构,促进充分就业和为经济社会发展提供充足的人力资源保障。到 2025 年,基本建成"立足江门、融入湾区、辐射周边、连接全国"具有侨乡特色、覆盖面广、功能齐

---

① 参见江门市人民政府:《江门人力资源服务产业园获评省级园》,2021 年 2 月 17 日,见 http://www.jiangmen.gov.cn/home/zwyw/content/post_2254571.html。

全、品牌突出的粤港澳大湾区西翼人力资源服务产业园。此外,发展人力资源服务离岸外包,需充分发挥江门侨乡作用和港澳乡情优势,设立海外人才孵化与高层次人才服务工作站,探索人力资源服务业国际化发展模式,加强与港澳人力资源服务对接,有针对性宣传江门人才创新创业政策,引导港澳人才回乡就业和创新创业等。

9. 肇庆

肇庆位于广东省中西部,是大湾区连接大西南重要交通枢纽和粤港澳大湾区主要城市功能疏解承接地。肇庆市市场主体活力持续激发,经济持续向好发展。据肇庆市 2021 年政府工作报告及"十三五"时期肇庆经济社会发展综述公布数据显示,2020 年肇庆市大部分主要经济指标实现较好增长,完成地区生产总值 2311.65 亿元,同比增长 3%,增速排名全省第 6。2020 年 8 月,肇庆市人力资源和社会保障局出台《2020 年肇庆市人力资源和社会保障事业发展计划》,文件指出以粤港澳大湾区建设为"纲",抢抓"双区"建设、"双城"联动重大机遇,加强人才队伍建设和人事管理,并提出加快推动就业创业孵化基地等平台建设,优化人才驿站管理,推动市级人力资源产业园尽快开园运营,培育壮大高层次创新人才队伍等举措,使本市人力资源服务业发展持续稳步进行。

10. 香港

香港北与深圳相邻,南临珠海万山群岛,包括香港岛、九龙、新界和周围 262 个岛屿,陆地总面积 1106.66 平方公里,总人口 747.42 万人,是世界上人口密度最高的地区之一,也是全球最富裕、经济最发达和生活水准最高的地区之一。2020 年香港人均 GDP 为 36.23 万港元,实际下降 5.8%,折合 32.3 万元人民币。香港的现代服务业呈现出略有偏倚的高度专业化,原因是其主要的现代服务业高度集中在金融、商业管理咨询等行业。金融服务业是香港的四大核心产业之一,其余三个产业是贸易及物流业、专业服务行业、旅游业。2013 年金融服务行业从业人员超 23 万人,占就业人口的 6.1%,间接创造超 10 万个职位,对本地生产总值的直接增值贡献 16%。[1]

---

① 参见香港金融发展局:《发展香港金融服务业人力资源》,2015 年 1 月,见 https://www.fsdc.org.hk/media/dmtlm503/paper-13-developing-hk-financial-talent-c-23-1-2015.pdf,第 8 页。

2017 年香港金融服务业实际人力需求为 26.4 万人。[①] 据香港贸发局,香港的管理咨询服务业分为 6 类:一般管理、财务管理、市务管理、生产管理、人力资源管理、资讯科技管理。整体来看,香港的人力资源服务业范畴传统且精细化,包括精算评估、薪酬调查、工作评核、薪级表评估、员工表现管理和培训。截至 2020 年 12 月,香港共有 9778 家管理咨询服务业机构,从业人员 42513 名。根据香港政府统计处《2019 年香港服务贸易统计》,商业及管理顾问以及公共关系服务输出总值为 51.70 亿美元,较 2018 年下跌 9.6%,占服务输出总值(1020 亿美元)的 5.1%。[②] 2018 年 3 月 20 日,香港特区政府成立人力资源规划委员会,由特区政府政务司司长出任主席,委员会的主要职责是根据香港的社会需要与经济发展需求等制定人力资源相关的政策,对就业、培训等人力资源服务进行监管等。香港人力资源管理学会于1977 年成立,是香港最具代表性的人力资源管理专业团队,会员数目 5300人,有超过 500 家为公司会员。该协会设置了香港人力资源卓越奖,奖励每年在人力资源领域有突出成绩的公司企业。

11. 澳门

澳门位于中国南部珠江口西侧,是中国大陆与南中国海的水陆交汇处,毗邻珠海。澳门位于粤港澳核心地区,是国际自由港、世界旅游休闲中心,其著名的博彩业和旅游业使澳门成为全球发达、富裕的地区之一。澳门是陆地面积仅有 32.8 平方公里的"弹丸之地",总人口只有 67.2 万人,在新冠肺炎疫情对旅游业的重大打击下,澳门 2020 年人均 GDP 约为 3.57 万美元,为全国人均 GDP 的 3.5 倍。目前澳门的人力资源服务业发展还未成熟,澳门人力资源服务业主要以职业介绍所为载体,至 2021 年 8 月,澳门共有职业介绍所 130 家。[③] 劳务培训和派遣主要面向博彩业,向博彩业输送前线荷官、地勤人员等低技术要求和学历要求的就业人员。由于澳门产业

---

① 参见香港特别行政区政府:《2027 年人力资源推算报告》,2019 年 12 月,见 https://www.lwb.gov.hk/tc/other_info/mp2027_tc.pdf,第 14 页。

② 参见香港贸易发展局:《香港管理咨询业概况》,2021 年 4 月 30 日,见 https://research.hktdc.com/sc/article/MzExMzIwOTUx。

③ 参见澳门特别行政区政府劳工事务局:《职业介绍所业务准照名单》,2021 年 8 月 19日,见 https://www3.dsal.gov.mo/AgencyData/licenselist.jsp。

结构单一,其就业人口总体以低技术、高劳动型为主。2021年澳门政府加强就业支援服务、加强职业培训,开展应对疫情的"带津培训",为学员举办就业配对、多元的职业培训课程、技能测试,以及提供转介服务。澳门未来发展的重点会依靠粤港澳大湾区建设并且结合自身中西结合的优势,积极吸引人才从粤港澳大湾区和外国来澳发展。

(三) 大湾区各地市人力资源服务产业园

1. 总体情况

截至2021年2月,我国共有22家国家级人力资源服务产业园,共进驻超3000家企业,2020年营收共2048亿元。① 大湾区内的2个国家级人力资源服务产业园2020年共有企业215家,年营收共238.46亿元。在政府的大力推行与政策扶持的基础上,大湾区内各地仍在加快人力资源服务产业园的建设。虽然2019年广东省人力资源服务业发展水平位列全国第一,但是广东省的人力资源服务产业园发展空间非常大。2021年,中国广州人力资源服务产业园有3个已开业的新园区以及3个正在建设的园区,深圳市龙华区人力资源服务产业园则是深圳市2021年新开业的人力资源服务产业园。已有三个园区的广州中山人力资源产业园的小榄镇园区于2021年开业,而另有一个新园区在建园中。其他珠三角城市的人力资源服务产业园于近年也分别开业。

2. 广东省国家级产业园区建设情况

目前,大湾区内有出色表现的产业园是两个国家级人力资源服务产业园:中国广州人力资源服务产业园、中国深圳人力资源服务产业园。两个国家级人力资源服务产业园于2018年11月1日经人社部批准建立,其运营模式均为"一园多区",且各个分区都有鲜明的特征及主导功能。

两个产业园均分别有创新创业导向、海外人才服务导向、科技创新导向、港澳人才服务导向等分区,各分区围绕着打造人力资源服务强市的核心思想,各自发挥优势功能的同时,营造良性的合作与竞争氛围,为大湾区人

---

① 参见中华人民共和国中央人民政府:《全国新设3家国家级人力资源服务产业园》,2021年2月19日,见 http://www.gov.cn/xinwen/2021-02/19/content_5587743.htm。

才高地与人力资源配置提供全面的支持。广州在中国广州人力资源服务产业园建立前已有天河人才港为其打下一定的基础。2016 年 11 月 29 日,广州天河区委、区政府建设的天河人才港开业,以"双创"人才服务为重点,吸引社会化服务品牌机构入驻并为其提供人才数据服务、人力资源服务、技术服务等。截至 2021 年 9 月,中国广州人力资源服务产业园在各个行政区已建有 10 个分园。根据人社部发布的最新数据,2020 年中国广州人力资源服务产业园营业收入 129.14 亿元,入驻企业 81 家,服务劳动力和人才262.51 万人次,服务用人单位 22.89 万家次,人力资源服务发展规模与速度位居全国前列。①

深圳较早建立的人力资源服务产业园是 2016 年 7 月开业的龙岗区人力资源服务产业园,以及 2017 年开业的深圳人才园、南山区人力资源服务产业园、宝安人才园。如今,以上的 4 个人力资源服务产业园均属中国深圳人力资源服务产业园的分园。中国深圳人力资源服务产业园共有 6 个分园。除此之外,深圳福田区和龙华区分别于 2020 年 12 月和 2021 年 5 月建有人力资源服务产业园。截至 2020 年底,中国深圳人力资源服务产业园共入驻人力资源机构 134 家,全年营业收入 109.32 亿元,服务 419 万人次,服务用人单位 37.4 万家。

3. 广东省省级产业园区建设情况

目前大湾区内有 3 家省级人力资源服务产业园,分别为广东佛山人力资源服务产业园、广东中山人力资源服务产业园、广东江门人力资源服务产业园。佛山是广东省内最早一批成立人力资源服务产业园的城市,其产业园于 2015 年开业,2020 年进入"一园多区"模式,加速对人力资源服务产业园的建设。广东中山人力资源产业园虽然开园较晚,但是发展速度快,目前以"一园四区"模式加快建设。中山市人力资源服务产业园(火炬区园)首期开园已引进 36 家人力资源机构及品牌人力资源产品项目公司,引入人力

---

① 参见中华人民共和国人力资源和社会保障部:《千里之才南粤以待——广东省推动人力资源服务业高质量发展》,2021 年 7 月 27 日,见 http://www.mohrss.gov.cn/SYrlzyhsh-bzb/dongtaixinwen/buneiyaowen/rsxw/202107/t20210727_419381.html。

资源规划、人力资源大数据等人力资源创新项目。① 2018 年开园的广东江门人力资源产业园于 2021 年被评为广东省级人力资源服务产业园,该产业园立足"华侨之乡"打造的离岸服务是重点的发展特色,已入驻机构 41 家,2020 年运营规模 5 亿元。

东莞松山湖人力资源产业园自 2018 年 12 月开园,入驻机构 25 家。2018 年 12 月,东莞松山湖高新区管委会发布的《东莞松山湖高新区关于促进人力资源服务业发展的实施办法》是东莞市首个促进人力资源服务业发展的文件,其落实力度良好,然而仍存在当地人力资源服务业规模过小的问题。根据东莞市人力资源和社会保障局松山湖分局公开的 2020 年松山湖关于促进人力资源服务业发展补贴申请机构公示名单,共有 10 家人力资源服务机构申请 47.79 万元的场地租金补贴。与东莞相比,佛山和中山的人力资源服务业发展更快。珠海、惠州与肇庆是珠三角城市中人力资源服务产业园开业最晚的城市,在 2020 年才分别建立市级的人力资源服务产业园。

总体来看,广州和深圳的人力资源服务产业园在强势发展,其他珠三角城市则显得难以追赶,其中与广州毗邻的佛山、与深圳毗邻的中山的人力资源服务产业园建设程度良好,其一园多区的发展模式紧跟广州深圳的步伐,但是从入驻机构和服务人次数量来看,仍需加强对当地人力资源服务机构和相关企业的引导。产业园拥有良好营商氛围与一定的规模后,才能形成产业园对人力资源服务业的动力作用。珠三角城市人力资源服务产业园及分园的基本信息具体参考本书的附录一。

二、大湾区各地市人力资源服务业发展的相关政策概况

本部分内容以广州市对人力资源服务业的三大类扶持政策为标杆,逐一介绍珠三角其他地市中有代表性的扶持人力资源服务业发展的政策,分别为人力资源服务业产业、人力资源服务机构、人力资源服务业人才、粤港

---

① 参见南方都市报:《中山首家人力资源服务产业园开园,力争产值突破 20 亿》,2020年 8 月 18 日,见 https://www.sohu.com/a/413758301_161795。

澳人力资源服务业相互促进等四类政策。所有政策发布时间与内容简介具体参考本书附录二。

（一）大湾区各地市对人力资源服务业产业的政策扶持

2015 年 1 月 20 日，人力资源社会保障部与国家发展改革委、财政部联合下发《关于加快发展人力资源服务业的意见》，全国各省市的响应速度不一。在粤港澳大湾区的 9 个珠三角城市中，广州响应迅速，于 2016 年便发布针对本市人力资源服务业的加快发展意见，其他城市则分别在 2018 年至 2021 年陆续制定本市关于加快发展人力资源服务业的政策文件。

2017 年 7 月 1 日《深化粤港澳合作 推进大湾区建设框架协议》正式签署。2018 年 10 月，深圳发布《深圳市关于加快人力资源服务业发展的若干措施》。2019 年 10 月、12 月，佛山和中山分别发布《佛山市关于加快人力资源服务业发展的若干措施》《中山市关于加快人力资源服务业发展的若干措施》。2020 年 9 月，江门发布《江门市关于加快人力资源服务业发展的若干措施》。2021 年 6 月，东莞发布《东莞市人民政府办公室关于加快推动东莞市人力资源服务业实现高质量发展的实施意见》。另外，虽然珠海与肇庆尚未发布关于人力资源服务业的扶持政策，但是，珠海市人社局于 2021 年 6 月 15 日发布《珠海市人力资源和社会保障事业发展"十四五"规划》，提出多项具体措施以促进人力资源服务业的发展；肇庆的人力资源服务产业园以及人力资源服务机构扶持政策对人力资源服务业的发展也起到促进作用。

（二）大湾区各地市对人力资源服务机构的政策扶持

根据人社部数据，截至 2020 年底，广东省共有近 4000 家人力资源服务机构，共运营 12 家人力资源服务产业园，广东省人力资源服务行业营收共超 2000 亿元，全省人力资源服务产业园营收共 463 亿元。① 珠三角各地市对人力资源服务机构的政策扶持集中在对人力资源服务产业园入驻机构

---

① 参见中华人民共和国人力资源和社会保障部：《千里之才南粤以待——广东省推动人力资源服务业高质量发展》，2021 年 7 月 27 日，见 http://www.mohrss.gov.cn/SYrlzyhsh-bzb/dongtaixinwen/buneiyaowen/rsxw/202107/t20210727_419381.html。

的奖励、补贴等,例如广州、深圳、佛山、东莞、中山、惠州、江门均已出台本市人力资源服务产业园的管理、建设与扶持办法,旨在加速人力资源服务产业园对当地人力资源服务机构发展的推动。此外,珠海、肇庆对人力资源服务机构的扶持政策聚焦在创新创业、就业等服务,例如珠海 2018 年 4 月发布的《关于实施"珠海英才计划"加快集聚新时代创新创业人才的若干措施》、2020 年 12 月发布的《关于进一步规范和优化就业创业补助资金使用管理的通知》均明确提出支持人力资源服务机构发展,进一步发挥人力资源服务机构的作用,肇庆 2020 年 3 月发布的《关于在疫情防控期间实施人力资源服务补贴的通知》、2021 年 3 月发布的《肇庆市激励劳动者在肇就业若干措施(征求意见稿)》均明确对人力资源服务机构的激励。

2019 年 9 月 3 日,广州市人力资源和社会保障局印发《广州市促进人力资源服务机构创新发展办法的通知》,进一步明确促进人力资源服务业创新发展的趋势,鼓励人力资源服务机构开展高峰论坛、博览会等各项高水平专业活动,鼓励行业人才与初创型人力资源服务机构、高层次人力资源服务机构等。深圳正在推进现代人力资源服务业高端化。2020 年,深圳人社局在信息管理、数据共享等系统化集成化的改革中创新服务模式,简政放权,打造服务型人社创建工作。深圳人社局在全国率先开展人才引进业务"秒批"改革,现推行"秒批+信用审批"双轮驱动的人社高效服务新格局,目前已有 45 个事项实现"秒批"。

此外,在各地市对人力资源服务产业园的建设文件中,鼓励人力资源服务机构信息化、大数据、互联网等新兴技术创新发展。当前,珠三角城市正积极融入粤港澳大湾区发展战略,以高端人才引领产业转型升级,以科技创新释放经济发展新动能,全力构建"两高四新"现代产业体系。产业园区的构建与科技创新相融合可以更高效地助力新兴产业的发展。以人力资源产业园为例,建立上线智慧园区体系,对园区内资源进行协调和整合,为政府统筹、机构增效赋能;运用大数据技术,搭建数智化就业服务系统,提升人力园区与经济和社会发展的紧密度,做实产业协同发展,构建"本地公共就业服务+全国优质经营性机构"模式的"一张网"人力资源供需对接平台,实现全市范围的人力资源服务供给与需求的精准对接。

（三）各地市对人力资源服务业人才的政策扶持

在 2018 年到 2019 年之间，除了人力资源服务业和鼓励人力资源服务产业园发展等政策外，在现代服务业、创新创业人才、领军人才等政策中明确包含人力资源服务业人才的地市政策有广州、深圳、珠海。但是，在所有珠三角城市的人力资源服务业产业发展、人力资源服务机构、人力资源服务产业园的扶持政策和各地市的"十四五"规划纲要中均有指出培养人力资源服务业人才的目标。然而，广州和深圳对人力资源服务业人才政策处于和人力资源服务产业园相对独立且并行的落实阶段，其他地级市仍是以建设产业园的行业人才、领军机构等为主。

广州市对人力资源服务的政策支持并不局限于人力资源服务机构和产业园的政策。目前广州市高层次人才政策以人才绿卡制度为依托，各个区可结合区域特色与需求加设细则，各个产业与技术领域的顶尖人才有相对独立的奖励政策扶持。人才津贴、福利的各项内容十分全面，涉及住房租房、免费体检、子女就读等。同时，各项人才服务亦设立了相应的一站式服务站，为国内外、港澳等人才提供便利的服务。广州市的产业政策中，对现代服务业的重视值得关注，均特别指出了人力资源服务业的作用。

深圳作为粤港澳大湾区内重要城市，有着连结港澳地区和大陆内部人才交流和就业的桥梁作用。深圳的人才政策辐射面广，同时有一定的联合"政策包"吸引人才，这是深圳人才服务的一大亮点。深圳立足于自身特有的优势地理位置，实行更加便利的境外人才引进和出入境管理，并且依靠大湾区的有利政策支持，发展高层次创新人才服务和人力资源服务基地的建设。

（四）各地市对人力资源服务业重视度的对比与分析

从粤港澳大湾区 9 个珠三角城市的整体情况来看，除了广州、深圳的人力资源服务业相对成熟以外，其他珠三角城市的人力资源服务业发展滞后，存在着整体规模较小、专业化程度不高、竞争力较弱等短板，因此，珠三角城市群各地市对人力资源服务业的重视均在一定程度上结合了本市人力资源服务业的发展情况。从各地市发布的人力资源服务扶持政策的数量、覆盖面来看，珠三角城市中广州和深圳对人力资源服务业的需求最高，因而重视度也最高。广州、深圳在多项政策中均明确提出针对人力资源服务业、人力资源服务机构、人力资源服务业人才的扶持；相比之下，其他珠三角城市至今发布的扶持政策大部分集中在加快对人力资源服务业的发展及人力资源服务产业园的相关政策。

1. 各地重视扶持手段不一

部分城市对于人力资源服务业的扶持手段较为单一，政策的着力点集中在人力资源服务产业园。这些城市的人力资源服务业发展仍处于起步阶段，或者是在过往发展中人力资源服务业未得到足够的重视，从而导致其发展速度缓慢。东莞市政府在过去的规划中将目光聚集在科技创新，发展先进制造业。强大的制造业基础帮助东莞市在城市发展中脱颖而出，快速的城市发展不仅使城镇化率增长速度显著提高，也让这座工业大城出现了人才创新、科技发展的挑战。在最近的城市发展战略中，东莞市越来越重视人力资源服务行业的发展。为了快速发挥人力资源服务机构的作用，保障城市的人才资源稳定持续增长，东莞市设定人力资源服务机构聚集发展上的目标。希望通过优秀人力资源服务机构带动后进，同时打造本土品牌。虽然东莞市的人力资源服务业起步较晚，但是通过东莞市发布的各项政策可以看出，面对建立粤港澳大湾区一线城市的需求，东莞市正逐渐将解决市内人才缺口、建立人才资源库的任务交给人力资源服务机构。2017—2021年间，肇庆市政府、人社局发布了一系列有利的政策举措，大力促进港澳、高层次、技能人才来肇就业，以粤港澳大湾区建设为"纲"，抢抓"双区"建设、"双城"的机遇。但是，肇庆在推动人力资源服务业发展这方面经验尚且不足，对促进人力资源服务业发展的具体政策尚未发布，目前与人力资源服务相关的扶持政策以帮助就业为主。江门人力资源服务产业园的离岸服务、江门以侨乡优势引进海外人才等服务显然需要各级政府的大力支持，才可依托粤港澳大湾区为打造国际人才高地作出贡献。除了江门外，珠三角其他城市均有对海外人才、港澳人才的优惠政策。

2. 各地专业化发展程度不一

大部分城市在近两年加快建设人力资源服务产业园时，人力资源服务业的发展现状容易受到忽视。大部分城市对人力资源服务机构的扶持以入驻本地人力资源服务产业园为主，对于本土品牌、初创人力资源服务机构以租金补贴、创业就业补贴等为主,高额奖励或荣誉称号的扶持政策有高额营收和税收等门槛,而各地的人力资源服务业专业化、高端的交流与合作活动仍未形成相对稳定的体系,因此,对于发展本土人力资源服务机构的力度和引导有待加强。形成本土人力资源服务机构的发展体系对于行业规模、行业人才、专业水平等提高具有关键的作用。虽然近来中山、佛山人力资源服务业快速发展,但当地的人力资源机构与广州、深圳相比,产业规模和品牌影响力仍显不足。中山和佛山市内具备品牌效应的龙头人力资源服务企业偏少,普遍存在规模较小、专业化程度不高、市场竞争力较弱等问题。据统计,中山市内超过七成人力资源服务机构主要从事劳务派遣、代理招聘、人才培训与人力资源外包等中低端业务,全市人力资源服务机构从业人员获得职业资格证书的从业人员仅为11%。政府及有关机构可聚焦于高端人力资源服务业发展与相关从业人员的业务素质培养方面,为中山市人力资源服务业发展升级提供发展策略。

3. 各地规范化发展情况不一

人力资源服务行业规范性发展的加强已得到各地市政府的重视。近两年,各地市对人力资源服务机构的年检报告等体现了当地政府加大对人力资源服务机构的监管力度,对人力资源服务业的规范发展有明显的促进作用。而近期各地市 2021 年发布的"十四五"规划纲要文件,均明确提出加强人力资源服务业的行业规范。个别城市立足于自身的实际情况和不足,从当地人力资源服务业的短板抓起。例如珠海人社局在 2021 年 6 月 15 日发布的《人力资源和社会保障事业发展"十四五"规划》中才明确提出对人力资源服务业的全面规划与扶持,此前并无发布珠海市关于加快发展人力资源服务业和人力资源服务产业园建设的相关文件。2018 年 3 月 29 日和4 月 7 日,珠海市人力资源和社会保障局对关于促进人力资源服务业和人力资源产业园发展意见等提案予以公开回复,明确促进人力资源服务业发展的抓点是加强人力资源服务业和人力资源服务机构的规范化、专业化,重点对原有的职业介绍、派遣等传统业务的小型机构为主体的人力资源服务业市场进行创新变革。多年来,珠海市人社局对市内人力资源服务机构进行每半年或每季度的人力资源市场供求分析报告,为求职人员、人力资源服务机构等提供参考数据。

4. 香港澳门与内地的服务业态各具特色

香港和澳门特区的人力资源服务体系与国内城市存在较大的差异,一方面,香港和澳门公共服务中包含的人力资源服务以职业介绍、职业培训、创业培训、转介服务、政策咨询等传统人力资源服务中能发挥政府职能的为主,服务对象为有需求的市民和中小型企业。另一方面,以商业管理为对象的专业咨询、调研报告、管理建议等高端、专业化的人力资源服务则被纳入到服务业大类中。由于香港的金融业、澳门的博彩业以及贸易、旅游业等是港澳的核心产业,与其相关的人力资源服务被吸纳到该行业中。值得注意的是,香港和澳门的金融局、贸易发展局、统计局、特别行政区政府、人力资源规划委员会、人力资源协会等部门发布人力资源专业报告的频率较高,且数据全面,参考价值大,对于当地管理咨询行业的发展起到一定的作用,如各行业的人力资源推算报告、发展香港金融服务业人力资源报告等。粤港澳大湾区各地级市积极推出与港澳合作的政策,对赴内地港胞、港企给予多方面的支持,构建和谐合作氛围,例如广州开发区给予"两免三减半"租金补贴,珠海推出港澳居民的社保政策、港澳人才的税收减免政策等。2020年中旬,中国人民银行会同香港金管局、澳门金管局发布公告,在粤港澳大湾区开展"跨境理财通"业务试点,为粤港澳大湾区居民个人自主投资、灵活配置资产、居民个人跨境投资提供便利。

三、大湾区各地人力资源服务业发展环境指数与排名

(一) 大湾区各地市人力资源服务业发展环境指数的各项指标

根据粤港澳大湾区各地人力资源服务业发展的情况,参考《中国人力资源服务业蓝皮书 2019》[①]中关于人力资源服务业发展环境评价体系的指标体系,本章选用以下发展环境指标对大湾区各地人力资源服务业发展潜力进行评估,包括人均国内生产总值、城镇化率、第二产业增加值比重、居民人均消费性支出、利用外资情况、城镇居民储蓄余额、居民人均可支配收入、

---

① 参见萧鸣政等:《中国人力资源服务业蓝皮书 2019》,人民出版社 2020 年版,第199 页。

城镇登记失业率、居民受教育水平、固定资产投资情况。大部分指标的数据来源于珠三角各地市的 2020 年国民经济和社会发展统计公报,部分指标数据来源于地市的 2021 年政府工作报告、第七次全国人口普查公报。香港、澳门的指标数据来源于香港统计局、澳门统计局、香港金融局和澳门金融局发布的系列报告。

(二) 大湾区各地市人力资源服务业发展环境指数的计算结果

使用 SPSS 21.0 对收集的所有指标进行因素分析,得出大湾区 11 个城市的主成分得分,以第 1 和第 2 个主成分的因子得分加权总和得出该城市的综合主成分得分并进行排名,结果如表 2-5-1 所示。

表 2-5-1　粤港澳大湾区 11 个地市的综合主成分得分情况及排序

序号	地区	F 得分	排名	分类
1	香港	7.53	1	A
2	深圳	2.97	2	A
3	广州	2.21	3	B
4	澳门	0.74	4	B
5	佛山	-0.10	5	C
6	珠海	-0.31	6	C
7	东莞	-1.65	7	C
8	中山	-1.88	8	D
9	惠州	-2.68	9	D
10	江门	-2.86	10	D
11	肇庆	-3.98	11	D

(三) 各地市人力资源服务业发展环境指数的排名分析

由于大湾区内大部分城市的人力资源服务业起步较晚,导致大部分城市的人力资源服务业发展环境指标不完整,因此本次对于大湾区各地市人力资源服务业发展环境指数的排名以社会经济发展指标为主。本研究认为,一个城市的社会经济发展情况不仅反映该城市的经济实力、人才吸引力,也可体现政府职能部门配置各项资源的效能,而且是能准确地反映出大湾区内不同城市间差距的客观指标,有助于提出有更高应用价值的建议。

1. 香港

在粤港澳大湾区中,香港基于其发达的金融服务业和经济水平,即使在2020年GDP负增长6.1%的情况下,仍位于粤港澳大湾区中人力资源服务发展环境排序中的首位。香港的发展历史极为特殊,在中国传统文化与资本主义的碰撞下,在国家实力逐渐强大与香港本土经济发展缓慢的现实中,香港是曾经的亚洲四小龙之一,也是国际金融中心之一、国际上最富裕的城市之一,如今是粤港澳大湾区的核心区域。近年随着大湾区的发展,香港与内地的合作日益密切,经济也有回升的迹象。此外,在多项优惠力度大的政策扶持下,越来越多的香港市民到内地发展,其中香港市民赴内地就业创业的主要城市是深圳和广州。2020年中旬,中国人民银行会同香港金管局、澳门金管局发布公告,在粤港澳大湾区开展"跨境理财通"业务试点,为粤港澳大湾区居民个人自主投资、灵活配置资产、跨境投资提供便利,以促进粤港澳大湾区金融合作。国家税务局出台最新议定书,将教师和研究人员纳入税收减免政策,鼓励两岸经济交流。

2. 深圳

紧跟其后的是深圳,深圳的成功除了源于其自身强大的科技创新能力支撑外,也基于深圳与国内外、港澳等多个地区高水平合作的成长动力。近年来,深圳发挥先行示范区的驱动作用,以河套深港科技创新合作区、各项面向港澳人士的便利政策为牵引主力,深化与香港的联动发展,大大推进了粤港澳大湾区的建设。已有超过130个高端科技项目落地深港科技创新合作区深圳园区,其中不乏香港创业人员。深圳全市人才总量超过600万人。其中,全职院士54人,高层次人才总数近1.8万人,留学回国人员超15万人。全市在站博士后4356人,连续五年以超过30%的速度增长。深圳河套深港科技创新合作区的粤港澳大湾区国际仲裁中心交流合作平台暨中国(深圳)知识产权仲裁中心是深圳落实综合改革试点方案的重大举措,对健全粤港澳国际法律服务和纠纷解决机制、深化粤港澳三地在国际仲裁和知识产权保护领域的交流与合作具有重要意义。2019年,《罗湖区贯彻落实〈粤港澳大湾区发展规划纲要〉三年行动方案》以规划建设深港国际医疗城、深港国际教育城为主要目标,深化和香港医疗卫生领域的合作,解决跨境学童问题。深圳市积极构建"两轴三带"发展新格局,规划建设深港口岸经济带、建设大梧桐新兴产业带、打造红岭路创新"金融街"、高标准创建国际化营商环境。2021 年,中共深圳市委办公厅深圳市人民政府办公厅印发《关于进一步便利港澳居民在深发展的若干措施》,支持港澳青少年来深交流,为港澳籍学生接受义务教育提供便利,促进深港澳职业教育合作,优化港澳人才政策,支持港澳青年参加创新创业活动,完善来深发展的港澳人才住房保障政策等福利政策。2019 年出台的《深圳市进一步促进就业若干措施》中,将法定劳动年龄内的港澳居民纳入深圳自主创业人员范围,这也意味着在深圳自主创业的港澳居民将享受深圳市的相关扶持政策。

3. 广州

排名第三的是广州,广州经济的实力、活力、动力十足,为人力资源服务业提供优越的发展条件。值得注意的是,广州市的人力资源服务业发展规模、年营收等均比深圳人力资源服务业的更大,而深圳市的人力资源服务业发展环境水平高则是因为深圳经济更发达。根据 2021 年广州市政府工作报告,2020 年广州对"一带一路"沿线进出口年均增长 4.1%,跨境电商进口连续五年排名全国城市第一。在广州市投资的世界 500 强企业总数达 309 家,国家科技型中小企业备案入库数连续三年居全国第一。根据 2020 年 7 月招聘平台 BOSS 直聘发布的《2020 二季度人才吸引力报告》显示,广州第一次跃居城市人才吸引力指数榜单首位。广州在广东省始终发挥着核心引擎的关键作用,对于省内其他地区的带动作用至关重要,经济与人力资源服务业发展处于稳定、健康上升的状态。广州总面积为 7434.40 平方千米,2020 年常住人口为 18676605 人。深圳总面积 1997.47 平方千米,2020 年常住人口为 17560061 人。整体上来看,广州和深圳的人力资源服务业发展旗鼓相当,各有优点。如今广州市政府一方面通过政策和奖励制度促进科技创新,另一方面构建科技创新技术行业的高端服务体系,例如科创师事务所、科技创新法律法规。2021 年 5 月,在广州市科学技术局的指导下,大湾区科技创新服务中心联合先进行业、头部企业、头部机构的资深专家及人才以合伙制形式共同组建了"科创师事务所",是一个聚集科创服务行业高端人才资源,建立科创服务行业标准,为企业提供高效、精准、综合性科创服务的事务所。2021 年 7 月 1 日,《广州市科技创新条例》正式实施,以法律为科技创新护航,营造完善的科技创新环境,引导科技企业健康发展。

4. 澳门

排名第四的澳门在 2020 年与香港同样遭遇了新冠肺炎疫情的强大冲击,导致其 GDP 削减接近一半(56.3%)。在 2019 年的人均 GDP 世界排名中,中国澳门的人均 GDP 达到了 92492 美元,位列世界第二。在 2019 年发布的《全球经济自由度指数》报告显示,澳门在全球 180 个经济体中排名第 34 位,成为世界上最活跃的微型经济体之一。作为自由港经济,澳门已经形成了以博彩旅游和轻加工出口为特色的经济体系,这一产业结构在澳门回归后相当长的时期内,继续影响澳门的人才需求。随着经济的急速发展,经济规模不断扩大,澳门的劳动人口和就业人口总量也同时不断上升。但由于澳门本地高校较少,澳门本地低学历就业人口占比较大,人才回流面临缺乏专业发展空间的问题。澳门的科技发展起步较晚,但近年来特区政府把科技创新作为推动澳门经济适度多元发展的重要切入点之一。另外,澳门科技大学、澳门大学也与内地开展广泛的科技合作,从神舟、嫦娥、天宫到火星探测计划等国家重要科研创新项目,均有澳门科研人员参与。

20 世纪 70 年代末澳门经济进入快速发展时期,面临人力资源不足的难题,内地也开启改革开放进程,内地与澳门的劳务合作应运而生。1979 年,内地首批劳务人员由珠海输送到澳门。40 年来,内地输澳劳务工作经历了从零散化到规模化、从无序发展到有序管理的过程。据介绍,内地与澳门的劳务合作实施行业协会、会员单位两级管理体制,内地劳务人员到澳门工作可以接受内地 19 家具有经营资质的职业介绍所提供的全过程、保姆式服务。2021 年 1 月,澳门大湾区人力资源协会成立暨就职典礼在澳门举行,其间中国贸促会商业行业委员会授予澳门大湾区人力资源协会作为"人力资源标准化建设澳门地区独家合作伙伴",这标志着内地与澳门地区共同推进人力资源标准化建设正式启动。未来澳门大湾区人力资源协会的发展目标,是希望通过共同开展各领域的人力资源有关标准的编制工作,以及举办大湾区人力资源峰会、产业博览会及各类职业赛事等活动,对标国际标准要求,推动澳门及至亚太地区人力资源标准化建设,实现人力资源战略与业务战略紧密结合,产生协同效应。

5. 佛山

排名第五的佛山与广州的联动最密切,与广州接壤的优势地理位置让佛山的发展速度平稳上升。根据佛山市 2021 年政府工作报告,佛山引进省、市科技创新团队 194 个,实现引进全职院士"零的突破",人才资源总量从 132 万人增加到 170 万人。佛山市内国家创新型城市建设全面推进,财政科技投入从 30 亿元增加到 102 亿元,研发经费支出占地区生产总值比重持续提高。由于"2+2+4"产业集群建设成效突出,装备制造、泛家居产业规模突破万亿元,机器人、新能源汽车、生物医药等战略性新兴产业苗壮成长,五年累计引进投资超亿元产业项目 1698 个,签约投资总额超 1.3 万亿元。佛山整体科技水平提高,产业转型升级步伐加快。

6. 珠海

排名第六的珠海与澳门接壤,其中横琴地区在大力发展当中,发展潜力十足。珠海对人才发展的重视度十分高,"珠海英才计划"落实至今的效果明显,人才净流入率约 6.1%,位居珠三角首位。横琴作为"全国人才管理改革试验区"和"粤港澳人才合作示范区",一直承担着先行先试的使命。横琴新区人力资源服务产业园作为珠海市首个启用的人力资源服务领域的产业园区,牢固树立"人才是第一资源"理念,加快引进国内外知名人力资源服务机构,加强政策扶持,提供优质服务,为入驻机构创造优良发展环境。珠海市面向全球的特色化、功能化、专业化、创新化的人才交流服务平台和人力资源服务产业平台,形成良好的人力资源服务生态,满足企业多样化的人力资源市场需求,为横琴开发建设和服务澳门经济适度多元发展提供有力的人才保障和智力支撑。

7. 东莞

排名第七的东莞邻近深圳,深圳的科技行业有往东莞发展的趋势,东莞自身制造业的发展也具有一定的实力,因此东莞的发展值得期待。东莞市经济实力强劲、潜力大、产业体系齐全,是全球最大的制造业基地之一。传统制造业不断革新,先进制造业发展势头良好,是东莞市经济发展的一大动力。东莞新兴产业市场主体数快速增长,2020 年 12 月末,全市累计登记新兴产业 5.77 万户。"十三五"时期,东莞制造业加快发展高新技术产业,升级发展传统产业,制造业发展质量明显提高,工业经济总量规模显著扩大。

如今,东莞重点布局新一代信息技术、高端设备制造、新材料、新能源、生物技术等产业,加快形成新的产业集群。

8. 中山

与东莞相似,排名第八的中山在地理上与深圳、广州临近。近年粤港澳大湾区各个地区之间的交通已逐步打通,香港、澳门和珠海之间的港珠澳大桥,香港新九龙、澳门在珠海拱北的关口、广州和深圳之间均已通行高铁,珠三角地区内的跨市城轨、连结临近城市的地铁高速正在修建,深圳与中山、东莞等地的快捷高速路在增加修建,等等。因此中山也是具有较高潜力的城市。近年中山的科技创新基础更加扎实,省级新型研发机构和工程技术研究中心增至 351 家,主营业务收入 5 亿元以上的工业企业实现研发机构全覆盖。火炬开发区获批国家"双创"示范基地、翠亨新区获批省级"双创"示范基地。创新人才队伍不断壮大,省市创新科研团队增至 50 个。中山的工业质量效益也在不断提升,先进制造业、高技术制造业增加值占规上工业增加值比重分别达 49.3%和 15.8%。规上工业企业增至 3868 家。形成电子信息、白色家电、装备制造等 3 个千亿级产业集群,建成 3 个省级大数据产业园。面对产业端旺盛的技能人才需求、"人口红利"逐渐衰减以及长三角以及中部地区对人口吸引力增强等问题,2019 年,中山出台实施《中山市加快发展人力资源服务业的意见》,提出建设"1+4"人力资源服务产业园园区等产业发展架构,人力资源服务业行业发展步入加速期。

9. 惠州

排名第九的惠州在深圳的东侧。惠州的两大产业分别是规模全国第一的大亚湾石化区炼化一体化和电子信息制造业。未来惠州的发展战略仍将依托两大产业发展石化能源新材料产业集群、高科技电子信息产业等,其生产性服务业仍未成规模,但是较好的制造业基础可加快产业升级的过程,随之而来的是生产性服务业逐渐成规模。此外,惠州发展先进制造业需要大量高技能人才,因此,惠州人力资源服务业具有极大的发展空间,也将大大促进其城市发展。惠州《关于促进惠州人力资源服务产业园发展的若干措施(暂行)(征求意见稿)》于 2020 年 7 月征求意见,其中规定对于入驻产业园的人力资源服务机构,可获得招商奖励的机构包括 HROOT 综合排名 100强,全国省级以上的集团性人力资源服务企业(机构)总部,惠州市紧缺的高端咨询、猎头、培训等知名人力资源企业（机构），其他入驻的人力资源服务机构第一年免租金。

10. 江门

虽然江门的社会经济发展环境排名比惠州落后一名，但闻名海内外的侨乡称号赋予江门开展海外人力资源开发的优势条件。江门以发展人力资源服务离岸外包为特色，需充分发挥江门侨乡作用和港澳乡情优势，设立海外人才孵化与高层次人才服务工作站，探索人力资源服务业国际化发展模式，加强与港澳人力资源服务对接，有针对性宣传江门人才创新创业政策，引导港澳人才回乡就业和创新创业等。此外，江门市政府较为重视人力资源服务业的发展，目前已建有省级人力资源服务产业园，已发布加快人力资源服务业发展、人力资源服务产业园建设的扶持政策。2020 年 10 月 23 日发布的《江门市加快人力资源服务业发展实施意见》中，扶持政策既包括对知名人力资源服务机构的引进优惠、对人力资源服务产业园建设的支持，也包括了人力资源服务机构产业人才引进绩效评估、人力资源服务业人才队伍培育等多项措施，符合江门人力资源服务业发展的需求，可有力地促进江门人力资源服务业的发展。

11. 肇庆

肇庆是珠三角城市中经济实力最弱的一个城市，但是肇庆生态环境佳，具有一定的城市魅力。近年肇庆以"产业第一、制造业优先"的战略，推动产业布局优化、融合互动发展，增强产业对经济发展的支撑作用。2017 年肇庆市委第十二次党代会和市十三届人大一次会议鲜明提出"解放思想、东融西联、产业强市、实干兴肇"战略方向，在推进全市人社事业创新发展中提出包括加强人力资源有效供给、服务产业强市等工作，同时以依托实施西江人才计划、构建大人才市场格局两步为构建人才服务和引进体系助力。2020 年肇庆市召开全市人力资源和社会保障工作会议，强调在疫情防控常态化前提下，推进社会保障、人事人才、劳动关系、公共服务等工作，集聚湾区人才助力肇庆发展。目前，肇庆的城市发展环境仍相对落后，发展经济、产业以及为市民提供就业保障等是肇庆当前的重要任务。虽然肇庆的人力资源服务业发展缺乏经验，对于人力资源服务机构、人力资源服务业、人力资源服务业人才的相关扶持政策仍未出台，但是肇庆已积极参与粤港澳大湾区建设,其人力资源服务产业园于 2021 年 9 月建成,人力资源服务业的发展定位仍在摸索。

【本章小结】

基于上述分析可以看到,佛山、东莞、珠海、中山 4 个城市的共同特征是其人力资源服务业仍未发展起来,但是其城市的社会经济发展、环境条件、人才配备等已达到基本的条件。与佛山、东莞、珠海、中山 4 个城市相比,惠州、江门、肇庆的人力资源服务业不管是在社会经济发展方面还是人才配备等方面,均未能达到基本的条件,即仍未足以形成促进城市发展的有效动力。

佛山、东莞与中山的制造业基础较好,对于经济与人力资源流入有稳定的促进作用,但是在发展中也面临升级转型的高技能人才短缺问题。因此尽早提高人力资源服务业的发展速度,完善人力资本的打造体系是佛山、东莞、珠海、中山发展的关键。对于这些城市而言,人力资源产业园是其人力资源服务业发展程度的重要指标,原因在于其城市纵使有不错的经济潜力,但是产业结构、科技创新发展速度仍与一线城市存在较大的差距,而广东省的人力资源的流动基础受到市场机制的影响较大,因此近年佛山、东莞、珠海、中山对人力资源配置的规划动机一方面是自身产业升级的必然阶段,另一方面是受到了粤港澳大湾区建设的影响,纷纷在近三年开始大力加快人力资源服务业的建设,加入打造大湾区人才高地的队伍。珠海是其中较为特殊的一员,与其他珠三角城市不同之处是珠海人力资源服务业的发展过程对人力资源服务产业园的依托程度较低,其原因在于珠海与澳门存在多个领域的共建,从而导致其人力资源服务业的规划需结合珠澳共建的实际情况和未来规划。因此表面上看来,珠海的人力资源服务业相对滞后。然而,珠海人力资源服务业在以点带面地发展着,例如珠海十分重视对境外人才、港澳人才的引进,因此与人才引进相关的人力资源服务,科技创新等高端人才相关的创新创业产业园,与澳门共建的研究所、产业园等均是其发展的重点项目。在大湾区的发展大势之下,珠三角和港澳的融合日益提高,珠海是最先受益的城市之一,其人力资源服务业发展的后劲值得期待。

粤港澳大湾区的人力资源服务产业园的建设在短短几年间所产生的效

果值得重视,并仍有着十分宽广的进步空间。在政策方面,广州市政府充当着引导广东省内其他城市的角色,但是在人力资源服务产业园的建设中,广州市目前与其他城市产业园的联系仍较弱。由于实际的商贸流通、技术交流等原因,广州市与深圳市、佛山市、港澳地区的合作联动较多,从而在人才聚集、人才共享等领域的协同作用强。广东省内的各地区发展不平衡是一个由来已久的问题,而人力资源服务行业发展的失衡会加剧地区发展不平衡的问题。因此,广州市人力资源服务产业园与其他城市的人力资源服务产业园的协同合作仍需加强。

人力资源服务产业园的发展势必离不开政府的帮助,政府的重视对于地区特色建设至关重要。政府需要为人力资源服务机构入驻提供优惠条件和培训、交流机会,只有通过对其他城市的可学经验进行本土化借鉴,才能保证人力资源服务机构健康、持续、有效发展。应建立市场监督体系,保证人力资源服务市场和平竞争,调动人力资源服务机构积极性,规范各个机构的行为,保障人力资源服务市场稳定发展。珠三角各地市的人力资源服务产业园均有明确的地区特色,有助于人力资源服务业的本土化发展。目前大湾区对高端人才的需求较为迫切,在初步建设阶段,逐渐吸引更多海外高端人才在科技创新领域将起到重要的作用,人才集聚效应与人力资源服务高端业态发展的关系密切。珠三角城市群与港澳地区的人才流动日益加强,逐渐起到优势互补的作用,但是就人力资源服务业而言,珠三角城市群与港澳的合作交流仍有待加强。

第六章　"一带一路"沿线国家拓展人力资源服务业的机遇与挑战

【内容提要】

自 2013 年"一带一路"倡议提出以来,中国与"一带一路"沿线国家在多个领域开展了长期而深入的经贸合作。尽管受到新冠肺炎疫情的影响,出现了一定的波折,但中国与沿线国家在商品贸易、双向投资、承包工程、平台建设等方面均取得了可喜的进展,进一步推动了双边关系的改善和区域经济的发展。密切的经贸往来带动了人员的流动,也为人力资源服务业提供了发展机遇。在各国基础设施建设日益完善、信息通信技术的日益发达、中国国际影响力和文化软实力不断提升的有利环境中,一方面,国家为人力资源服务业借助"一带一路"合作机会"走出去"提供了多方位的政策保障和平台支持,另一方面,其他沿线国家对多元化、高质量的人力资源服务的需求迫切,服务市场广阔,部分国家在法规政策方面较为友好。然而,挑战往往与机遇并存,中国人力资源服务产业和相关机构若想在其他沿线国家取得更大的发展空间,仍面临着政治风险、政策风险、经济风险等管理方面以及自然环境风险、人文环境风险等环境方面的诸多挑战。因此,人力资源服务业投资者和从业者需要积极抓住机遇,在充分了解和分析国内外形势的前提下做好预判,勇于开拓"一带一路"沿线国家市场。

Chapter 6　Opportunities and Challenges for China to Expand Human Resource Service Industry in Countries along "the Belt and Road"

【Abstract】

Since "the Belt and Road Initiative" was put forward in 2013, China and the countries along the B&R have carried out long-term and in-depth economic and trade cooperation in many fields. Despite the impact of the COVID-19, there have been some twists and turns, but China and other countries along the B&R have made gratifying progress in commodity trade, two-way investment, contracting projects, platform construction, etc., which has further promoted the improvement of bilateral relations and regional economic development. Close economic and trade exchanges have promoted the flow of personnel, and have also provided development opportunities for the human resources service industry. In a favorable environment where the infrastructure construction of various countries is becoming more and more perfect, information and communication technologies are becoming more and more developed, and China's international influence and cultural soft power continue to increase, on the one hand, China provides diversified policy guarantees and platform support for the human resources service industry to depend on the B&R to "going global". On the other hand, other countries along the B&R have an urgent demand for diversified, high-quality human resource services, and the service market is vast, while some countries are more friendly in terms of laws and policies. However, challenges often coexist with opportunities. If China's human resource service industry and related institutions want to achieve greater development space in other countries along the B&R, they still face many management and environmental challenges such as political risks, policy risks, economic risks, as well as natural environmental risks and humanistic environments risks. Therefore, investors and practitioners in the human resources service industry need to actively seize opportunities, make predictions on the premise of fully understanding and analyzing the domestic and foreign situations, and be brave to explore the markets of countries along the B&R.

随着各沿线国家在"一带一路"倡议下的合作日益紧密,发展的目光从资金和货物上逐渐延伸到人的领域,促使人力资源服务业在各国进一步发展。整体市场环境如何,产业发展现状和潜力如何,是中国人力资源服务业投资者和从业者"走出去"需要首先考量的问题。本章共分为三个部分。首先依据各国人口和经济数据,分地域概述了沿线国家产业发展和人力资源分布情况,以此推断人力资源服务业的发展前景。其次根据经贸数据,介绍了中国与其他沿线国家的经贸合作概况,并简要分析了中国对其他沿线国家人力资源服务业发展的影响。最后在前文基础上总结归纳了"一带一路"框架下中国人力资源服务业拓展沿线国家市场可能面临的四类机遇与两类挑战。

一、"一带一路"沿线国家产业发展与人力资源概况

"一带一路"(the Belt and Road, B&R)是"丝绸之路经济带和21世纪海上丝绸之路"(the Silk Road Economic Belt and the 21st-Century Maritime Silk Road)的简称,由习近平分别于2013年9月和10月在出访中亚和东南亚期间提出。随后在2015年3月28日,经国务院授权,国家发展改革委、外交、商务部三部委联合发布了《推动共建丝绸之路经济带和21世纪海上丝绸之路的愿景与行动》,为推进实施"一带一路"重大倡议明确了共建原则、框架思路和合作重点与机制①。截至2021年6月23日,中国已经同遍布各大洲的140个国家和32个国际组织签署206份共建"一带一路"合

---

① 参见《三部门发布推动共建"一带一路"的愿景与行动》,见 http://www.gov.cn/xinwen/2015-03/28/content_2839743.htm。

作文件①。

从地理位置角度,"一带一路"贯穿亚欧非大陆,一头是活跃的东亚经济圈,一头是发达的欧洲经济圈,中间是广大腹地国家,经济发展潜力巨大。丝绸之路经济带重点畅通中国经中亚、俄罗斯至欧洲(波罗的海),中国经中亚、西亚至波斯湾、地中海,中国至东南亚、南亚、印度洋;21 世纪海上丝绸之路重点方向是从中国沿海港口过南海到印度洋,延伸至欧洲,以及从中国沿海港口过南海到南太平洋②。除中国外,"一带一路"沿线国家共计 65个。人力资源服务业的发展情况和发展水平与国家经济社会发展紧密相关,因此,了解"一带一路"沿线国家的基本国情和经济发展状况,有利于理解其人力资源的概况、趋势与面临的挑战,进而有利于理解和分析其人力资源服务业的发展需求和方向。(具体各国和区域产业与人力资源数据,详见本书附录三)

(一) 亚洲地区

亚洲国家在"一带一路"沿线国家中占据了最大的比例,共计 42 个,从区位上也是与中国最为接近的,相互间的影响力不言而喻。进一步划分,该 42 个国家大致可视为 5 个部分:东亚的蒙古国;东盟 10 国(新加坡、马来西亚、印度尼西亚、缅甸、泰国、老挝、柬埔寨、越南、文莱、菲律宾);西亚 18 国(伊朗、伊拉克、土耳其、叙利亚、约旦、黎巴嫩、以色列、巴勒斯坦、沙特阿拉伯、也门、阿曼、阿联酋、卡塔尔、科威特、巴林、希腊、塞浦路斯、埃及的西奈半岛);南亚 8 国(印度、巴基斯坦、孟加拉国、阿富汗、斯里兰卡、马尔代夫、尼泊尔、不丹);中亚 5 国(哈萨克斯坦、乌兹别克斯坦、土库曼斯坦、塔吉克斯坦、吉尔吉斯斯坦)。

总体而言,亚洲地区的"一带一路"沿线国家近年来经济发展较为迅猛,其中南亚和东盟国家的经济实力尤为突出,2020 年 GDP 均值分别位列沿线国全体细分地域的第一和第三。亚洲沿线国人均国民总收入均值为

---

① 参见《已同中国签订共建"一带一路"合作文件的国家一览》,见 https://www.yidaiyilu.gov.cn/gbjg/gbgk/77073.htm。

② 参见《推动共建丝绸之路经济带和 21 世纪海上丝绸之路的愿景与行动》,见 http://fec.mofcom.gov.cn/article/fwydyl/zcwj/201511/20151101193007.shtml。

12174.62美元,高于同期欧洲和非洲地区平均水平,也超过中国。在产业分布方面,除西亚部分资源型国家和新加坡等国土有限的国家外,农林牧渔业仍在国民经济中居于重要地位,占GDP的10%以上。同时,在保持传统工业优势的基础上,各国也重视第三产业的发展,特别是旅游业、金融业、电信通讯业等,以扩大海外市场、延长产业链、增加产品附加值。

在人力资源方面,亚洲沿线国普遍人口基数较大,特别是南亚和东盟国家,劳动力人口充足,就业率较高,人口红利尚较明显,但是劳动力素质参差不同,例如东盟国家中的新加坡、马来西亚等以及大部分西亚国家的教育水平相对较高,而蒙古、柬埔寨以及南亚和中亚部分国家则相对落后,集中表现在高素质、高技能专业人才的匮乏,从而在一定程度上限制了经济的发展。从劳动力从事的产业分布看,从事第三产业的人数比例较高,超过就业人口的半数,从事第一产业和第二产业的人数大致相等,其中西亚国家较为特殊,其第三产业从业人口比例远高于其他国家,达到了65.31%。整体看,依靠经济的强势发展、充足的劳动力资源以及政府在基础设施建设、教育培训、关键产业的加大投入,人力资源服务业在亚洲沿线国的未来市场较为广阔,行业前景较为明朗。

(二) 欧洲地区

位于欧洲地区的"一带一路"沿线国家共23个,包括独联体7国(俄罗斯、乌克兰、白俄罗斯、格鲁吉亚、阿塞拜疆、亚美尼亚、摩尔多瓦)和中东欧16国(波兰、立陶宛、爱沙尼亚、拉脱维亚、捷克、斯洛伐克、匈牙利、斯洛文尼亚、克罗地亚、波黑、黑山、塞尔维亚、阿尔巴尼亚、罗马尼亚、保加利亚、北马其顿)。

虽然同属欧洲地区,独联体国家和中东欧国家在经济情况方面有较为明显的差别,前者的平均GDP超过后者的2倍,但人口总量超过后者的4倍,人均国民总收入不足后者的二分之一,仅略高于中亚沿线国的平均收入水平。独联体国家普遍油气矿产资源丰富,受苏联时期经济发展模式和基础建设的影响,在传统农业、重工业方面有扎实的基础,铁路运输系统虽然有所老化,但路网密集,仍然是最为主要的货运方式。近年来,乌克兰、白俄罗斯等国政府也加大了对新兴产业的扶持,在信息技术服务、通讯产业等领域有长足的发展,服务业成为国民经济的主要贡献部分,平均占 GDP 的 64.29%。而中东欧国家在政治和经济方面与欧盟联系更为密切,产业发展更为多样,一方面巩固本国在优势农业加工业的市场垄断地位,另一方面着力发展高新技术产业和包括旅游业、金融业、房地产业在内的服务业,第三产业在 GDP 中的贡献率高达 71.20%,位于所有沿线国细分地域之首。

在人力资源方面,独联体国家人口基数总体较大,相应的劳动力人口也相对充足,中东欧国家多而小,平均人口数量偏少,劳动力人口也相对较少。但是,欧洲沿线国人口素质普遍较高,基本能够掌握多种语言,就业率较高,主要集中在第三产业,对外交流的态度较为开放。当地劳务市场及相关法律政策体系的建立较为完善,已经形成了一定规模人力资源服务产业,并有国际较为知名的人力资源服务企业入驻,奠定了良好的基础,这也有利于更多其他国家机构和人员到此开展人力资源服务活动。

(三) 非洲地区

埃及作为唯一一个在地理上横跨亚非两个大洲的国家,其全部政治经济属于非洲。埃及的总体经济水平处于非洲领先,2020 年 GDP 总量在"一带一路"沿线国家中也排名靠前,但由于人口基数较大,其人均国民总收入偏低,为 3000 美元,仅略高于南亚沿线国平均水平。埃及拥有古老的历史文明,是传统农业大国,拥有较为丰富的自然资源,支撑了油气工业、钢铁业和汽车制造业的发展,同时,政府注重扶持第三产业发展,除了具有长期优势的旅游业和航运业,电力和通讯服务产业也有了较快的成长。

在人力资源方面,埃及的劳动力人口并未因人口基数的庞大而具有明显的数量优势,占比不足三分之一,且就业率较低,仅为 38.90%,在"一带一路"沿线国家中排名靠后。就业人口中约一半从事第三产业,其次是第二产业。对于人力资源服务机构而言,埃及本土劳动力市场是有待进一步发掘的。随着国家经济的进一步发展,更多国有和私营平台以及项目的建立,带动劳动力市场的良好运转,才能给予人力资源服务业更多发挥的空间。

二、中国与"一带一路"沿线国家人力资源服务业
    合作空间的分析

（一）中国与"一带一路"沿线国家经贸合作概况

自 2013 年中国提出"一带一路"合作倡议以来,中国与"一带一路"合作伙伴贸易额累计超过 9.2 万亿美元。中国与"一带一路"沿线国家在多个领域开展了长期经贸合作,"一带一路"已经成为当今世界范围最广、规模最大的国际合作平台。

一方面,中国不断加大对"一带一路"沿线国家的直接投资。从经济总量上看,截至 2021 年第一季度,中国对"一带一路"沿线国家 8 年累计直接投资 1360 亿美元[①]。根据商务部公布的数据显示[②],2020 年全年,中国企业在"一带一路"沿线对 58 个国家非金融类直接投资 177.9 亿美元,同比增长 18.3%,占同期总额的 16.2%,较上年同期提升 2.6 个百分点,主要投向新加坡、印度尼西亚、越南、老挝、马来西亚、柬埔寨、泰国、阿联酋、哈萨克斯坦和以色列等国家。而到了 2021 年上半年,对外直接投资方面进一步增长,中国企业直接投资达到 95.8 亿美元,同比增长 18%,占同期总额的 17.8%,较上年上升 2 个百分点,主要投向新加坡、印度尼西亚、马来西亚、越南、阿拉伯联合酋长国、老挝、哈萨克斯坦、泰国、巴基斯坦、柬埔寨和孟加拉国等国家。总体看,近 8 年来,中国对"一带一路"国家投资增长较快,主要投资合作流向国家队伍不断扩大,但仍以亚洲国家为主,主要投资方向仍以当地优势产业为主,伴以国内部分信息通讯企业对海外市场的开拓。另一方面,"一带一路"沿线国家也在加大对中国的投资力度。截至 2021 年第一季度,"一带一路"沿线国家 8 年累计在华设立企业约 2.7 万家,累计实际投资 599 亿美元[③]。2021 年上半年,沿线国家在华新设企业 2775 家,

---

① 参见《商务部副部长:中国与"一带一路"沿线国家货物贸易累计达 9.2 万亿美元》,2021 年 4 月 29 日,见 http://fec.mofcom.gov.cn/article/fwydyl/zgzx/202104/20210403056381.shtml。

② 参见《2020 年我对"一带一路"沿线国家投资合作情况》,商务部"走出去"公共服务平台,2021 年 1 月 22 日。

③ 参见《商务部副部长:中国与"一带一路"沿线国家货物贸易累计达 9.2 万亿美元》,2021 年 4 月 29 日,见 http://fec.mofcom.gov.cn/article/fwydyl/zgzx/202104/20210403056381.shtml。

直接投资 391.1 亿元,同比分别增长 67.8%和 49.6%①。总体看,中国对沿线国家的投资额远高于沿线国家对中国的投资总额,其中除经济目的外,还包含了对部分沿线国教育医疗等社会活动的支持和援助。

同时,中国和"一带一路"沿线国家在经贸合作方面虽然受到疫情影响有所暂缓,但在各方努力下仍不断深化。例如在对外承包工程方面,受疫情和国际关系一定程度的影响,2020 年中国企业在"一带一路"沿线的 61 个国家新签对外承包工程项目合同 5611 份,新签合同额 1414.6 亿美元,同比下降 8.7%,占同期中国对外承包工程新签合同额的 55.4%;完成营业额 911.2 亿美元,同比下降 7%,占同期总额的 58.4%②。2021 年上半年,中国企业在"一带一路"沿线的 60 个国家新签对外承包工程项目合同 2508 份,新签合同额 592.9 亿美元,同比下降 1.7%,占同期中国对外承包工程新签合同额的 53.7%;项目完成情况有所好转,完成营业额 393.5 亿美元,同比增长 10.6%,占同期总额的 57.9%。此外,境外项目和园区建设稳步推进,中白工业园入园企业达 71 家,雅万高铁、匈塞铁路、科伦坡码头等项目取得积极进展。跨境电商、海外仓等外贸新业态新模式与贸易大通道融合发展,以及国际陆海贸易新通道建设,也为中国与"一带一路"沿线国家的贸易往来添砖加瓦。2021 年上半年,中国与"一带一路"沿线国家货物贸易额 5.35 万亿元,同比增长 27.5%,增速高于中国外贸整体增速,占外贸总额的比重达 29.6%。同期,中欧班列开行 7377 列、发送货物 70.7 万标箱,分别增长 43%和 52%,累计开行超过 4.1 万列,通达欧洲 23 个国家 168 个城市③。

附录四根据世界银行和中国商务部与外交部最新统计数据,整理总结了各沿线国对外贸易总额、主要贸易伙伴和交通运输方式,以及与中国的双边投资和劳务人员情况。对不同地区"一带一路"沿线国家的对外贸易情

---

① 参见《上半年我国与"一带一路"沿线国家货物贸易额 5.35 万亿元》,2021 年 7 月 30 日,见 http://fec.mofcom.gov.cn/article/fwydyl/zgzx/202107/20210703181654. shtml。

② 参见《2020 年我对"一带一路"沿线国家投资合作情况》,商务部"走出去"公共服务平台,2021 年 1 月 22 日。

③ 参见《上半年我国与"一带一路"沿线国家货物贸易额 5.35 万亿元》,2021 年 7 月 30 日,见 http://fec.mofcom.gov.cn/article/fwydyl/zgzx/202107/20210703181654. shtml。

况分析可知,除个别中东欧地区国家外,当前中国是各国主要贸易伙伴之一,特别是对于东亚、东南亚、中东和非洲国家,中国是其最大的贸易伙伴国,也是蒙古等国最大的进出口市场。各国针对本国的现有重点优势产业和发展薄弱环节制定了短期和中长期发展规划,并且制定相应政策或吸纳或限制外资和外籍人员的流入。例如东盟国家中多数尚未完成工业化进程,同时面临能源资源和环境约束、技术创新能力薄弱等挑战,制造业改造升级的任务艰巨,急于抓住对外发展机遇展开产能合作,这也推动了与中国的劳务合作。2019年底,中国在东盟国家年均劳务人数位列各细分地域之首。多数资源型国家如沙特阿拉伯等为摆脱对原油和天然气产业的过度依赖,延长产业链、提升产品附加值、促进经济多元化发展,也在近年来积极引进国外的先进技术设备,大力发展钢铁、有色金属冶炼、水泥、海水淡化、电力、农业和服务业等非石油产业,因此也引入了大量中国资本和劳务人员。相反,部分欧洲国家因本国经济水平较高、国内市场相对狭小、产业结构有所侧重、就业政策限制等原因,在人员交流方面以专业技术人员和留学生等高技术、高层次人员为主要群体,且在人员流动数量上有限。针对上述不同国家和地区情况,中国与当地人力资源服务业的合作应当因地制宜、取长补短,从而促进双方产业领域的发展。

(二) 中国在"一带一路"沿线国家人力资源服务业发展的作用

中国对"一带一路"沿线国家人力资源服务业的作用主要体现在三个方面:一是满足双方国家在已有合作框架下的人员和服务需求,二是承接部分国家人力资源服务外包需求,三是提供人员素质提升等相关服务。

首先,在已有"一带一路"合作框架下,中国对外直接投资、工程承包、自贸区建立等合作行为推动了基础设施建设、能源产业、高端制造、物流、房地产业、旅游业、金融业、信息服务等与人力资源服务业高度相关的行业的协作发展,涉及劳务派遣、各层次员工招聘、劳资关系、战略咨询服务等多种业务,有利于当地和国内的人力资源服务业务的发展。

其次,中国离岸外包市场逐年扩大,是具备离岸外包资格的人力资源服务机构趁势"走出去"的机会,提升了"一带一路"沿线国家的人力资源服务水平。在疫情影响下,人员出行受到一定的阻碍,大大提升了以信息网络为媒介的远程服务提供方式。部分国家对于 IT 产业、电子商务、信息通讯等行业的人才诉求也借此能够通过中资人力资源服务机构快速解决。

最后,中国人力资源服务机构也为"一带一路"沿线国家急需人才和技能的培训和提升提供了帮助。例如 2018 年 6 月,23 名保加利亚学员赴华参加首次"中保旅游管理人才双边培训班",为服务贸易发展提供人才支撑①。

三、"一带一路"框架下中国人力资源服务业发展机遇与挑战

(一) 中国人力资源服务业服务"一带一路"面临的机遇

1. 国内政策与平台建立

针对人力资源服务业借助"一带一路"合作机会"走出去",中国政府在政策方面提供了充分的支持。例如人力资源社会保障部印发的《人力资源服务业发展行动计划》(人社部发〔2017〕74 号)提出,要开展"一带一路"人力资源服务行动,根据对等开放原则,积极推动降低市场准入壁垒,鼓励有条件的人力资源服务企业在"一带一路"沿线国家设立分支机构,大力开拓国际市场,构建全球服务网络,为我国企业"走出去"承接国际服务,提供特色化、精细化人力资源服务。国家发展改革委、市场监督管理总局制定的《关于新时代服务业高质量发展的指导意见》(发改产业〔2019〕1602 号)指出,要大力发展人力资源服务业,培育专业化、国际化人力资源服务机构;要增强服务业领域国际交流与合作,以"一带一路"建设为重点,引导有条件的企业在全球范围配置资源、拓展市场,推动服务业和制造业协同走出去。

自由贸易试验区建设的稳步推进也为人力资源服务机构"走出去"提供了支持保障。截至 2021 年上半年,中国已与沿线 13 个国家签署了 7 个自贸协定,并向东盟秘书长正式交存《区域全面经济伙伴关系协定》(RCEP)核准书,成为率先完成核准的国家之一,同时积极考虑加入全面与

---

① 参见对外投资合作国别(地区)指南编制办公室:《对外投资合作国别(地区)指南——保加利亚》,2020 年 12 月。

进步跨太平洋伙伴关系协定(CPTPP)。国务院印发的《中国(湖北)自由贸易试验区总体方案》(国发〔2017〕18号)也提出,要鼓励有条件的国内人力资源服务机构"走出去"与国外人力资源服务机构开展合作,在境外设立分支机构,积极参与国际人才竞争与合作。

2. 国外需求与政策法规

"一带一路"沿线国家对人力资源服务业的需要主要集中在两个部分。一方面是针对基础劳务人员的海外输送和用工服务,主要集中在每年中国在沿线国的承包工程合作,例如中亚和东盟国家的交通运输、电力、信息通讯等基础设施建设工程,以色列等国的建筑工程,伊拉克等国的战后重建项目等,需要大量基础技术人员的一线指导和劳务人员的参与,这些国家对引进高素质中国劳工的意愿增强。另一方面是针对高技能人才、经济类人才和重点产业专家的聘用与培养,沿线国对重点产业和新兴产业的规划需求也对人力资源服务机构提出了更高的要求,这对中国人力资源服务市场而言是更具吸引力的机会,意味着有机会在东道国补充更多业态,形成更完整的产业结构,从而获得更大的发展空间。

在法律法规和政策方面,部分国家如中东欧地区的经济政策、外资法律、劳务相关法律法规较为完善且稳定,多年来没有太大变化。一些国家提供了具有吸引力的外资政策,如爱沙尼亚等,给予外资以国民待遇,在审批建设、征税、劳务聘用等方面给予一定的优惠政策。这都有利于中资人力资源服务机构在"一带一路"沿线国家的长期发展。

3. 硬件保障

"一带一路"倡议提出后,我国与"一带一路"沿线国家的贸易往来取得了令人瞩目的成就,随着基建、物流、交通、信息技术、电子商务等硬件的完善,交通日益便捷、通讯网络日益发达,一些国家虽然在地理位置上离中国较远,国土面积较小,但依靠双方政府对经贸平台的建立,两国市场联结受到的阻碍将越来越小,双方人力资源服务机构和人员交流沟通的机会也将不断增加。

4. 软件提升

当今世界文化多元化趋势日益显著,各国文化相互交融,留学生互派交流、劳动人员培训学习等活动不断增加。随着中国经济实力的增长,国际影响力和文化软实力不断提升,各国不仅关注中国的资本力量,也开始对中国的软实力表现出浓厚兴趣。特别是中国在有效做好新冠肺炎疫情防控的同时全面推进经济复苏的做法,为其他国家提供了有益借鉴,使得中国人力资源服务机构服务内容传导、中国管理经验推广更容易被当地企业接受。

(二) 中国人力资源服务业服务"一带一路"面临的挑战

面对"一带一路"沿线国家广大的市场,虽然中国在服务其人力资源服务业发展中起到了积极的作用,并且能够获得国家和地方层面的众多支持,但是不可否认,国际市场和多边商贸受到众多因素的影响,中国人力资源服务产业和相关机构无论是对外投资还是在外经营和援助,都面临着自身管理和环境方面的诸多挑战。

1. 管理类挑战

一是政治风险,主要关注区域政局稳定性和双边政治关系的变化。在政局稳定性方面,例如伊朗在 2018 年后受到美国制裁和新冠肺炎疫情的双重影响,经济和社会发展前景均存在诸多不确定因素;伊拉克在战后重建过程中政局不断动荡,IS 残余势力的存在导致暴恐活动频发;另外还有叙利亚、也门等国内武装冲突问题,巴以两国宗教和领土问题,卡塔尔断交危机,泰国军方介入政权情况等。对于人力资源服务机构而言,政治变化带来大量的人口流动、营商环境变动和当地劳动力需求变化,既是机遇也是挑战。其中最为关键的是,有意前往此类国家开展投资合作的中方人力资源服务机构需要时刻关注当地政治和安全局势,了解局势后再进行实质性行动,在确保生命财产安全的前提下顺势而为。在双边政治关系方面,需要中方人力资源服务机构经营者和从业者具备较强的政治敏感性,在涉及国家利益的大是大非面前坚定政治立场,维护国家安全,注意关键人员信息的保密工作,在必要情况下及时联系中国驻外大使馆寻求帮助。

二是政策风险,这主要是我国与"一带一路"沿线国家之间的劳动法律、制度差异造成的,部分国家也存在法律和行政体系不完善的问题,具体表现为法律不健全、执行不一致、行政效率低下。如果中国企业不能充分地意识到并处理好这些风险,就会面临违反法律、员工流失等一系列问题。人力资源服务业相关的政策风险主要包括人力资源服务机构成立与运行的相关法规,以及人力资源服务业务开展相关政策。例如在劳务合作方面,部分国家长期限制外籍劳务进入本国市场,如埃及法律规定,外籍人员占比不得超过 10%,特殊情况不超过 20%,需要业主申请额外的工作签证①。因此,对于中国人力资源服务机构和从业人员,需要提升跨国人力资源服务的专业水平,特别需要具备对劳动力流入地和流出地相关法律法规知识相当程度的了解,能够事先对政策风险作出正确的评估,保证我国人力资源服务机构在东道国的合法性。同时,需要提高劳动合规水平,这也意味着从业人员除了能够较高质量地完成例行事务性工作之外,还需要具备应对常见问题和突发情况的丰富实操经验。对于这类高素质人员的选拔和培养也是当前面向"一带一路"沿线国家提供和发展人力资源服务的重要一环。

三是经济风险。部分国家金融体系建设不足,政府资金紧张、金融服务不到位、外汇管制不合理。国家经济体制和开放程度也需要考虑,如位于中亚的土库曼斯坦相对于塔吉克斯坦等国家,市场规制较为严格,人力资源服务机构在当地的经营易受限制。一些国家的市场稳定性和社会治安问题也值得关注。工会活动在部分国家,特别是欧洲国家,是受到法律认可且在当地具有较大影响力的,不排除因劳资关系问题出现大规模罢工、游行示威等情况,这需要引起中资人力资源服务机构的重视,妥善处理劳资关系,有效规避潜在的经济损失。

2. 环境类挑战

一是自然环境风险。近年来尼泊尔、阿尔巴尼亚等国频发地震等地质灾害,对经济活动造成了较大的冲击。加之新冠肺炎疫情在全球范围内蔓延,一方面加大了人员本身是在当地经营活动的风险,另一方面造成了其他社会性问题,例如疫情导致了罗马尼亚等国政坛动荡和经济停滞。这对人力资源服务产业而言是较难把控的影响因素。

二是人文环境风险。大部分"一带一路"沿线国家与中国存在文化差异,特别体现在民族、语言、宗教、习俗、节假日等方面,因此在人力资源服务的提供和运营过程中需要秉持互相尊重、兼容并包的理念。因此对于中资

---

① 参见对外投资合作国别(地区)指南编制办公室:《对外投资合作国别(地区)指南——埃及》,2020 年 12 月。

人力资源服务机构而言,要做好国际化、本地化经营,尽量使用当地人力资源和社会资源,融入当地社区,积极履行社会责任,维护中资企业良好的在地形象。

【本章小结】

"一带一路"建设赋予了中国人力资源服务业走出去的重要契机,未来中国人力资源服务业不仅能够在"一带一路"沿线国家落地生根,也将随着合作面的扩大延伸至全球更多的国家和地区,这意味着更多的机遇和不确定性。希望本章内容能够为人力资源服务业投资经营者和从业者提供一种信息整理和思维框架搭建的思路,从而在未来的国际经营活动中趋利避害,有所突破。

第七章　中国人力资源服务业的
国际发展战略

【内容提要】

本章为年度新增内容,旨在分析"一带一路"背景下中国人力资源服务业的国际发展战略。本章主要分为以下三个部分:第一部分分析"一带一路"背景下国内外的人才需求。基于"一带一路"的"五通"要求,即政策沟通、道路联通、贸易畅通、资金融通、民心相通,探讨公共政策、高端技术、商业贸易、金融投资、文化交流等特定类别人才的需求,为人力资源服务业寻找新的增长点。第二部分探讨后疫情时代国际人力资源服务业发展的挑战与机遇。人力资源服务行业受到了新冠肺炎疫情的剧烈冲击,经营活动受限,业务规模收缩,市场需求变化,人力资源服务业的国际化发展面临着诸多挑战。在疫情防控常态化的新阶段,人力资源服务业相关政策放开、业务领域扩展、经营模式创新,人力资源服务业面临着新的发展机遇。第三部分提出面向国际的中国人力资源服务业发展战略与建议。人力资源服务机构应完善风险防控保障体系、提升人力资源服务质量、推动人力资源服务创新、建设人力资源服务园区,内强素质,外树形象,提高国际竞争力,以更好对接和满足"一带一路"沿线国家对人力资源服务的深层次发展需求。

Chapter 7　The International Development Strategy of
China's Human Resource Service Industry

【Abstract】

This chapter is a new content of this year, aiming to analyze the international development strategy of China's human resource service industry under the background of 'the Belt and Road'. This chapter is divided into the following three parts. The first part analyzes the talent demand at home and abroad under the background of 'the Belt and Road'. Based on the 'Five links' requirements of 'the Belt and Road', namely, policy communication, road connectivity, unimpeded trade, financial integration, and people-to-people connectivity, the needs of public policy, high-end technology, business and trade, financial investment, cultural exchanges and other specific categories of talent, to find new growth points for the human resource service industry. The second part discusses the challenges and opportunities of the development of international human resource service industry in the post-epidemic era. The human resource service industry has been severely impacted by the COVID-19 pandemic, with limited business activities, shrinking business scale and changing market demands. The international development of the human resource service industry faces many challenges. In the new stage of the normalization of epidemic prevention and control, the human resource service industry is facing new development opportunities with the liberalization of relevant policies, the expansion of business areas and the innovation of business models. The third part puts forward the international development strategy and suggestions of China's human resource service industry. Human resources service organization should improve the risk prevention and control system, the quality of human resources services, the innovation in human resources service, and the construction of human resources service park. Human resource service organizations should enhance their own strength from both internal and external aspects, in order to improve the international competitiveness and meet the development needs of 'the Belt and Road'.

自 2013 年习近平主席提出"一带一路"倡议以来，"一带一路"在政策沟通、设施联通、贸易畅通、资金融通和民心相通等方面取得了丰硕成果，国家"十四五"规划和 2035 年远景目标纲要也提出"推动共建'一带一路'高质量发展"。截至 2021 年 1 月底,我国已经同 140 个国家和 31 个国际组织签署 205 份共建"一带一路"合作文件,"一带一路"已成为全球最大的国际合作平台。在推进"一带一路"建设过程中,人的因素无疑是一个重要因素。应该看到,无论是解决"一带一路"战略构思的理论问题,还是推进实施的实践问题,关键都在人才。人力资源服务业作为生产性服务业和现代服务业的重要组成部分,是共建"一带一路"的重要支撑力量,抓住共建"一带一路"的契机,人力资源服务领域将不断形成新动能。

一、"一带一路"背景下的人才与人力资源服务需求分析

千秋基业,人才为先。人才是"一带一路"事业建设与发展的重要支撑与关键因素。2003 年全国人才工作会议将人才定义为"具有一定的知识或技能,能够进行创造性劳动,为推进社会主义物质文明、政治文明、精神文明建设,在建设中国特色社会主义伟大事业中作出积极贡献的人员"。人力资源服务业作为生产性服务业的重要组成部分,不仅可以通过出海辅导项目落地、搜寻配置优秀人才、促进人力资源管理改善、提供政策法规支持等方式,助力国内企业更好地"走出去",还可以作为"一带一路"产业链的重要一环,人力资源服务业也可以作为"走出去"的企业参与国际竞争,有利于推动"一带一路"产业布局更加科学完善。近年来,"一带一路"沿线国家在"五通",即政策沟通、道路联通、贸易畅通、资金融通、民心相通等领域取得了长足发展,由此产生了对公共政策、高端技术、商业贸易、金融投资、文化交流等特定类别人才的相应需求。做好"一带一路"背景下的人才需求分析,有助于提前谋划"一带一路"建设中开拓人力资源服务业的布局调整和行动策略,通过人力资源服务业为建设"一带一路"提供人才支撑和智力支持,从而促进我国与"一带一路"沿线国家合作共赢。

(一) 公共政策人才需求分析

在"一带一路"建设过程中,需要同时熟悉中国对外政策与国内政策、本国政策与国外政策的相关人才,负责政策、外交、区域合作规划对接等方面的具体事务,确保各项活动依法依规开展,并根据政策及时调整战略与发

展方向。目前我国已通过论坛会议、智库合作等形式,建立了不同层次、不同领域、不同方式的政策沟通渠道。未来需要继续加强政策沟通的广度、深度,拓展交流形式,增进友好互信,急需具备国际视野、知己知彼、素质过硬的公共政策人才。面向此需求,人力资源服务机构应用好"一带一路"相关政策,大力开拓国际市场,在"一带一路"沿线国家设立分支机构,构建全球服务网络。

(二) 高端技术人才需求分析

自中国提出"一带一路"倡议以来,与沿线国家逐步建立了航空、高铁、航海、核电、输气管道、跨境光缆等方面的合作,但目前还存在核心技术欠缺、产品附加值低、人均创造产值偏低等问题,需要一批精通实践操作的高端技术人才,作为保障"一带一路"基础设施联通的中坚力量。因此,有必要定向瞄准技术含量较高的行业项目,大力培养国际型、复合型、创新型技术人才。面向此需求,人力资源服务业可开展高端人才访寻业务,针对中高级专业技术人才短缺,为客户提供咨询、搜寻、甄选、评估、推荐并协助录用高级人才系列服务,探索深入的行业及职能解决方案。

(三) 商业贸易人才需求分析

近年来,中国正在加快与"一带一路"沿线国家的商贸合作,推进企业走出去和引进来,鼓励合作建设境外经贸合作区,促进产业集群发展,对国际化商业贸易人才提出了更高的要求。迫切需要一批懂经济会管理、具有良好的跨文化交际能力和优秀的多语沟通能力、有跨国企业工作经历的商贸人才,投身跨境电商、产业园区投资建设运营、知识产权交易、电子物流、国际采购等领域。面向此需求,人力资源服务机构应逐渐增加与"一带一路"沿线国家协作发展速度,共同培育商业贸易人才,培养一批可以获得国际通行职业资格、熟练迅速学习国际商务内容有关的商业贸易人才。

(四) 金融投资人才需求分析

为了推进和深化与"一带一路"沿线国家的金融合作,中国积极扩大沿线国家双边本币互换规模,推进亚洲基础设施银行建设,组建丝路基金、中国—中东欧投资合作基金和中国—中东欧"16+1"金融控股公司等开发性金融平台。需要一批熟悉资本运作与货币流通、了解国际金融市场规则、善于开展各类金融投资业务的专业人才,助力"一带一路"开发金融和融资合作。面向此需求,人力资源服务机构应充分发挥自身优势,结合行业发展机遇,注重产品优化创新,利用市场上多样化投资标的,加大与重点项目的经贸合作和跨境服务,促进产业转型升级,更好地服务"一带一路"战略。

(五) 文化交流人才需求分析

由于"一带一路"沿线国家在历史传统、语言文字、社会制度和宗教信仰等方面存在巨大差异,迫切需要专门的文化交流人才从事政府外交、公共外交、文化互鉴、学术交流、媒体合作项目,尽可能消除文化隔阂,拓展合作领域,完善合作方式。此外,"一带一路"对沿线国家涉及的小语种翻译和高端翻译的翻译质量与传播效果提出了新要求,有必要培养一批语言翻译人才尤其是非通用语高级翻译人才。面向此需求,人力资源服务机构应消除文化隔阂,在增信释疑的基础上加强合作意愿,完善合作方式,开展海外劳工保护政策培训,帮助员工充分了解当地的政策法规、风俗习惯、社会文化。

"一带一路"建设中对于上述各类人才的需求,为中国对外开展人力资源服务业工作指明了方向与目标,我们应该根据人才需求,设计人力资源服务业的内容与战略。

二、后疫情时代国际人力资源服务业发展的挑战与机遇

2019 年,新冠肺炎疫情的暴发对世界各国的政治、经济、社会、卫生等方面均产生了深刻影响。自疫情发生以来,全国各地人力资源服务机构积极开展网络专场招聘,精准对接企业复工复产用工需求,促进灵活就业、线上培训、人力资源管理咨询、人力资源市场信息监测等相关服务活动。在我国政府与人民的艰苦努力下,我国疫情防控形势持续向好、生产生活秩序加快恢复的态势不断巩固和拓展。后疫情时代,是全球范围内新冠肺炎疫情持续存在、疫情防控常态化的时代。作为与国民经济密切相关的行业,人力

资源服务行业受到了疫情的剧烈冲击,经营活动受限,业务规模收缩,市场需求变化,人力资源服务业的国际化发展面临着诸多挑战。与此同时,人力资源服务业相关政策放开、业务领域扩展、经营模式创新,人力资源服务业面临着新的发展机遇。

(一) 后疫情时代国际人力资源服务业发展的挑战

一是人力资源服务业的经营活动受限。新冠肺炎疫情发生后,我国政府发布了一系列诸如《关于做好新型冠状病毒感染的肺炎疫情防控期间人力资源市场管理有关工作的通知》等文件,要求人力资源服务企业暂停或取消现场招聘会、跨地区劳务协作、线下人力资源培训等聚集性活动。世界各国也出台了一系列入境以及经营限制政策。这在一定程度上对人力资源服务企业在当地开展业务造成了直接的影响和限制,导致人力资源服务机构的盈利难度加大。

二是人力资源服务业的业务规模收缩。在全球范围内疫情扩散与经济衰退的背景下,企业资金短缺,供应链缩短,人力资源服务业务明显收缩。劳动密集型服务业人力资源需求均出现了一定程度的下滑,其中制造业、住宿和餐饮业、批发零售业、租赁服务业、文化体育娱乐业受到疫情的负面影响较为明显,企业经营规模出现缩减预期,对人员培训、工资发放等业务的需求收缩较为明显,需要人力资源服务机构转变发展方式,拓展业务领域。

三是人力资源服务业的市场需求变化。新冠肺炎疫情期间,很多企业由于减薪、裁员产生了劳动争议,这些问题比较新也比较敏感,需要人力资源服务机构具备相应的应对能力。此外,受到疫情的影响,"互联网+"人力资源服务模式应用拓展,大量业务由线下转到线上,人力资源服务机构的网络化硬件投入以及信息化水平亟待提升。此外,远程办公、灵活就业等全新的管理模式必将重塑人力资源服务流程、组织模式和商业模式,信息共享、技术对接和联合创新等方式对人力资源服务业平台建设提出了更高的要求。

(二) 后疫情时代国际人力资源服务业发展的机遇

一是人力资源服务业的相关政策放开。受到新冠肺炎疫情的影响,各国为纾困和激发企业活力,全面深化改革,提出了降低准入门槛、税费返还减免、提供补助补贴、优化营商环境等利好政策,鼓励和引导人力资源服务业支撑疫情防控和企业复工复产工作。在此背景下,人力资源服务机构积极为政府分忧,为社会担责,为企业和劳动者提供及时服务。各级政府和社会对人力资源服务企业重要性的认识进一步提高,人力资源服务企业在政府、社会、企业和个人中的形象和价值凸显良好。

二是人力资源服务业的业务领域扩展。在新冠肺炎疫情的背景下,以线上经营场景为主的行业,关系疫情防护刚需的行业,如生鲜电商、医药医疗、远程协作办公软件等行业出现了发展利好的局面,出现了大量的人才缺口,由此产生了招聘、派遣、培训等方面的人力资源服务需求。对于用人机构而言,劳动者疫情防护、劳动者跨区域流动、安全的劳动场所设计、用工方式及劳动关系灵活化、在线招聘和在线技能培训等,为创新和重构人力资源服务提出了新需求,为人力资源服务业带来了新的增长空间。

三是人力资源服务业的经营模式创新。疫情对经济的影响,在一定程度上催化了人力资源服务行业的发展。众多企业选择与人力资源服务机构合作,大胆采用新型的灵活共享用工模式,为企业劳动管理模式提供了新思路,减轻了企业负担的同时兼顾了企业的长期发展。灵活用工的模式,也同样为自由职业者提供了大量的工作机会,使得工作方式更加多元。在经济恢复发展的过程中,人力资源服务行业承担起了连接企业与员工的桥梁作用,满足了市场的双向需求,是必不可少的角色之一。

三、面向国际的中国人力资源服务业发展战略与建议

依据"一带一路"建设中所需要的各类人才以及后疫情时代国际人力资源服务业发展所面临的困难与挑战,我们提出以下相关的人力资源服务业发展战略与相关建议。

(一)完善风险防控保障体系,建构更加开放的人力资源服务国际市场

在后疫情时代,人力资源服务机构参与国际竞争,首先应做好防护基础

措施工作,确保员工免于新冠病毒感染。在此基础上,紧贴国家部署与国际战略需要,开展抗击疫情、促进就业、服务发展、维护稳定等工作,为疫情防控提供坚实人力资源服务支撑。针对"招工难"和"就业难"的"两难"问题,人力资源服务机构应充分发挥主体作用,有效组织、调配劳动力,满足企业用工需求和社会人员就业需求,拓展海外人力资源市场,进一步提升人力资源服务机构的国际形象。广泛参与人力资源服务领域国际交流与合作,在助力中国企业走出去的过程中,实现人力资源服务以及其他产业在全球价值链上的升级。

(二) 提升人力资源服务质量与国际竞争力

人力资源服务机构应积极提升服务质量与水平,以适应和融入国际竞争格局。把握新兴产业发展需要,助力专业化、职业化人才培养,促进行业技术、产品研发及成果转化,打造能支撑未来产业发展的服务产品。人才培养方面,人力资源服务业应充分利用"引进来"和"走出去"相结合的国家通道,大力引进高层次、创新型、国际化人才,重点培养专业化、技术型人才,发挥人才的积极作用,激励骨干人才在使用中成长,从而形成核心竞争优势。技术研发方面,对标国际一流人力资源服务机构,加大人力资源服务信息系统的研发投入,打造稳定、完善的科技系统,与5G、云计算、大数据、人工智能等工具和方法相结合,有效提升人力资源服务的质量。

(三) 推动人力资源服务创新与国际发展

面对激烈的国际竞争,人力资源服务机构应转变思路,转换经营模式,努力运用新的服务手段,开发新的服务产品,拓展新的服务业态,通过创新寻求新的增长点。探索筑巢引凤、柔性引才、灵活用工等新型人力资源服务模式,布局和开发数字化平台,实现人力资源服务机构数字化转型,在创新中谋划未来。推动行业创新实践,打造线上服务闭环,探索适合不同行业的解决方案,加快线上职业技能培训服务形式的转变,为企业和员工提供更多选择。此外,人力资源服务行业需强化品牌意识,加大资本投入和品牌培育投入,企业需要加快新产品、新业态和新技术的引进、开发及创新,提升自主创新能力,打造具有中国特色的、符合中国企业实际情况的具有核心竞争力的人力资源服务品牌。

（四）建设人力资源服务的国际园区

要谋划与规划人力资源服务国际化园区的建设战略，充分发挥产业园区在市场机制中的示范和引领作用，推动人力资源服务业有序发展。建设人力资源协同发展的产业体系，探索人力资源服务业转型升级的可行路径，促进人力资源服务业协调发展。充分发挥各地人力资源服务协会和人力资源服务产业联盟等行业组织作用，实现人力资源服务业集聚发展。政府应着眼于提高公共就业服务的整体质量和效率，降低公共就业服务运行成本，从而实现政府投入资金效益的最大化。通过宏观统筹规划，引导产业形成互补式发展的全产业链条，落实"放管服"改革要求，通过先进产业园区和领军企业的带动，在全国范围内形成内涵式发展的、多元化多层次的人力资源服务业发展新格局。

【本章小结】

"构建人类命运共同体"理念与"一带一路"倡议两者相互关联与补充，为我国人力资源服务业发展指明了国际化的战略与目标，带来了前所未有的广阔前景与发展机遇。与此同时，也提出了人力资源服务业"双循环"发展的新要求，明确了国际化发展道路的新方向。在人力资源服务业国际化发展的道路中，我们必然会面临许多新挑战。因此，作为我国现代商务服务业的重要组成部分，人力资源服务业应抢抓机遇，围绕"五通"，即政策沟通、设施联通、贸易畅通、资金融通、民心相通等重点领域展开合作，通过内强素质，外树形象，提高国际竞争力，以更好对接和满足"一带一路"沿线国家对人力资源服务的深层次发展需求。人力资源服务不仅要解决用人主体和人才之间的相关需求，更要主动融入整个经济体系之中，与其他产业、技术、资本、信息等有效融合，发挥黏合剂、润滑剂的作用，释放出新动能。

第三部分
成果篇

人力资源服务业相关学术
成果整合汇总

　　本篇收集的论著时间范围为 2020 年 8 月 1 日至 2021 年 7 月 31 日,经过权威检索,共有 464 篇学术期刊文章;10 篇学位论文(硕博士);19 本出版著作。在结果中分别根据内容相关度进行二次筛选,最终结果如下:出版著作 7 本,学术期刊文章 92 篇,学位论文(硕博士)4 篇,具体内容如下所示。

一、出版著作

　　[1]萧鸣政等:《中国人力资源服务业蓝皮书 2020》,人民出版社 2021 年版。

　　[2]莫荣主编:《中国人力资源服务产业园发展报告》,社会科学文献出版社 2021 年版。

　　[3]全国人力资源服务标准化技术委员会:《GB/T 33860—2017〈人力资源服务机构能力指数〉解读》,中国标准出版社 2021 年版。

　　[4]杨丽主编:《人力资源服务实务》,中国劳动社会保障出版社 2021 年版。

　　[5]刘书生等:《人力资源共享服务中心(HRSSC)建设》,中国商业出版社 2021 年版。

　　[6]朱莉莉主编:《人力资源服务实训手册》,中国劳动社会保障出版社 2021 年版。

　　[7]王建华主编:《中国人力资源服务业发展报告》,中国人事出版社

2021 年版。

二、学术期刊文章

［1］王珊珊、王贝:《河南省人社厅组织代表团参加第一届全国人力资源服务业发展大会》,《人才资源开发》2021 年第 17 期。

［2］王睿、张新鹏:《"渝"音绕梁　人服启航——记第一届全国人力资源服务业发展大会》,《中国人力资源社会保障》2021 年第 8 期。

［3］任社宣:《我国人力资源服务业发展新态势》,《中国人力资源社会保障》2021 年第 8 期。

［4］魏伟:《人力资源服务业:打造新的增长极》,《走向世界》2021 年第 32 期。

［5］周小刚、陈水琳、李丽清:《大数据能力、技术创新与人力资源服务企业竞争力关系研究》,《管理评论》2021 年第 7 期。

［6］郭威宁:《人事人才公共服务与人才市场健康发展分析》,《商讯》2021 年第 21 期。

［7］杨洁:《人力资源服务行业中的财务风险管理探讨》,《纳税》2021 年第 21 期。

［8］许海艳:《营改增对人力资源服务企业的影响及对策探究》,《企业改革与管理》2021 年第 14 期。

［9］聂翠丽:《新的人力资源共享服务中心管理模式探究》,《现代商贸工业》2021 年第 24 期。

［10］蒋海伟:《企业人力资源外包服务的问题及解决办法研究》,《纳税》2021 年第 20 期。

［11］王凤鸣:《新时代背景下安徽省人力资源服务企业发展路径研究》,《河北企业》2021 年第 7 期。

［12］张徐鑫:《数字化赋能人力资源服务业——金划算集团数字化运营探索之路》,《中国人力资源社会保障》2021 年第 7 期。

［13］赵日富:《新时期政府人力资源公共服务平台创新途径探索》,《商业文化》2021 年第 19 期。

［14］张欢：《大数据时代人力资源服务业发展的现状及趋势》，《数字通信世界》2021年第7期。

［15］王凤鸣：《大数据时代素质测评在人力资源服务中的应用研究》，《市场周刊》2021年第7期。

［16］赵根良：《人工智能背景下我国人力资源服务业的SWOT分析及发展策略》，《中小企业管理与科技（下旬刊）》2021年第7期。

［17］杨朝旭：《粤港澳大湾区区（县）人力资源服务业现状研究——以深圳市L区为例》，《中国人事科学》2021年第6期。

［18］裴芷洁：《灵活用工，人力资源服务业如何应对》，《人力资源》2021年第12期。

［19］刘智国、孙红兵：《"十四五"规划背景下的云南省人力资源服务业发展态势分析》，《昆明理工大学学报（社会科学版）》2021年第4期。

［20］崔艳、赵红贵：《推动人力资源服务业跨越式发展》，《中国人力资源社会保障》2021年第6期。

［21］崔曦萍：《唐山市人力资源服务业现状及对策探析》，《经济研究导刊》2021年第16期。

［22］蒋莉：《企业人力资源服务外包现状及内控问题》，《中国外资》2021年第14期。

［23］国伟伟：《探究强化人力资源公共就业服务对劳动力就业的促进作用》，《就业与保障》2021年第7期。

［24］曹立新、李静、刘萧风、王栋、刘健羽：《提升站位　转变观念　与人力资源共享服务共建共赢》，《石油组织人事》2021年第5期。

［25］徐姝静：《搏击人力资源服务"红海"》，《创新世界周刊》2021年第5期。

［26］刘嘉文：《如何应对人力资源社会保障公共服务体系标准化建设中的问题》，《人力资源》2021年第8期。

［27］张林：《数字经济背景下企业人力资源外包服务应用创新》，《商讯》2021年第12期。

［28］王莹莹：《强化人力资源公共就业服务对劳动力就业的促进研究》，《中国产经》2021年第7期。

[29]李娅:《刍议服务导向人力资源管理研究回顾与展望》,《商讯》2021年第10期。

[30]董良坤:《人力资源服务业诚信共治:框架逻辑与实现路径》,《中国行政管理》2021年第4期。

[31]马达文、丁国娟:《疫情防控常态化背景下的人力资源服务对策研究——以如皋市人力资源市场招聘服务为例》,《中国就业》2021年第3期。

[32]王书柏:《后疫情时代我国人力资源服务业发展趋势研究》,《内蒙古社会科学》2021年第2期。

[33]黄志晖:《优化公共人力资源服务 提升创业就业质量——以湖南省资兴市为例》,《中国人力资源社会保障》2021年第3期。

[34]石娴:《陕西自贸试验区人力资源服务创新研究》,《合作经济与科技》2021年第5期。

[35]戴瑞祥、翟大海、刘铭初、周虎成、李毅:《国有跨国石油企业人力资源共享服务体系的构建》,《石油组织人事》2021年第2期。

[36]程强:《莱西市发出首张用"电子两证"办理的人力资源服务许可证》,《机构与行政》2021年第2期。

[37]刘诗雯:《新经济下如何优化人力资源劳动服务管理体系》,《营销界》2021年第7期。

[38]马达文、丁国娟:《疫情防控常态化背景下的人力资源服务研究——以人社系统人力资源市场招聘为例分析》,《中国培训》2021年第2期。

[39]王文朋:《人才服务部门人力资源管理的创新策略研究》,《中国中小企业》2021年第2期。

[40]孟姝瑱:《培育人力资本服务业新动能的机制研究——以济南高新区的人力资本产业公共服务平台为例》,《机构与行政》2021年第1期。

[41]徐洁:《服务质量差距模型视角下医院人力资源档案服务优化探讨》,《兰台内外》2021年第3期。

[42]张磊:《南通市通州区助产人力资源与服务现状分析》,《江苏卫生事业管理》2021年第1期。

[43]刘映杰、王嘉丽、高雪峰:《人力资源服务业质量提升的影响因素

研究——以河北省企业为例》,《华北理工大学学报(社会科学版)》2021 年第 1 期。

[44]廖世铢:《福建省人力资源服务业发展的实践与思考》,《发展研究》2021 年第 1 期。

[45]李世轩:《聚焦用工生态　持续升级进化——新科迅"双轮驱动"打造人力资源整合式服务》,《中国人力资源社会保障》2021 年第 1 期。

[46]黄志晖:《关于优化人力资源服务推动高质量就业创业的探讨——以湖南省 L 市为例》,《全国流通经济》2021 年第 1 期。

[47]郭庆、王涛:《共促人力资源服务业平台化转型发展》,《宏观经济管理》2021 年第 1 期。

[48]朱洁:《探析新时代下我国人力资源服务业转型升级的政策选择》,《商讯》2021 年第 1 期。

[49]吴雯雯:《共享经济下郑州市灵活就业人员人力资源服务创新研究》,《现代商业》2020 年第 36 期。

[50]陈章鸿:《衡阳人力资源产业园建设的 SWOT 分析及对策》,《投资与创业》2020 年第 24 期。

[51]唐艳:《公共就业和人才服务中的人力资源管理探究》,《中国市场》2020 年第 36 期。

[52]孟姝瑱:《产业协同发展视角下人力资本服务业培育新动能的探索与启示——以济南市高新区为例》,《中共济南市委党校学报》2020 年第 6 期。

[53]李丽:《以服务理念为核心的高校人力资源管理系统设计》,《行政事业资产与财务》2020 年第 23 期。

[54]张航:《烟台市人力资源服务业促就业助脱贫》,《山东人力资源和社会保障》2020 年第 12 期。

[55]高芳:《威海市深挖人力资源服务行业发展的"源头活水"》,《山东人力资源和社会保障》2020 年第 12 期。

[56]田大洲、岳威、许杏彬:《县域人力资源服务产业园发展研究》,《山东人力资源和社会保障》2020 年第 12 期。

[57]《人力资源服务业在改革中发展创新》,《山东人力资源和社会保

障》2020 年第 12 期。

[58]戚成:《开展职业技能提升专项行动　促进人力资源服务业高质量发展》,《山东人力资源和社会保障》2020 年第 12 期。

[59]白冉冉:《守正出奇　赋能地方产业经济发展——博尔捷探索人力资源服务产业园运营"7+1 模式"》,《中国人力资源社会保障》2020 年第 12 期。

[60]闻韶:《数字化升级　加速产业融合发展——金划算的人力资源+产业园经营之道》,《中国人力资源社会保障》2020 年第 12 期。

[61]李世轩:《跨界融合　智慧互联　2020 中国(宁波)人力资源服务创新创业大赛决赛落幕》,《中国人力资源社会保障》2020 年第 12 期。

[62]王华:《公共服务视角下的人力资源管理分析》,《经济师》2020 年第 12 期。

[63]张英智:《从"一园多区"到"服务业商圈"——国家级人力资源服务产业园发展的模式探索》,《中国人事科学》2020 年第 11 期。

[64]郭庆:《人力资源服务产业园平台化发展的基本特征和实施路径》,《中国人事科学》2020 年第 11 期。

[65]王平:《人力资源市场化流动配置的创新推动——基于中国中原人力资源服务产业园区的探索实践》,《人才资源开发》2020 年第 21 期。

[66]闻韶:《赋权与赋能并举　寓管控于服务——集团型企业人力资源数字化管理平台建设经验谈》,《中国人力资源社会保障》2020 年第 11 期。

[67]蒲芸茜、吴梦影:《协同发力　构建中西部人力资源服务新高地》,《四川劳动保障》2020 年第 10 期。

[68] N. NURLINA, Jubair SITUMORANG, Muhammad AKOB, Cici Aryansi QUILIM, Aryati ARFAH, "Influence of e-HRM and Human Resources Service Quality on Employee Performance", *The Journal of Asian Finance, Economics and Business* (*JAFEB*), 2020,7(10).

[69]李晓婷、许东黎:《人力资源服务业人才需求调查研究》,《全国流通经济》2020 年第 30 期。

[70]孙永胜:《建筑行业人力资源共享服务中心建设实践》,《人力资

源》2020 年第 20 期。

[71]《固本筑基强党建　着力打造人力资源服务"领头羊"》,《企业文明》2020 年第 10 期。

[72]赵根良:《新冠肺炎疫情背景下我国人力资源服务企业的挑战、机遇和对策》,《中小企业管理与科技(中旬刊)》2020 年第 10 期。

[73]田永坡、王琦、吴帅、王晓辉:《中国人力资源服务产业园发展质量评估研究》,《中国人力资源开发》2020 年第 10 期。

[74]李燕萍、陈文:《后疫情时代我国人力资源服务业发展转型:基于疫情防控常态化下人力资源服务政策文本分析》,《中国人力资源开发》2020 年第 10 期。

[75]杨志明:《新业态下聚焦人力资源服务数字化》,《中国人力资源社会保障》2020 年第 10 期。

[76]李德鹏:《加强基层人力资源社会保障公共服务平台建设的意义和建议研究》,《商业文化》2020 年第 28 期。

[77]余清泉:《人力资源服务招标采购指南》,《人力资源》2020 年第 15 期。

[78]马永春、陈强:《关于人力资源服务中心档案管理现状及对策》,《兰台内外》2020 年第 27 期。

[79]纪东霞:《疫情下,人力资源服务业在行动》,《中国大学生就业》2020 年第 18 期。

[80]周艳丽:《自由贸易岛建设背景下海南人力资源服务业发展路径研究》,《现代商业》2020 年第 26 期。

[81]周俊:《河南省深化人才发展体制机制改革推进会参会人员到中国中原人力资源服务产业园区现场观摩》,《人才资源开发》2020 年第 17 期。

[82]《人力资源服务业首次亮相服贸》,《人才资源开发》2020 年第 17 期。

[83]田永坡:《人力资源服务产业园"十四五"发展策略》,《中国人力资源社会保障》2020 年第 9 期。

[84]崔巍:《几何外包——人力资源服务生态的新物种》,《人力资源》

2020 年第 17 期。

[85]李海燕:《经济新常态背景下人力资源服务业转变探索研究》,《商讯》2020 年第 25 期。

[86]姜红艳:《新业态下人力资源服务业创新与发展》,《现代工业经济和信息化》2020 年第 8 期。

[87]梁雨钝、龙志强:《疫情下人力资源服务业的"危"与"机"——行业调查视角的探讨与审视》,《中国人事科学》2020 年第 8 期。

[88]钟文浩:《新经济形势下人力资源劳动服务管理体系优化分析》,《中国市场》2020 年第 24 期。

[89]马晓春:《人力资源服务产业园亟待解决的几个问题》,《北方经济》2020 年第 8 期。

[90]王建强、王宇杨:《河北省人力资源服务产业园推进策略研究》,《产业与科技论坛》2020 年第 16 期。

[91]陈明、吴婷芳:《新冠疫情下人力资源服务效率探析》,《中国商论》2020 年第 16 期。

[92]李敏:《人才服务中心的人力资源管理策略探究》,《中国市场》2020 年第 22 期。

三、学位论文(硕博士)

[1]王华松:《北京市外企人力资源服务行业发展现状、问题及对策研究》,硕士学位论文,中共北京市委党校,2021 年。

[2]徐阮潆:《灵活用工下的人力资源外包研究》,硕士学位论文,北京大学,2021 年。

[3]李春燕:《天府新区创新创业人才服务的问题与对策研究》,硕士学位论文,电子科技大学,2021 年。

[4]巫超:《R 集团基于云计算平台的人力资源共享服务研究与设计》,硕士学位论文,华南理工大学,2021 年。

参考文献

1. 萧鸣政：《中国人力资源服务业蓝皮书 2020》，人民出版社 2021 年版。

2. 王书柏：《后疫情时代我国人力资源服务业发展趋势研究》，《内蒙古社会科学》2021 年第 2 期。

3. 鄂义辉、吴航：《"一带一路"视野下提升我国人力资源服务业国际竞争力的思考》，《劳动保障世界》2018 年第 34 期。

4. 穆正礼、罗红玲、蓝玉茜、魏珮玲：《"一带一路"背景下的人才需求及人才培养模式——基于中国—中东欧国家合作大数据的分析报告》，《海外华文教育》2017 年第 7 期。

5. 李燕萍、陈文：《后疫情时代我国人力资源服务业发展转型：基于疫情防控常态化下人力资源服务政策文本分析》，《中国人力资源开发》2020 年第 10 期。

6. 梁雨钝、龙志强：《疫情下人力资源服务业的"危"与"机"——行业调查视角的探讨与审视》，《中国人事科学》2020 年第 8 期。

7. 赵根良：《新冠肺炎疫情背景下我国人力资源服务企业的挑战、机遇和对策》，《中小企业管理与科技(中旬刊)》2020 年第 10 期。

8. 董志勇、李成明：《国内国际双循环新发展格局：历史溯源、逻辑阐释与政策导向》，《中共中央党校(国家行政学院)学报》2020 年第 8 期。

9. 余淼杰：《"大变局"与中国经济"双循环"发展新格局》，《上海对外经贸大学学报》2020 年第 6 期。

10. 吕秀彬：《"国内国际双循环"新发展格局探析》，《新经济》2020 年第 10 期。

11. 蒲清平、杨聪林:《构建"双循环"新发展格局的现实逻辑、实施路径与时代价值》,《重庆大学学报(社会科学版)》2020 年第 6 期。

12. 沈坤荣、赵倩:《以双循环新发展格局推动"十四五"时期经济高质量发展》,《经济纵横》2020 年第 10 期。

13. 王艳霞、王瑞兴:《河北省人力资源服务业发展的路径选择》,《河北学刊》2009 年第 1 期。

14. 佟林杰:《基于政府协同的京津冀人力资源服务业发展研究》,《中国集体经济》2017 年第 4 期。

15. 李诗然、蔡美菊:《新时代安徽人力资源服务业的"动力变革"机制》,《合肥师范学院学报》2019 年第 5 期。

16. 闫翠丽、梁留科、刘晓静、王文静:《基于因子分析的城市旅游竞争力评价——以中原经济区 30 个省辖市为例》,《地域研究与开发》2014 年第 1 期。

附录一　珠三角城市人力资源服务产业园及分园的基本信息一览表

产业园名称	等级	开业时间	占地面积（万平方米）	入驻人力资源服务机构数量	营收/运营规模	服务人次
中国广州人力资源服务产业园	国家级		9.22万	81	129.14亿	262.51万
天河人才港—中国广州人力资源服务产业园分园	分园	2016年11月	0.55			
中国广州人力资源服务产业园琶洲核心园区	分园	2019年9月	—			
中国广州人力资源服务产业园天河先导区	分园	2020年12月	0.47	41		
中国广州人力资源服务产业园南沙园区	分园	2020年4月	3	20		
中国广州人力资源服务产业园番禺青年人才创新创业服务园区	分园	2020年12月	0.6	5		
中国广州人力资源服务产业园广州开发区海外高层次人才服务园区	分园	2021年7月	0.58			
中国广州人力资源服务产业园越秀现代服务业人才服务园区	分园	2021年7月	0.4			
中国广州人力资源服务产业园花都临空产业人才服务园区	分园	2021年9月	0.56			

续表

产业园名称	等级	开业时间	占地面积（万平方米）	入驻人力资源服务机构数量	营收/运营规模	服务人次
中国广州人力资源服务产业园海珠数字经济创新人才集聚核心园区	分园	2021年9月				
中国广州人力资源服务产业园黄埔高层次人才服务园区	分园	2021年9月				
中国深圳人力资源服务产业园	国家级			134	109.32亿	419万
中国深圳人力资源服务产业园深圳人才园	分园	2017年11月	4.5			
中国深圳人力资源服务产业园宝安人才园	分园	2017年12月	1.4	74		
中国深圳人力资源服务产业园前海国际人力资源服务产业园	分园	2019年12月				
中国深圳人力资源服务产业园南山区人力资源服务产业园（深圳湾科技生态园）	分园	2017年7月	2.3	31（2018年）	50.03亿（开园至2018年底）	1.54亿（开园至2018年底）
中国深圳人力资源服务产业园龙岗区人力资源服务产业园（智慧广场）	分园	2016年7月	4.7	40（2019年4月）	158.40亿（开园至2019年4月底）	0.3亿（开园至2019年4月底）
中国深圳人力资源服务产业园罗湖区粤港澳大湾区人才创新园	分园	2020年11月	5			
深圳市福田区人力资源服务产业园		2020年12月	1			
深圳市龙华区人力资源服务产业园		2021年5月	2.7	10		
广东佛山人力资源服务产业园	省级	2015年3月	2	40		
广东佛山人力资源服务产业园（南海园）	分园	2020年12月	1.5	12		
广东佛山人力资源服务产业园（顺德园）	分园	2020年6月	0.3			

续表

产业园名称	等级	开业时间	占地面积（万平方米）	入驻人力资源服务机构数量	营收/运营规模	服务人次
广东佛山人力资源服务产业园（季华园）	分园	2019年7月	9.2			
东莞市松山湖人力资源服务产业园	市级	2018年12月	1	25		
中山市人力资源产业园火炬园区	省级	2020年8月	0.7	39		
中山市人力资源产业园坦洲园区	分园	2020年12月	——			
中山市人力资源产业园小榄镇园区	分园	2021年3月	1.5			
中山市人力资源产业园东区	分园	2020年11月	1	22		
中山市人力资源产业园南头区	分园	建设中				
珠海横琴新区人力资源服务产业园	市级	2020年6月	0.37			
广东江门人力资源服务产业园（含江梅分园）	省级	2018年12月	0.69	41	5亿（运营规模）	118.58万
惠州市人力资源产业园	市级	2020年9月	1	15		
肇庆市人力资源服务产业园	市级	2020年12月	0.48	6		

注：服务人次仅收集产业园公布的服务人次，包括劳务派遣、培训、人才测评、猎头服务等服务总人次，不包括非进驻的人力资源服务机构服务人次。本表数据收集来源是各地人社局、新闻报道、各产业园网站等。

附录二　粤港澳大湾区人力资源服务业
发展扶持政策汇总与分类

一、珠三角各地市政府对于人力资源服务
业综合发展扶持的重要政策

1.《中共广州市委广州市人民政府关于加快集聚产业领军人才的意见》

2016 年 2 月 26 日,广州市政府发布《中共广州市委广州市人民政府关于加快集聚产业领军人才的意见》,提出发展重点产业领域的领军人才与团队,将广州市打造为人才高地。在该意见中,对于完善产业领军人才服务配套机制的第三点是完善创新创业服务机制,明确大力发展人力资源服务业,加快推进人力资源服务产业园建设,支持引进海内外知名猎头公司等人力资源服务机构。

2.《广州市加快发展人力资源服务业的意见》

2016 年 11 月 14 日,广州市人力资源和社会保障局、广州市发展和改革委员会、广州市财政局印发《广州市加快发展人力资源服务业的意见》的通知,旨在快速促进广州市人力资源服务业的专业化发展,高度发挥市场机制作用,推动人才强市的建设。该意见全方面覆盖了人力资源服务业产业链健康发展的需求,从人力资源服务业产业、机构、人才等要素设立支持专项。

3.《广州市人民政府办公厅关于加快发展高端专业服务业的意见》

2018 年 10 月 11 日,广州市政府出台《关于加快发展高端专业服务业的意见》,推动高端专业服务业产业发展,提升高端专业服务业水平。该办法扶持的高端专业服务业包括人力资源服务、互联网和相关服务、软件和信息技术服务业、法律服务、会计审计及税务服务、咨询服务、广告服务等十三

大类。具体措施包括引进国内国际优质企业,对于企业的经济发展贡献给予奖励,加强重点企业人才培育力度等。

4.《广州市天河区推动经济高质量发展的若干政策意见》

2020 年 11 月 23 日,广州市天河区政府印发《广州市天河区推动经济高质量发展的若干政策意见》,完善商务发展政策体系,推动高端专业服务业为经济高质量发展做更大贡献。相关条款以人工智能和数字经济为主攻方向,全面覆盖了天河重点发展的金融、新一代信息技术、高端专业服务业、现代商贸 4 个主导产业;同时也新增了加强实体经济发展的有关条款。其中的人才政策板块助力各类人才在天河集聚发展,为企业和人才提供全方位的公共服务。从子女入学、人才入户、人才绿卡、住房保障、体检疗养等方面给人才提供服务。从金融需求对接、人才需求对接、政策需求对接、事业交流对接等方面搭建政府和企业沟通的桥梁。

5. 深圳《龙华新区关于加快现代服务业发展的若干措施实施细则(服务外包业资助类)》

2014 年 6 月 2 日,龙华区科技创新局根据《龙华新区关于加快推进工业转型升级的若干措施》和《龙华新区产业专项资金管理暂行办法》制定《龙华新区关于加快现代服务业发展的若干措施实施细则(服务外包业资助类)》。《龙华新区关于加快现代服务业发展的若干措施实施细则》共有服务外包业、物流业、商贸流通业、中介服务业四大类别的资助实施细则。服务外包业的资助集中在信息技术外包服务、技术性业务流程外包服务、技术性知识流程外包服务等高端外包服务与超过 100 万美元业务收入的离岸外包服务。

6.《深圳市关于加快人力资源服务业发展的若干措施》

2018 年 10 月 30 日,深圳市人力资源和社会保障局、深圳市发展和改革委员会、深圳市财政委员会印发深圳市首个人力资源行业发展的政策文件《深圳市关于加快人力资源服务业发展的若干措施》。该政策围绕深圳人力资源服务业的发展重点、发展体系、发展目标、发展路径等制定了 22 条具体措施,旨在促进深圳人力资源服务业更好地发挥在经济和社会发展的人力资源配置作用。

7.《深圳市人力资源服务产业园建设扶持资金管理办法》

2019 年 11 月 8 日,深圳市人力资源和社会保障局据人力资源服务产业园建设有关标准,批准认定的国家级、省级、市级人力资源服务产业园进行分级开园补贴和运营补贴。人力资源服务产业园获得国家级、省级、市级等次的,分别按照 500 万元、300 万元、200 万元的标准给予一次性开园资助。

8.《深圳市龙岗区经济与科技发展专项资金支持人力资源服务业发展实施细则》

2020 年 7 月 6 日,深圳市龙岗区人力资源局对龙岗区符合条件的人力资源服务机构给予年度综合贡献奖,对入驻区人力资源服务产业园(中国深圳人力资源服务智慧广场)的机构给予房租补贴及经营管理奖励,大力推进龙岗区人力资源服务业高质量发展。专项资金支持对象为人力资源服务机构,包括龙岗区人力资源局许可设立的劳务派遣机构、经过备案的人力资源服务机构和民办职业技能培训机构;区人力资源服务产业园扶持对象仅限于经批准已入驻园区的人力资源服务机构。

9.《佛山市关于加快发展人力资源服务业的意见》

2019 年 10 月 14 日,佛山市人力资源和社会保障局印发《佛山市关于加快发展人力资源服务业的意见》。主要任务和措施包括:加快建设人力资源服务产业园,对成功创建佛山市人力资源服务产业园分园、总园的产业园区给予建园奖励。吸引国内外知名人力资源服务机构落户佛山,壮大佛山市人力资源服务产业的规模。支持本市人力资源服务机构自主品牌建设,鼓励企业注册和使用自主人力资源服务商标。除此之外,还有其他如政府购买、人力资源行业发展宣传的政策,促进人力资源产业的全面发展。

10. 东莞市《关于塑造品质人社共建成长之城"10+10"改革服务行动的方案》

2021 年 3 月 25 日,东莞市人社局正式印发了《关于塑造品质人社共建成长之城"10+10"改革服务行动的方案》。该方案将创新人力资源服务业集聚发展模式纳入改革行动,确定在未来将着重发展人力资源服务业,结合新一代电子信息等战略性新兴产业基地建设,打造各具特色的产业园区,建立人力资源服务企业诚信服务等级评定制度,成立人力资源服务行业协会。

11.《东莞市人民政府办公室关于加快推动东莞市人力资源服务业实现高质量发展的实施意见》

2021 年 6 月 11 日,东莞市人民政府办公室发布《关于加快推动东莞市人力资源服务业实现高质量发展的实施意见》,实现人力资源服务产业化,打造本土品牌,加快推动东莞市人力资源服务业高质量发展。同时,该实施意见提出到 2024 年,全市综合性人力资源服务机构总数、人力资源服务业从业人员、年营业收入、建设人力资源服务产业园先行区、省级人力资源服务产业园和国家级人力资源服务产业园等目标。

12. 中山市《关于进一步集聚创新创业人才的若干意见》

2017 年 3 月 28 日,中山市委发布《关于进一步集聚创新创业人才的若干意见》,出台了 18 条意见,推动人才工作。其中对人才服务体系的完善与建设人才综合服务平台,提出建设运营市人才大厦、人才创新创业生态园、人力资源服务产业园。

13.《中山市关于加快发展人力资源服务业的意见》

2019 年 12 月 3 日,中山市人力资源和社会保障局、中山市发展和改革局、中山市财政局印发《中山市关于加快发展人力资源服务业的意见》。以政策扶持和环境营造为重点,主要从促进人力资源服务产业化、专业化、标准化、信息化发展,夯实人力资源服务业发展基础及营造良好的人力资源服务发展环境等方面作出规定,从而建立健全促进人力资源服务业发展的政策体系,为中山经济高质量发展、融入粤港澳大湾区建设提供人力资源支撑。

14.《珠海市人力资源和社会保障事业发展"十四五"规划》

2021 年 6 月 15 日,珠海市人社局发布《人力资源和社会保障事业发展"十四五"规划》,多处提出通过打造人才平台、创新创业平台、人力资源服务产业园等平台与体系,制定人力资源服务业产业扶持政策、激励人力资源服务机构的高端发展等多项措施促进人力资源服务业的发展。

15.《江门市加快人力资源服务业发展实施意见》

2020 年 9 月 28 日,江门市人民政府发布《江门市加快人力资源服务业发展实施意见》。在该意见中,除了对人力资源服务产业园、人力资源服务机构、人力资源服务行业人才等的扶持,还有对人力资源服务业创新基地、人力资源服务离岸外包、智慧型人力资源服务云平台和生态系统、人力资源服务业行业协会等的建设引导。

16.《江门市人力资源和社会保障事业发展"十四五"规划（公开征求意见稿）》

2021年3月24日,江门市人力资源和社会保障局发布的《江门市人力资源和社会保障事业发展"十四五"规划（公开征求意见稿）》中,提出推进人力资源服务业高质量发展,健全人力资源服务业管理机制和信息化管理系统,构建市、县人力资源服务业扶持政策体系。强化行业指导作用,加强规范人力资源市场秩序和监管,成立人力资源服务行业协会。

17.《关于加快肇庆市现代服务业发展的若干政策措施》

2013年5月22日,肇庆市人民政府发布《关于加快肇庆市现代服务业发展的若干政策措施》,其中与人力资源服务业有较大关系的是提出建设服务外包示范园区,对省级以上现代服务业集聚区内软件、研发服务外包、工业设计、文化创意、科技金融、物联网应用、现代信息服务等有税收效益或服务外包示范园区投资运营的独立纳税企业适当给予补贴。

二、珠三角各地市政府对人力资源服务机构发展扶持的重要政策

1.《广州市促进人力资源服务机构创新发展办法的通知》

2019年9月3日,广州市人力资源和社会保障局印发《广州市促进人力资源服务机构创新发展办法的通知》。对授予荣誉称号的人力资源服务机构给予不同层次的奖励。鼓励人力资源服务机构与国内外知名人力资源服务机构和组织等开展深度合作,举办中国广州人力资源服务业高峰论坛和中国广州人力资源服务博览会等。支持行业人才培养,鼓励孵化培育初创型和集聚重点人力资源服务机构。

2.《中国广州人力资源服务产业园南沙粤港澳人才合作示范园区发展扶持办法》

2021年3月22日,广州市南沙区人力资源和社会保障局发布《中国广州人力资源服务产业园南沙粤港澳人才合作示范园区发展扶持办法》,发

挥中国广州人力资源服务产业园南沙粤港澳人才合作示范园区集聚人力资源服务机构和构建人才高地的平台作用,加快推动南沙区人力资源服务业发展,在粤港澳大湾区形成产业集聚效应。

3.《中国广州人力资源服务产业园管理服务办法》

2021年6月7日,广州市人力资源和社会保障局发布《中国广州人力资源服务产业园管理服务办法》,对人力资源服务产业园的管理、监督和评估等工作予以具体说明,发挥产业园集聚产业、培育市场、孵化企业、服务人才的作用,推动人力资源服务业高质量发展。

4.《深圳市人力资源服务机构场租补贴实施办法》

2019年10月31日,为了鼓励深圳人力资源服务机构创新创业,加快人力资源服务业发展,深圳市人力资源和社会保障局制定《深圳市人力资源服务机构场租补贴实施办法》。该办法对深圳行政区域内办理商事登记及人力资源服务登记备案后,经营期限未满24个月,在政府主导建设或资助的各类产业园、创业园区、孵化基地等平台外租赁自用办公房的人力资源服务机构给予租金补贴;对深圳行政区域内已办理人力资源服务登记备案,符合市级财政资金建设的人力资源服务产业园入驻标准,经批准已入驻产业园的人力资源服务机构给予场租减免。

5.《深圳前海深港现代服务业合作区招商引资奖励暂行办法》

2020年8月28日,为应对当前经济形势变化,进一步推动外部优质增量注入、内部存量优化升级,做大做强前海在地经济规模,强化招商、亲商、育商,深圳市前海深港现代服务业合作区管理局制定该办法。对不同类别企业按标准每年给予不同的运营支持、搬迁支持、团队激励支持和人才住房支持。为支持港企发展,对港资企业按相关核算金额的1.1倍给予支持。外资企业入驻合作区,可按标准申请外资奖励补贴。对成功促成重点项目落地并获得引荐方认可的招商合作机构,予以产业引进奖励,并按照标准给予奖励支持。

6. 佛山市《顺德区人力资源服务产业园认定和建设扶持办法》

2021年3月2日,顺德区民政和人力资源社会保障局印发《顺德区人力资源服务产业园认定和建设扶持办法》,对区级"园区"进行认定程序编制和对园内机构进行租金补贴、经济贡献补贴和活动补贴。

7.《佛山市禅城区扶持人力资源服务产业园建设办法(修订)》

2020 年 12 月 26 日,佛山市禅城区人民政府办公室印发《佛山市禅城区扶持人力资源服务产业园建设办法(修订)》,主要内容是对产业园内运营机构,包括人力资源招聘、猎头、外包、派遣、咨询、管理、测评、薪酬福利管理、员工健康管理、流程管理、职业生涯规划等企业的招商引资予以扶持,促进产业园的发展提质。

8.《东莞松山湖高新区关于促进人力资源服务业发展的实施办法》

2018 年 12 月 11 日,松山湖管委会发布《东莞松山湖高新区关于促进人力资源服务业发展的实施办法》。东莞松山湖高新区是东莞市具有示范性、引领性的高新技术产业园区之一。该项政策的发布,主要目的是为了推动园区内人力资源服务业健康发展,为园区提供人力资源支撑,给予优秀人力资源服务机构政策帮扶、资金奖励、租金减免等,鼓励园区内各人力资源服务机构开展更多的人才引进、招聘、培养计划。

9.《中山市人力资源服务产业园扶持资金管理办法》

2020 年 11 月 3 日印发,规定本办法适用于中山市人力资源和社会保障行政部门和财政部门扶持人力资源服务产业园建设资金(以下简称"扶持资金")的申请、受理、审核、使用及监督管理工作。对认定为市级人力资源服务产业园的,给予一次性开园资助,按年度给予租金补贴、运营补贴和骨干企业奖励、引才奖励、平台建设奖励、活动项目奖励等。

10. 珠海市《关于实施"珠海英才计划"加快集聚新时代创新创业人才的若干措施》

2018 年 4 月 25 日,珠海市市委、珠海市政府实施"珠海英才计划",旨在吸引集聚海内外优秀人才和创新创业团队,打造国际创新人才高地。《关于实施"珠海英才计划"加快集聚新时代创新企业人才的若干措施》指出,鼓励用人单位自主或通过猎头公司等人力资源服务机构引进高端人才,支持引导人才中介服务机构发展,明确了人力资源服务机构的作用。

11. 珠海市《关于进一步规范和优化就业创业补助资金使用管理的通知》

2020 年 12 月 2 日,珠海市人力资源和社会保障局、珠海市财政局印发《关于进一步规范和优化就业创业补助资金使用管理的通知》,明确就业创业补贴资金使用管理有关事项,制定就业创业补贴申请办理指导清单,以加强就业专项资金管理。

12.《关于促进惠州人力资源服务产业园发展的若干措施(暂行)(征求意见稿)》

2020年6月11日,惠州市仲恺高新区社会事务局发布关于征求《关于促进惠州人力资源服务产业园发展的若干措施(暂行)(征求意见稿)》,指出产业园以"省市共建、仲恺运营"(政府主导,市场化运营模式)模式,重点以税收补贴、租金补贴、招商奖励等专项扶持,吸引优秀人力资源服务机构和高端人力资源服务企业进驻。

13. 江门市《蓬江区鼓励人力资源服务机构入驻江门人力资源服务产业园的若干措施(试行)申报指南(2020年版)》

2020年5月6日,江门市蓬江区人力资源和社会保障局发布《蓬江区鼓励人力资源服务机构入驻江门人力资源服务产业园的若干措施(试行)申报指南(2020年版)》,旨在加快江门市唯一的省级人力资源服务产业园的建设。该指南主要对围绕进驻江门人力资源产业园的就业个人与创业企业进行鼓励与扶持,包括人才租房和生活补贴、办公用品补贴、品牌奖励等。

14. 肇庆市《关于在疫情防控期间实施人力资源服务补贴的通知》

2020年3月20日,为盘活开发本市人力资源,保障企业用工需求,实现劳动人口特别是建档立卡贫困人员充分就业,发挥人力资源服务机构作用,肇庆市人力资源和社会保障局发布《关于在疫情防控期间实施人力资源服务补贴的通知》,对达到供人条件的人力资源服务机构实行补贴,同时建立"人社+人力资源服务机构+村集体+企业"协调联动机制。

15.《肇庆市激励劳动者在肇就业若干措施(征求意见稿)》

2021年3月11日,肇庆市人力资源和社会保障局发布《肇庆市激励劳动者在肇就业若干措施(征求意见稿)》,其激励对象中包括取得《人力资源服务许可证》的经营性人力资源服务机构以及辖区村委,激励措施包括企业吸纳劳动者就业奖补、推荐在肇就业补贴、在肇就业职业介绍补贴等。

三、珠三角各地市政府对人力资源服务业 人才扶持的重要政策

1.《中共广州市委、广州市人民政府关于实施"广聚英才计划"的意见》

2019 年 5 月 17 日,《中共广州市委、广州市人民政府关于实施"广聚英才计划"的意见》正式印发实施,面向全球集聚"高精尖缺"人才,同时优化人才发展环境,打造粤港澳大湾区人才高地。其中,对于人才发展的规划重点提出通过中国广州人力资源服务产业园,集聚优秀人力资源服务企业,全力推动粤港澳大湾区人力资源服务业规模化发展;每年评选创新型人力资源服务机构、人力资源服务业领军人才、人力资源服务创新项目,提升配置人力资源能力。此外,构建完善的人才体系、打造"人才基地+青年众创空间"平台体系。对入选国家、省重大人才工程的重点人才,按较高比例给予人才经费和项目资金配套,并对人才所在单位给予奖励补贴。

2.《深圳前海深港现代服务业合作区境外高端人才和紧缺人才个人所得税财政补贴办法》

2019 年 2 月 20 日,为吸引境外高端人才和紧缺人才到深圳前海深港现代服务业合作区,深圳市前海深港现代服务业合作区管理局、深圳市财政委员会经市政府同意发布《深圳前海深港现代服务业合作区境外高端人才和紧缺人才个人所得税财政补贴办法》。《深圳前海深港现代化服务业合作区境外高端人才和紧缺人才个人所得税财政补贴暂行办法》于 2012 年 12 月 24 日发布,实施 4 年后进行修订,以进一步符合境外高端人才的工作情况和改善该办法的可操作性。例如放宽人才在前海工作的年限为"上一年度在前海工作需满 90 日,两年内均可补充申报",进一步明确不可申请补贴的情形等。此外,"前海境外人才个税 15%"优惠政策发挥了良好的效果,4 年共发放补贴超 1.73 亿元。

3.《珠海市产业青年优秀人才培养计划实施办法》

2018 年 12 月 28 日,珠海市人力资源和社会保障局发布《珠海市产业青年优秀人才培养计划实施办法》。其中第三条,明确提出产业青年优秀人才是指在珠海市先进制造业、战略性新兴产业、现代服务业和现代农业等

重点产业领域从事技术创新、管理创新的青年人才。该办法旨在用 5 年时间培养一批重点产业领域中的高层次领军人才,协助产业青年人才更好地完成科研、技术与管理创新工作。

四、港澳地区政府对于人力资源服务业综合发展的相关政策

1. 香港特区政府对于人力资源服务业综合发展的重要政策

(1)中高龄就业计划

2020 年 9 月 1 日,香港劳工处为优化就业计划、协助中高龄人士就业,推出"中高龄就业计划"新措施。计划鼓励聘用 60 岁或以上失业或已离开职场的求职人士,并为他们提供在职培训,完成培训后可获发放在职培训津贴 4000—5000 元。

(2)就业展才能计划

2020 年 9 月 1 日,香港劳工处"就业展才能计划"实施加强措施,计划目的鼓励雇主聘用残疾人士,并提供指导和支援,以提升残疾人士的就业能力及工作前景。展能就业科的就业顾问会建议残疾人士参加计划下的短期职前培训课程,协助他们建立良好的人际关系、掌握面试技巧等。

(3)"先聘用、后培训"计划

2018 年 11 月,雇员再培训局为纾缓部分行业招聘困难的问题,发布此计划。"'先聘用、后培训'计划"为酒店业、环境服务业、交通支持服务业、酒店及旅游等 6 个工种,共提供约 240 个培训名额;将学员招聘、训练、实习及就业配对等工作有系统地连贯起来,提供切合实际的培训,配合适当的津贴和有效的行业宣传,能有助行业纾缓人手短缺的问题。

(4)展翅青见计划

2002 年香港劳工处已推行"青见计划",2019 年 12 月 12 日,香港劳工处推出"展翅青见计划"优化措施,为 15—24 岁学历在副学位或以下的离校青年人提供全面的培训及就业支援,以提升青年人的就业能力。优化措施包括增加计划下就业项目的学员名额、提高对参与的非政府机构的资助、调升计划下参加工作实习训练学员的津贴金额、积极搜罗有薪在职培训空

缺,以及与雇主合作举办主题式招聘日,以协助缺乏工作经验的青年人觅得合适的工作。

(5)《职业介绍所实务守则》

2018 年 2 月,香港劳工处发布《职业介绍所实务守则》,为职业介绍所在运营时提供运营原则,促进业界专业水平和服务素质。《守则》规定,职业介绍所要有相应的登记牌照、向求职者所收取的佣金具有最高限额、保障雇主和求职者的个人资料。违反《守则》,职业介绍所将会面临撤销牌照和罚款风险。

(6)《雇佣条例》第 XII 部

《雇佣条例》1968 年由香港劳工处发布,2018 年 3 月最新修订,为雇员提供全面的雇佣保障和福利。该条例适用于香港所有的职业介绍所,并且规定经营职业介绍所的人士必须领有劳工处处长发给的牌照或豁免证明书,违规者将面临罚款或监禁。除此之外,还对职业介绍所所禁止的行为、劳工处处长的权力、职业介绍所所收取的最高佣金额等事项作出规定。

(7)补充劳工计划

"补充劳工计划"由劳工处发布,自 1996 年 2 月 1 日开始实施。2017 年为促进本地香港工人优先就业的同时,容许有确实招聘困难的雇主输入属技术员级别或以下的劳工。"补充劳工计划"主要为本地求职人士提供全面的就业选配和转介服务,务求他们能优先就业,并广泛发布按计划登记的空缺资料,本地工人在合适的情况下,可参加再培训课程,增加自己获聘的机会。

(8)优秀人才入境计划

2006 年 6 月,由香港特区政府正式推出的"优秀人才入境计划"是一项设有配额的移民吸纳计划,旨在吸引新入境而不具有进入香港和在香港逗留权利的高技术人才或优才来港定居。计划有两套计分制度,分别为"综合计分制"及"成就计分制",达到及格分数后可列为优秀人才引进。2020年,共有 1709 名申请人获取资格,其中业务支援及人力资源行业的人数占比 5%,共 87 人获得资格。

2. 澳门特区政府对于人力资源服务业综合发展的重要政策

(1)带津培训计划

2021 年 4 月 26 日,澳门特区政府根据《澳门特别行政区基本法》制定

"带津培训计划",包括"提升技能导向带津培训计划"及"就业导向带津培训计划"两部分。"提升技能导向带津培训计划"由雇主安排其雇员在正常工作时间内参加培训计划;"就业导向带津培训计划"由"技能培训"及"就业转介"两部分组成,学员完成课程及配合就业转介,可获发最高6656澳门元的培训津贴。

(2)《澳门中长期人才培养计划——五年行动方案》

2018年1月4日,澳门特区政府公布了《澳门中长期人才培养计划——五年行动方案》,方案为澳门中长期人才培养工作提供行动指南。根据行动方案,澳门将打造成为中葡双语人才培养基地、以"技能提升""培训结合考证"和"就业挂钩"作为开办职业培训课程的主要发展方向,并且从大型企业入手进行带薪培训模式开发。

(3)《职业介绍所业务法》

2021年3月15日,由澳门特区政府制定的《职业介绍所业务法》生效,法案旨在订定向职业介绍所发出准照的制度及规范其运作。法案明确禁止职业介绍所向逗留在澳门特区的非本地居民提供职业介绍服务,禁止向服务使用者收取服务费以外的其他费用,或促使服务使用者接受或提供非法工作,为职业介绍所的服务人群和服务规范作出规定。

五、粤港澳合作促进人力资源服务业发展的相关政策

1.《粤澳合作框架协议》

2011年3月6日,广东省人民政府和澳门特别行政区政府为推进粤澳更紧密合作,推动广东科学发展和澳门经济适度多元发展,经协商一致制定《粤澳合作框架协议》。该协议在人才服务方面,制定加强职业教育培训合作,共同举办职业培训项目,鼓励澳门教育培训机构与广东教育培训机构合作开展职业教育培训项目,全面系统地培养符合澳门和广东产业发展需要的技术、技能人才。

2. 实施《粤港合作框架协议》2020年重点工作

2020年10月,广东省政府与香港特区政府联合发布实施《粤港合作框架协议》2020年重点工作。粤港两地围绕8大方面57项具体措施开展合

作,进一步推动粤港澳大湾区建设。在人才服务方面,支持香港副学位(含副学士和高级文凭)毕业生到广东省高校升读本科;获香港青年发展基金资助的香港青年创业团队,可直接受惠于珠三角九市的各项创业扶持政策。

3.《内地与香港关于建立更紧密经贸关系的安排》经济技术合作协议

2017年6月28日,为促进内地与香港特别行政区贸易投资便利化,双方决定签署《内地与香港关于建立更紧密经贸关系的安排》经济技术合作协议。双方将继续加强内地与香港在人才培养和人员培训领域的合作,推进粤港人才合作示范区建设,支持香港青年到南沙、前海、横琴发展创业,例如粤港澳青年创业工场、青年梦工厂等。

4.《关于推进澳珠人才协同发展的合作协议》

2020年11月28日,珠海和澳门为进一步推动人才深度融合交流,携手共建粤港澳大湾区人才高地,签署《关于推进澳珠人才协同发展的合作协议》。协议明确,未来将围绕人才领域的政策融通、资源共享、平台共建、要素流动、活动联办等方面开展合作,打造具有全球竞争力的国际高端人才集聚区、具有"一国两制"特色的人才高效便捷流动改革试验区。澳门将设立澳珠人才工作联络处,统筹人才项目对接;探索建立人才评定标准衔接制度,逐步实现"一地评定,两地互认",推动人才同步享受澳珠两地扶持政策。

5.《关于加强港澳青年创新创业基地建设实施方案》

2019年5月8日,广东省人民政府为加快港澳青年创新创业基地建设,鼓励粤港澳三地人才流动,制定本方案。方案在人才服务方面,打造港澳青年人才服务体系。深化人才体制机制改革,探索建立与国际接轨、更加积极开放有效的人才政策体系。在CEPA框架下推进粤港澳职业资格互认,探索进一步拓展港澳专业人士在基地的执业空间。在基地设立"港澳青年人才一站式服务窗口",为港澳青年人才提供个性化、定制化、精细化专业服务。

6.《珠海市支持港澳青年来珠就业(创业)和技能培训(训练)若干政策措施》

2019年7月12日,珠海市人力资源和社会保障局为促进港澳两地青年就业创业、提升港澳珠三地青年就业技能,制定本政策。政策支持港澳高校毕业生在珠海就业和进行技能培训。为提升珠海输澳劳工就业技能和职业素质,珠海市输澳劳工职业介绍机构可参照珠海市职业技能精准培训政策组织开展输澳劳工技能培训,并且给予职业培训补贴。

7.《粤澳共同研究实施"一试三证"培养评价模式合作协议书》

2011年12月19日,广东省职业技能鉴定指导中心、澳门劳工事务局、澳门管理专业协会共同签署了《粤澳共同研究实施"一试三证"培养评价模式合作协议书》。粤澳双方确定共同研究推动粤澳两地人才培养和从业资格互认互通,建立定期工作会议机制,以设施管理职业为试点项目,共同研究实施"一试三证"人才培养评价模式。粤港合作创建的"一试三证"是崭新的国际职业资格互认模式,从根本上实现了劳动力职业能力的国际对接,是对目前国际职业资格互认模式的突破和丰富。

附录三 "一带一路"沿线国家产业与人力资源分布情况一览表①

地区	国别	人口（百万人）	人均国民总收入（美元）	GDP（十亿美元）	第一产业（%）	第二产业（%）	第三产业（%）	劳动力人口a（百万人）	就业人口率（%）	从事第一产业人口率（%）	从事第二产业人口率（%）	从事第三产业人口率（%）	重点/特色产业
亚洲	蒙古	3.28	3,670.00	13.14	12.00	38.00	50.00	1.41	54.60	23.80	20.70	55.50	农牧业、工矿业、加工业、建筑业、旅游业、电信业
东亚均值		3.28	3,670.00	13.14	12.00	38.00	50.00	1.41	54.60	23.80	20.70	55.50	/
	新加坡	5.69	54,920.00	340.00	0.00	24.00	76.00	3.59	64.50	0.00	14.00	85.10	电子工业、石化工业、精密工程业、生物医药业、海事工程业、商业服务业、批发零售业、金融保险业、运输仓储业、资讯通信业、旅游业

① 资料来源：根据世界银行、国际劳工组织、中华人民共和国商务部《对外投资合作国别（地区）指南》最新数据整理，以 2020 年数据为主。a 为 2019 年数据；b 为 2018 年及以前数据；c 为按前 6 个月增幅预估数据。

续表

地区	国别	人口（百万人）	人均国民总收入（美元）	GDP（十亿美元）	第一产业（%）	第二产业（%）	第三产业（%）	劳动力人口ᵃ（百万人）	就业人口率（%）	从事第一产业人口率（%）	从事第二产业人口率（%）	从事第三产业人口率（%）	重点/特色产业
	马来西亚	32.37	10,580.00	336.66	8.00	36.00	56.00	15.78	66.40	10.20	27.90	61.90	农业、采矿业、制造业、建筑业、服务业（旅游业）
	印度尼西亚	273.52	3,870.00	1,058.42	14.00	38.00	48.00	135.79	64.50	29.50	21.60	49.00	石油天然气、农林渔业、采矿业、工业制造业、旅游业
	缅甸	54.41	1,260.00	76.19	23.00	36.00	41.00	24.19	59.20	48.90	16.90	34.20	农业、加工制造业、能源、交通通讯业、旅游业
	泰国	69.80	7,050.00	501.79	9.00	33.00	58.00	38.65	66.30	31.30	22.60	45.90	农业、制造业、汽车工业、旅游业
	老挝	7.28	2,480.00	19.14	16.00	32.00	52.00	/	/	/	/	/	农业、电力行业、铁路、采矿业、旅游业
	柬埔寨	16.72	1,490.00	25.29	23.00	35.00	42.00	9.32	81.30ᵇ	38.20ᵇ	25.50ᵇ	36.30ᵇ	农业、制衣业、建筑业、旅游业
	越南	97.34	2,660.00	271.16	15.00	34.00	51.00	/	/	/	/	/	农林渔业、加工制造业、电力生产与配送行业、供水和污水垃圾处理行业、采矿业、旅游业、汽车工业、电子工业、电力工业、油气工业
	文莱	0.44	32,230.00ᵃ	12.02	1.00	59.00	40.00	0.22	60.00ᵃ	2.00ᵃ	20.80ᵃ	77.30ᵃ	油气产业、渔业、清真产业、金融业
	菲律宾	109.58	3,430.00	361.49	10.00	28.00	62.00	45.13	53.40	24.80	18.30	56.90	农林渔业、矿业、电气水资源供给产业、建筑业、旅游业、海外劳工汇款、交通、通讯业及仓储业

续表

地区	国别	人口（百万人）	人均国民总收入（美元）	GDP（十亿美元）	第一产业（%）	第二产业（%）	第三产业（%）	劳动力人口ª（百万人）	就业人口率（%）	从事第一产业人口率（%）	从事第二产业人口率（%）	从事第三产业人口率（%）	重点特色产业
	东盟均值	66.72	11,997.00	300.22	11.90	35.50	52.60	34.08	64.45	23.11	20.95	55.83	/
	伊朗	83.99	2,870.00	191.72	13.00	31.00	56.00	28.21	39.00	17.00	32.30	50.80	石油天然气工业、工矿业、汽车产业、电信通讯产业、旅游及酒店业、农业
	伊拉克	40.22	4,660.00	167.22	6.00	44.00	50.00	10.47	36.40ᵇ	/	/	/	油气产业、农业、旅游业
	土耳其	84.34	9,050.00	720.10	7.00	28.00	65.00	33.32	42.80	17.60	26.20	56.20	纺织和服装、汽车制造、农业、旅游业、钢铁、建材、化工、机械、船舶
	叙利亚	17.50	1,820.00ᵇ	40.41ᵇ	20.00ᵇ	36.00ᵇ	44.00ᵇ	5.22ᵇ	39.00ᵇ	13.20ᵇ	31.40ᵇ	55.30ᵇ	农业、石油矿业
	约旦	10.20	4,310.00	43.70	5.00	24.00	71.00	2.65	32.60ª	3.30ª	18.40ª	78.20ª	工矿业、纺织业、旅游业、农业、信息通讯技术行业
	黎巴嫩	6.83	5,510.00	33.38	3.00	7.00	90.00	2.42	43.20ª	3.60ª	20.50ª	75.80ª	金融业、房地产业、旅游业、电信业
	以色列	9.22	43,000.00ª	401.95	1.00ª	18.00ª	81.00ª	3.91	59.10	0.90	16.10	80.50	农业、制造业、可再生能源、生物技术、信息通讯和高科技产业、工业研发、水技术、钻石加工业、旅游业
	巴勒斯坦	5.10ª	/	14.50ª	/	/	/	/	/	/	/	/	农业、旅游业

续表

地区	国别	人口（百万人）	人均国民总收入（美元）	GDP（十亿美元）	第一产业（%）	第二产业（%）	第三产业（%）	劳动力人口ᵃ（百万人）	就业人口率（%）	从事第一产业人口率（%）	从事第二产业人口率（%）	从事第三产业人口率（%）	重点/特色产业
	沙特阿拉伯	34.81	21,930.00	700.12	3.00	41.00	56.00	14.39	52.50	2.50	24.80	72.70	石油、钢铁、采矿业、建材、电力、化工、工程机械、房地产、医疗保健业
	也门	29.83	940.00ᵇ	23.49ᵇ	5.00ᵇ	36.00ᵇ	59.00ᵇ	6.79ᵇ	31.40ᵇ	29.20ᵃ	14.50ᵇ	56.20ᵇ	石油和天然气开发、渔业
	阿曼	5.11	14,150.00ᵃ	76.33ᵃ	2.00ᵃ	54.00ᵃ	44.00ᵃ	2.68ᵃ	68.10ᵃ	5.20ᵃ	33.70ᵃ	61.00ᵃ	石油和天然气、石化工业、旅游业、农业与渔业
	阿联酋	9.89	43,470.00ᵃ	421.14ᵃ	1.00ᵃ	46.00ᵃ	53.00ᵃ	6.83ᵃ	78.30ᵃ	2.20ᵃ	28.80ᵃ	68.80ᵃ	石油、天然气、水泥业、炼铝业、航空业、金融业、建筑业、房地产和制药业、塑料工业、纺织服装业、转口贸易业
	卡塔尔	2.88	56,210.00	146.37	0.00	51.00	49.00	2.12	87.90ᵃ	1.50ᵃ	54.70ᵃ	43.80ᵃ	石油、天然气、石化产业
	科威特	4.27	36,290.00ᵃ	136.20ᵃ	0.00ᵃ	58.00ᵃ	42.00ᵃ	2.43ᵃ	72.20ᵇ	0.10ᵇ	34.10ᵃ	65.80ᵃ	石油、天然气、金融业、制造业、零售业、农渔业
	巴林	1.70	22,170.00ᵃ	38.47ᵃ	0.00ᵃ	41.00ᵃ	59.00ᵃ	0.98ᵃ	71.20ᵇ	1.10ᵇ	35.30ᵃ	62.40ᵇ	石油、天然气、冶炼和石化业、金融业、会展业、一级方程式赛车
	希腊	10.72	19,690.00ᵃ	189.41ᵃ	4.00ᵃ	14.00	82.00ᵃ	4.71ᵃ	42.70	10.60ᵇ	15.00	74.40ᵃ	农业、旅游业、航运业
	塞浦路斯	1.21ᶜ	26,110.00ᵃ	23.80	2.00	13.00	85.00	0.64	57.90	2.70	19.50	77.80	旅游业、海运业、金融服务业、房地产业、批发零售业、农业、制造业、建筑业

续表

地区	国别	人口(百万人)	人均国民总收入(美元)	GDP(十亿美元)	第一产业(%)	第二产业(%)	第三产业(%)	劳动力人口(百万人)	就业人口率(%)	从事第一产业人口率(%)	从事第二产业人口率(%)	从事第三产业人口率(%)	重点/特色产业
西亚均值		21.05	19,515.63	198.14	4.50	33.88	61.63	7.99	53.39	7.38	27.02	65.31	/
	印度	1380.00	1,900.00	2,622.98	18.00	23.00	59.00	494.72	45.60ᵃ	41.40ᵃ	25.40ᵃ	33.20ᵃ	农业、纺织业、医药业、汽车零配件、钢铁、化工制造业
	巴基斯坦	220.89	1,280.00	263.69	23.00	18.00	59.00	73.86	48.90ᵇ	37.40ᵇ	25.00ᵇ	37.60ᵇ	制造业、农业
	孟加拉国	164.69	2,010.00	324.24	13.00	29.00	58.00	/	55.80ᵇ	40.60ᵇ	20.40ᵇ	39.00ᵇ	服装业、黄麻、医药
	阿富汗	38.93ᶜ	500.00	19.81	27.00	12.00	61.00	10.70	36.70ᵇ	44.70ᵇ	17.90ᵇ	34.50ᵇ	农牧业、金融、通信、物流业、能矿产业、地毯业、建筑业
	斯里兰卡	21.92	3,720.00	80.71	8.00ᵃ	26.00ᵃ	66.00ᵃ	8.51	49.50ᵃ	25.30ᵃ	27.60ᵃ	47.10ᵃ	农业、建筑业、采矿业、纺织服装业、食品制造业、批发零售业、金融服务业
	马尔代夫	0.54	6,830.00	4.03	5.00	12.00	83.00	0.30	57.10ᵇ	7.40ᵇ	17.90ᵇ	74.00ᵇ	旅游业、渔业、交通运输业
	尼泊尔	29.14	1,190.00	33.66	23.00	12.00	65.00	16.62	34.20ᵇ	21.50ᵇ	30.80ᵇ	47.00ᵇ	农业、旅游业、电信业、水电
	不丹	0.77	2,860.00	2.41	16.00ᵃ	36.00ᵃ	48.00ᵃ	0.38	61.60ᵇ	58.00ᵇ	9.70ᵇ	32.40ᵇ	农牧林业、电力、建筑业、制造业、旅游业
南亚均值		232.11	2,536.25	418.94	16.63	21.00	62.38	86.44	48.68	34.54	21.84	43.10	/
	哈萨克斯坦	18.75	8,680.00	169.84	5.00	33.00	62.00	9.08	65.90	13.50	24.90	74.10	采矿业、加工工业、建筑业、农业、服务业

续表

地区	国别	人口（百万人）	人均国民总收入（美元）	GDP（十亿美元）	第一产业（%）	第二产业（%）	第三产业（%）	劳动力人口a（百万人）	就业人口率（%）	从事第一产业人口率（%）	从事第二产业人口率（%）	从事第三产业人口率（%）	重点/特色产业
	乌兹别克斯坦	34.23	1,670.00	57.71	26.00	33.00	41.00	14.50	68.10a	26.20a	23.20a	50.60a	汽车工业、飞机制造业、采矿业、农业、铁路、电力、化工、轻纺
	土库曼斯坦	6.03	7,220.00a	45.23a	11.00a	42.00a	47.00a	/	/	/	/	/	油气工业、纺织工业、电力工业、建材生产、化学工业、钢铁生产、航空工业、通信业、交通运输业
	塔吉克斯坦	9.54	1,060.00	8.19	24.00	33.00	43.00	2.33	39.50b	45.80b	15.50b	38.70b	铝业、煤炭工业、石油天然气业、农牧业、基础设施产业
	吉尔吉斯斯坦	6.64	/	7.14	/	/	/	2.55	56.10b	20.40b	24.60b	54.90b	农业、采矿业、加工业、供电、供气及供热、供水及废料加工处理回收、纺织业
	中亚均值	15.04	4,657.50	57.62	16.50	35.25	48.25	7.11	57.40	26.48	22.05	54.58	/
	地区均值	72.20	12,174.62	244.47	10.31	31.90	57.79	28.76	55.23	19.49	23.79	56.80	
欧洲	俄罗斯	144.10	10,690.00	1,483.50	4.00	30.00	66.00	73.41	58.40	6.00	26.50	67.50	石油天然气、冶金行业、国防工业
	乌克兰	44.13c	3,540.00	155.58	9.00	21.00	70.00	20.03	51.70a	15.40b	24.30b	60.30b	农业、钢铁工业、军事工业、IT产业、电子商务
	白俄罗斯	9.40c	6,330.00	60.26	7.00	31.00	62.00	5.02	67.70a	11.10a	30.40a	58.60b	农业、机械制造业、化学和石化工业、电子工业、无线电技术、IT业
	格鲁吉亚	3.71c	4,290.00	15.89	7.00	22.00	71.00	2.03	41.10	19.80	18.20	61.90	农业、建筑业、旅游业、银行业

续表

地区	国别	人口（百万人）	人均国民总收入（美元）	GDP（十亿美元）	第一产业（%）	第二产业（%）	第三产业（%）	劳动力人口ª（百万人）	就业人口率（%）	从事第一产业人口率（%）	从事第二产业人口率（%）	从事第三产业人口率（%）	重点/特色产业
	阿塞拜疆	10.11ᶜ	4,450.00	42.61	7.00	41.00	52.00	5.12	63.20ª	36.00ª	14.80ª	49.20ª	石油天然气开采及相关产业、运输业
	亚美尼亚	2.96	4,220.00	12.65	12.00	26.00	62.00	1.24	48.80ª	21.70ª	22.60ª	55.70ª	采矿业、制造业、电力工业、旅游业、建筑业、服务业
	摩尔多瓦	2.62ᶜ	4,570.00	11.91	10.00	23.00	67.00	1.41	38.80	21.10	21.80	57.10	农业、葡萄种植和葡萄酒酿造业、制造业、采掘业、高科技产业、劳动力输出
	独联体均值	31.00	5,441.43	254.63	8.00	27.71	64.29	15.47	52.81	18.73	22.66	58.61	/
	波兰	37.95ᶜ	15,270.00	594.16	2.00	28.00	70.00	18.28	54.30	9.50	31.50	58.40	农业、矿业和矿山机械工业、钢铁工业、化学工业、汽车工业、电子工业、海洋经济、木材工业、轻工工业、旅游业
	立陶宛	2.79	19,000.00ª	55.89	3.00	25.00	72.00	1.45	57.30	5.70	25.40	68.90	共享服务和商业外包产业、高新科技产业、制造业、激光产业、生命科学产业、金融科技业
	爱沙尼亚	1.33	23,230.00ª	31.03	2.00	22.00	76.00	0.70	59.30	3.00	29.10	67.90	制造业、矿产业、电力、天然气及热力供应、建筑业、交通运输业、IT和电信、金融保险业、农、林、牧、渔业、旅游业

续表

地区	国别	人口（百万人）	人均国民总收入（美元）	GDP（十亿美元）	第一产业（%）	第二产业（%）	第三产业（%）	劳动力人口a（百万人）	就业人口率（%）	从事第一产业人口率（%）	从事第二产业人口率（%）	从事第三产业人口率（%）	重点/特色产业
	拉脱维亚	1.90c	17,730.00a	33.51	4.00	19.00	77.00	0.98	56.70	7.20	23.60	69.00	林业、交通和物流业、旅游业、食品加工业、化工医药产业
	捷克	10.70c	21,930.00a	243.53	2.00	31.00	67.00	5.45	58.30	2.60	37.20	60.10	汽车工业、机械制造业、电气电子工业、信息技术、飞机制造业、制药和生物技术、纳米技术、水疗行业
	斯洛伐克	5.46a	/	187.95a	/	/	/	2.75	55.10	2.60	36.50	60.90	汽车工业、电子、机械设备制造、农业、旅游业
	匈牙利	9.75c	16,530.00a	155.01	3.00	25.00	72.00	4.71	54.50	4.80	31.90	63.30	汽车及零部件、制药、生物技术、电子物流
	斯洛文尼亚	2.10	25,910.00b	52.88	2.00	29.00	69.00	1.02	54.90	4.10	33.90	61.60	汽车产品制造业、金属加工业、化学与医药制造业、能源生产业、电子和电信产品及服务业、旅游业
	克罗地亚	4.05c	14,190.00	55.97	3.00	22.00	75.00	1.82	47.20	6.40	28.20	65.10	旅游业、造船业、食品加工业、制药工业、农林业
	波黑	3.28	6,090.00	19.79	6.00	24.00	70.00	1.34	40.10	12.00	33.40	54.70	能源产业、旅游业、林业和木材加工业、金属加工业、农业及食品加工业

续表

地区	国别	人口（百万人）	人均国民总收入（美元）	GDP（十亿美元）	第一产业（%）	第二产业（%）	第三产业（%）	劳动力人口[a]（百万人）	就业人口率（%）	从事第一产业人口率（%）	从事第二产业人口率（%）	从事第三产业人口率（%）	重点/特色产业
	黑山	0.62[c]	7,900.00	4.78	6.00[a]	16.00[a]	78.00[a]	0.29	43.80	7.20	18.40	73.50	农业和食品加工业、林业、制造业、电力、热力及水的生产和供应业、采矿业、交通运输业、旅游业
	塞尔维亚	6.91[c]	7,400.00	52.96	6.00	25.00	69.00	4.09	49.10	14.60	27.90	57.50	农业、汽车工业、信息通信技术产业、钢铁产业
	阿尔巴尼亚	2.84[c]	5,210.00	14.80	19.00	20.00	61.00	1.44	53.40[a]	36.40[a]	20.20[a]	43.40[a]	农业、纺织业、石油矿产、旅游业
	罗马尼亚	19.29[c]	12,570.00	248.72	4.00	26.00	70.00	9.01	52.30	20.50	29.70	49.80	石油化工、葡萄酒酿制、生态农业、IT通讯和服务外包、零售业
	保加利亚	6.93[c]	9,540.00	69.11	3.00	23.00	74.00	3.39	52.70	6.60	30.30	63.10	化工工业、IT业、玫瑰油产业、葡萄酒酿造业、乳制品加工产业、旅游业、房地产业
	北马其顿	2.08	5,720.00	12.27	9.00	23.00	68.00	0.97	43.40	12.00	31.20	56.70	黑色和有色金属冶金、金属制造、汽车和电器设备制造业、化工业、纺织业综合产业、建筑业、农业和农业综合产业、食品和饮料业、烟草和香烟、旅游业
中东欧均值		7.37	13,881.33	114.52	4.93	23.87	71.20	3.61	52.03	9.70	29.28	60.87	/
地区均值		14.57	11,195.91	157.16	5.91	25.09	69.00	7.22	52.27	12.45	27.26	60.18	/

续表

地区	国别	人口（百万人）	人均国民总收入（美元）	GDP（十亿美元）	第一产业（%）	第二产业（%）	第三产业（%）	劳动力人口[a]（百万人）	就业人口率（%）	从事第一产业人口率（%）	从事第二产业人口率（%）	从事第三产业人口率（%）	重点/特色产业
非洲	埃及	102.33	3,000.00	363.07	12.00	32.00	56.00	29.78	38.90[a]	21.10[a]	28.50[a]	50.10[a]	油气工业、纺织工业、汽车业、电力、通讯、农业、钢铁业、旅游业和航运业
地区均值		102.33	3,000.00	363.07	12.00	32.00	56.00	29.78	38.90	21.10	28.50	50.10	/
各国均值		52.27	11,679.35	215.40	8.77	29.48	61.74	20.52	53.84	16.82	25.20	57.99	/
参考	中国	1411.78	10,610.00	14,722.73	8.00	38.00	54.00	804.17	/	/	/	/	/

附录四 "一带一路"沿线国家对外贸易情况一览表①

地区	国别	对外贸易总额（十亿美元）	主要贸易伙伴	交通运输	与中国双边投资行业	2019年末中国在外劳务人员（人）
亚洲	蒙古	12.88	中国、俄罗斯、欧盟、加拿大、美国、日本、韩国等	铁路、公路	矿产、能源、建筑、金融、畜产品加工、餐饮服务	3180
东亚均值		12.88	/	/	/	3180
	新加坡	693.60	中国、马来西亚、欧盟、印尼、美国	水运、航空	制造业，房地产业，租赁和商务服务业，交通运输、仓储和邮政业，金融业，贸易业	206000
	马来西亚	424.19	中国、新加坡、美国	公路、航空	制造业	
	印度尼西亚	306.94	中国、日本、新加坡、美国	公路、水运	矿冶、农业、电力、地产、家电与电子、数字经济	
	缅甸	35.05	中国、东盟	水运	油气资源勘探开发、油气管道、电力能源开发、矿业资源开发及纺织制衣等加工制造业	
	泰国	436.56	中国、日本、东盟、美国、欧盟	公路、航空	制造业、农业	
	老挝	11.10	中国、泰国、越南、日本、欧盟、美国、加拿大和其他东盟国家	公路、水运、航空	铁路、电力、矿业、服务业、农业、房地产、通信卫星	
	柬埔寨	36.16	中国、东盟、日本、法国、美国	公路、水运	水电站、电网、通讯、服务业、纺织业、农业、烟草、医药、能源矿产、产业园区等，并帮助培训了大批经济建设急需人才	

① 资料来源：根据世界银行、中华人民共和国商务部《对外投资合作国别（地区）指南》、外交部国家概况最新信息整理。其中，对外贸易总额为2020年数据。

续表

地区	国别	对外贸易总额（十亿美元）	主要贸易伙伴	交通运输	与中国双边投资行业	2019年末中国在外劳务人员（人）
	越南	545.03	中国、美国、欧盟、东盟、日本、韩国	公路、水运	加工制造业、房地产、电力生产行业	
	文莱	11.42	日本、韩国、马来西亚、泰国、新加坡	公路、水运、航空	油气产业、种养殖业、食品与药品生产加工、交通物流、旅游，缺乏产业基础和专业技术人才，中文两国在人力资源领域存在较大合作空间	206000
	菲律宾	155.44	中国、日本、美国、韩国、中国香港、泰国、印尼、新加坡、中国台湾和马来西亚	公路、水运	农业、能源、制造业、基础设施建设、旅游	
东盟均值		265.55	/	/		20600
	伊朗	93.94	中国、阿联酋、土耳其、韩国、印度	公路、水运、铁路	油气产业、基础设施建设，虽然拥有丰富的人力和自然资源，但先进技术、设备及管理人才相对匮乏，为中资企业在伊朗拓展业务提供了潜在机遇	2252
	伊拉克	81.94	中国、印度、美国	公路	油田开发、电力建设、基础设施建设、通讯、建材	13618
	土耳其	388.85	德国、俄罗斯、中国、英国、意大利	公路、水运、铁路、航空	基础设施、能源、金融、电信、互联网、数字经济	1469
	叙利亚	26.27	伊拉克、沙特、阿联酋、伊朗、中国、科威特	公路	能源电力、油气、汽车、建材	70
	约旦	24.91	沙特、美国、中国、印度	公路	能源、基础设施建设、纺织制造业	637
	黎巴嫩	15.35	美国、中国、希腊、俄罗斯、意大利	公路、水运	化学原料及制品、小型机械、纺织、服装、家具等制造企业、批发和零售业、房地产业、租赁以及咨询服务业	5

续表

地区	国别	对外贸易总额（十亿美元）	主要贸易伙伴	交通运输	与中国双边投资行业	2019年末中国在外劳务人员（人）
	以色列	120.59	美国、欧盟、中国、俄罗斯、英国	公路、水运、铁路、航空	生物医药、电子商务、无人驾驶	7263
	巴勒斯坦	/	阿拉伯国家、中国	公路	/	0
	沙特阿拉伯	308.05	中国、阿联酋、美国、印度	公路	石油炼化、石化产品加工销售	27105
	也门	9.63	埃及、阿联酋、中国、沙特、泰国	公路、水运	资源开发、餐饮、建筑工程、渔业捕捞	21
	阿曼	62.59	中国、阿联酋、日本、印度、沙特	公路、水运	能源行业	1921
	阿联酋	656.98	中国、印度、美国	公路、水运、铁路、航空	能源、钢铁、建材、建筑机械、五金、化工	9970
	卡塔尔	76.11	日本、中国、韩国、印度	航空、水运	能源、基础设施建设	2376
	科威特	98.06	中国、美国、阿联酋、日本、沙特	航空、水运、公路	能源、基础设施建设、高铁、电信、金融	9516
	巴林	31.55	沙特、中国、美国、阿联酋	公路、水运、航空	制造、通讯、工程承包、环保	64
	希腊	90.92	德国、意大利、伊拉克、中国、俄罗斯	航运、航空	交通运输、信息技术服务业、电力	951
	塞浦路斯	11.66	希腊、意大利、荷兰、英国、德国	公路、水运	金融、通信、房地产、文化、餐饮	411
西亚均值		131.09	/	/	/	4568
	印度	655.75	美国、中国、阿联酋	铁路、水运、航空、公路	电子商务、手机、电信设备、家用电器、电力设备、钢铁、工程机械	2073
	巴基斯坦	68.56	中国、阿联酋、美国、沙特阿拉伯、新加坡	公路、水运	能源、交通基础设施、瓜达尔港、产业合作	18541
	孟加拉国	87.54	中国、美国、印度、德国、英国	公路	基础设施、纺织服装及其相关的机械设备	15835
	阿富汗	7.33	伊朗、中国、巴基斯坦、印度	公路、航空	油矿产业、信息通讯、基础设施建设、贸易	65

续表

地区	国别	对外贸易总额（十亿美元）	主要贸易伙伴	交通运输	与中国双边投资行业	2019年末中国在外劳务人员（人）
	斯里兰卡	25.83	中国、印度、阿联酋、新加坡、日本	公路、水运	酒店、旅游、农产品加工、渔业、家具制造、纺织	4838
	马尔代夫	2.14	阿联酋、中国、新加坡、印度、马来西亚、斯里兰卡	水运、航空	金融、医疗、旅游	4219
	尼泊尔	11.44	印度、中国	公路、航空	水电站、水泥厂、饲料厂、家具厂、航空	2050
	不丹	1.21	印度、中国、韩国、泰国、新加坡	公路	无	/
南亚均值		107.47	/	/	/	6803
	哈萨克斯坦	83.22	俄罗斯、中国、意大利、韩国、荷兰	公路、铁路	采矿、交通运输	5047
	乌兹别克斯坦	33.47	中国、俄罗斯、哈萨克斯坦	公路、铁路、航空	油气、化工、纺织、电力、煤炭、水泥、钢铁、玻璃、农业、水利、金融、物流、工业园区和国际工程承包	3508
	土库曼斯坦	12.66	中国、土耳其、伊朗、俄罗斯、阿联酋	公路、铁路、水运、航空	油气行业、矿业	367
	塔吉克斯坦	4.91	俄罗斯、哈萨克斯坦、中国、土耳其、乌兹别克斯坦	公路、铁路	农业、矿业、纺织、电信、水泥	1086
	吉尔吉斯斯坦	6.87	中国、俄罗斯、哈萨克斯坦、英国、乌兹别克斯坦	公路、航空	制造业、批发零售业、职业科学技术领域	2156
中亚均值		28.23	/	/	/	2433
地区均值		144.17	/	/	/	8665
欧洲	俄罗斯	578.57	中国、德国、荷兰、白俄罗斯、美国	铁路、公路	采矿业、农林牧渔业、制造业、批发零售业、租赁和商务服务业、金融业	6694
	乌克兰	102.68	中国、欧盟	公路、铁路、水运	通讯、电子产品、基础设施、农业、加工业、制造业	461

续表

地区	国别	对外贸易总额（十亿美元）	主要贸易伙伴	交通运输	与中国双边投资行业	2019 年末中国在外劳务人员（人）
	白俄罗斯	61.47	独联体国家、欧盟、中国、韩国、南非、委内瑞拉、巴西	公路、铁路、水运、航空	工业园区、重型车辆、五星级酒店、汽车组装、家电组装、住宅小区投资建设、农业	2341
	格鲁吉亚	11.28	土耳其、俄罗斯、中国、阿塞拜疆、亚美尼亚	铁路、航空、水运	能源与资源开发、农业、基础设施、通讯、旅游、餐饮、金融	1768
	阿塞拜疆	24.29	意大利、土耳其、俄罗斯、中国、德国	公路、铁路、水运、航空	石油产业、基础设施建设、饭店、商铺、货物储存及加工企业	110
	亚美尼亚	7.08	俄罗斯、中国、瑞士、德国、伊朗	铁路、航空	基础设施建设、服装加工、矿泉水开发	96
	摩尔多瓦	7.86	欧盟、独联体国家	铁路、水运	基础设施、新能源、农业种植和加工	0
独联体均值		113.32	/	/	/	1639
	波兰	528.80	德国、捷克、英国、意大利、中国	公路、铁路、水运、航空	生物医药、新能源、机械电子制造、信息通讯、商贸服务、金融机构	96
	立陶宛	65.95	欧盟、独联体国家	公路、铁路、水运、航空	通讯、电网设计、电子、纺织、金融、餐饮	15
	爱沙尼亚	33.82	芬兰、瑞典、德国、拉脱维亚、立陶宛	铁路、公路、水运	贸易、餐饮、旅游和中医保健	0
	拉脱维亚	34.52	立陶宛、爱沙尼亚、德国、俄罗斯、波兰	公路、铁路、水运、航空	生命科技、沐浴护肤产品制造、木材加工	15
	捷克	362.86	德国、波兰、斯洛伐克、中国、法国	公路、铁路、水运、航空	制造业、信息技术、交通运输及仓储、金融业、房地产及娱乐业	5
	斯洛伐克	110.76	德国、捷克、意大利、奥地利、匈牙利	公路、铁路、水运	电信、研发、机械、农业、新能源	0
	匈牙利	235.62	德国、奥地利、斯洛伐克、波兰、意大利	公路、铁路	化工、金融、商贸物流、通讯设备、汽车制造	4

续表

地区	国别	对外贸易总额（十亿美元）	主要贸易伙伴	交通运输	与中国双边投资行业	2019年末中国在外劳务人员（人）
	斯洛文尼亚	86.72	德国、意大利、奥地利、克罗地亚、瑞士	公路、铁路、水运、航空	制造业、文化娱乐、批发零售业	0
	克罗地亚	43.66	德国、意大利、斯洛文尼亚、匈牙利、奥地利	公路、铁路、水运、航空	旅游业、造船业、食品加工业、制药工业、农林业	917
	波黑	16.03	欧盟	战争破坏严重，亟待恢复重建	高速公路建设、石材厂、酒店、小型贸易公司	53
	黑山	2.82	塞尔维亚、德国、中国、意大利、波黑	水运、铁路	基础设施建设、农业、矿产和水资源开发、旅游、中医药	2124
	塞尔维亚	45.55	德国、意大利、俄罗斯、中国、波黑	航空、水运	农业科技、制造业、矿业	1864
	阿尔巴尼亚	8.14	意大利、希腊、中国、土耳其、德国	公路、水运	石油矿产、信息技术、基础设施建设	295
	罗马尼亚	161.67	欧盟	铁路、水运	农业、信息技术、纺织业	35
	保加利亚	66.35	欧盟、土耳其、俄罗斯、中国、塞尔维亚	水运；投入不足，制约发展	农业、基础建设、汽车制造、IT产业、新能源、金融	/
	北马其顿	15.34	欧盟、中国	公路、铁路	基础设施建设、农业、旅游业	513
中东欧均值		113.66	/	/	/	396
地区均值		113.56	/	/	/	791
非洲	埃及	87.14	中国、美国、沙特、土耳其、意大利	公路、铁路、水运、航空	油气开采和服务、制造业、建筑业、信息技术产业、服务业	2017
地区均值		87.14	/	/	/	2017
各国均值		132.28	/	/	/	6778
参考项	中国	4,711.27	/	/	/	/

责任编辑：李媛媛
封面设计：姚　菲
责任校对：陈艳华

图书在版编目（CIP）数据

中国人力资源服务业蓝皮书.2021/萧鸣政 等 著. —北京：人民出版社，
　2022.3
ISBN 978－7－01－024083－1

Ⅰ.①中… Ⅱ.①萧… Ⅲ.①人力资源-服务业-研究报告-中国-2021
　Ⅳ.①F249.23

中国版本图书馆 CIP 数据核字（2021）第 256899 号

中国人力资源服务业蓝皮书 2021

ZHONGGUO RENLI ZIYUAN FUWUYE LANPISHU 2021

萧鸣政 等 著

人民出版社 出版发行
（100706　北京市东城区隆福寺街 99 号）

北京中科印刷有限公司印刷　新华书店经销

2022 年 3 月第 1 版　2022 年 3 月北京第 1 次印刷
开本：710 毫米×1000 毫米 1/16　印张：21
字数：307 千字

ISBN 978－7－01－024083－1　定价：78.00 元

邮购地址 100706　北京市东城区隆福寺街 99 号
人民东方图书销售中心　电话（010）65250042　65289539